寶貝保唄

影響孩子一生的保險規劃

丁酉年六月鄭漢健題

艺术大师吴昌硕后裔、第四代传人、著名书画家郑汉健先生为本书题写书名

生命的列车

人生就像一次搭车旅行
降临人世，我们便登上了生命的列车
我们以为：我们最先见到的那两个人——我们的父母
会永远陪伴我们
可是很遗憾，他们会在某个车站下车，留下我们孤独无助
他们的爱、他们的情、他们不可替代的陪伴
再也无处找寻

尽管如此，一路上还会有很多人上车
有的成了我们的挚友
有的成了我们的亲朋
有的成了与我们牵手的爱人
有的成了我们花朵般的宝贝

我们的孩子上车时没有什么行李
就像当年我们自己上车时那样
如果能在他们的行囊中添点财富，我会快慰
如果能给他们的回忆中留下美好，我会很幸福

当有人下车时，我们会悲伤而执着地希望
在那个即将到达的终点站，我们还会相聚
献给你，我生命列车上的同行者
祝你人生的旅途快乐永远

作者：邱朝成
改编：王金凤（上海市优秀保险代理人）

宝贝保呗

影响孩子一生的保险规划

INSURANCE FOR CHILDREN
ENSURE THE FUTURE

四眼唐兄◎著

机械工业出版社
CHINA MACHINE PRESS

本书是保险科普丛书“好险”系列之一，是业界从理论到实践、全面客观探讨少儿保险并且不推荐具体产品的少儿保险挑选指南。本书用大白话讲述涉及少儿保险选购背后的大实话，目的是让关心少儿保险的朋友们都能够看得清、搞得懂、用得上，为孩子的保险保障工作做好准备。

全书分为六章：第一章讲述儿童的四大特征属性，第二章分析少儿已有的社会保险及相关保障，第三章阐述商业保险市场中服务少儿的保险品种及其特点，第四章分析了孩子作为受益人的保险要点，第五章分析了孩子作为被保险人的保险要点，第六章分析了各亲子活动、亲子场所运营方的风险管理。

本书适合阅读的人群：初为人父母的宝爸宝妈，已生二胎宝宝的资深父母，即将生育的小夫妻，隔辈亲的爷爷奶奶、姥爷姥姥等亲人，中小学、幼儿园、托儿所的老师，大中专院校的保险研究人员，保险从业人员以及为婴幼儿和青少年提供各种食品用品的厂商、提供亲子教育与亲子活动的培训机构等。

图书在版编目(CIP)数据

宝贝保呗：影响孩子一生的保险规划／四眼唐兄著.
—北京：机械工业出版社，2017.10
ISBN 978-7-111-58057-7

Ⅰ.①宝… Ⅱ.①四… Ⅲ.①少年儿童－保险－基本知识 Ⅳ.①F84

中国版本图书馆CIP数据核字(2017)第231231号

机械工业出版社(北京市百万庄大街22号　邮政编码100037)
策划编辑：康会欣　　责任编辑：康会欣
营销编辑：孙东健　　责任校对：孙东健
责任印制：康会欣　　装帧设计：鹏　博
配　　诗：怿　斓　　插　　画：朱　菁
北京宝昌彩色印刷有限公司印刷
2017年11月第1版·第1次印刷
170mm×242mm·20.25印张·281千字
标准书号：ISBN 978-7-111-58057-7
定价：69.00元

凡购本书，如有缺页、倒页、脱页，由本社发行部调换

电话服务	网络服务
社服务中心：(010)88361066	教材网：http://www.cmpedu.com
销售一部：(010)68326294	机工官网：http://www.cmpbook.com
销售二部：(010)88379649	机工官博：http://weibo.com/cmp1952
读者购书热线：(010)88379203	**封面无防伪标均为盗版**

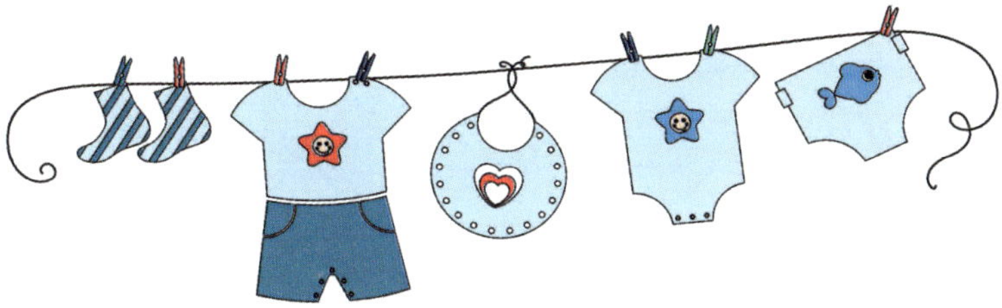

献给伴我度过酸甜苦辣的孩子和家人们；

献给对本书提出宝贵建议的各位家长；

献给鞭策我完成本书的各位前辈与挚友；

献给支持、包容我的大朋友、小朋友！

祝福每一个宝宝茁壮成长！

祝愿每一个孩子成龙成凤！

祝贺每一位家长美梦成真！

预祝每一位读者阖家欢乐！

800 字精华教你快速全面了解孩子的保险

保险是孩子和大人们幸福生活、安心工作的稳压器、保护伞。实际上，孩子的保险既不像不少人想象得那样简单浅显，也不像许多人想象得那么繁杂高深。就算一点都不懂保险的“保险小白”，也能通过以下短短的 800 字清楚了解保险类别、关键术语和少儿保险的投保流程。

按照保险标的，保险可分为人身保险和财产保险。我们接触较多的人身保险有人寿保险、健康保险和意外伤害保险，接触较多的财产保险有机动车辆保险和责任保险。按照有无返还，保险可分为消费型保险和返还型保险。返还型保险都具有现金价值，如果保险消费者急需资金，可以向保险公司申请保单借款（此时保险合同仍然有效），而不必退保。

保险消费者可通过 3 种途径买到所需保险：（1）咨询保险服务员；（2）直接联系保险人；（3）通过保险中介市场。

我们可以通过（移动）互联网享受在线服务，也可享受传统的线下面对面服务；可以为自己投保（此时投保人就是被保险人），也可以为孩子投保（此时投保人就不是被保险人），并合理设定受益人。

孩子的家长可以参考保险产品宣传材料确定合适的险种，在保险服务员的指导下把细节要点（保额、保费、保险期间、交费期间、保险责任、责任免除和免赔条件等保险条款）了解清楚后，就可以投保。父母要遵循最大诚信原则在投保申请书中如实告知自己和孩子的个人信息、健康状况、财务状况和职业情况（保险公司有权对投/被保险人进行健康审核和财务审核）。空白期之后，若保险公司接受投保申请，投保人将收到成立的保险合同。

大部分保险合同成立之后具有相当的灵活性和调整空间。如果预留信息有误，可以更改；如果保险消费者的近况有变，可以更新；在犹豫期内，买多买错了，可以退换，基本上没有损失；过了犹豫期后，如果交费有压力，也有相应的变通办法（如减额付清、自动垫交保险费、变更险种、减少保额、减少险种、延长交费期间、变更交费方式为季交或月交、部分退保乃至全部退保等。但最好的办法是用足60天的宽限期)。即使未付款，中止了合同，2年之内还可申请恢复效力。

在事故率高企的今天，万一不幸遭遇保险事故，请及时向保险公司报案，并保留所有材料，以备理赔之用，通常5~60天便有理赔结果。如有不满意，可以通过上诉、仲裁等途径，在法律赋予的期限和范围内争取最好的结果。

上面800个字中包含很多重要的保险术语。在与保险公司打交道时，这些术语经常出现而且特别重要，保险消费者务必要对其有所了解（更多术语详见本书附录A)。

本书中少儿保险、儿童保险和孩子的保险同时使用，少儿和儿童也不做具体区分，不同的表述是突出所讲内容的不同侧重点。实际上，少儿一般为泛指；儿童也为泛指，但范围略大于少儿；孩子则通常指自己的子女。

序一
做儿童健康成长路上的铺路石

习近平总书记提出，全社会都要关心少年儿童成长，并反复强调少年强则国强。呵护儿童，预防伤害，要举全社会之力，需要多方担起责任。

作为一名儿童工作者，我一直关注我们国家儿童的健康成长。相关资料分析我国儿童成长状态时指出，儿童当中意外伤害、突发灾难发生率较高，在留守儿童中甚至还有增多的趋势。仅以北京地区为例，在过去 3 年法院审理的 51 件少儿突发意外伤害案件中，8 岁以下儿童就占了 6 成，给社会造成了影响，给家庭带来了经济压力。多年来，中国儿童中心秉承“一切为了孩子”的宗旨，围绕帮助教育儿童预防伤害的主题，开展了形式多样的“放飞梦想，安全助我成长”系列活动，并适时开展专业法律咨询，旨在呼吁全社会都来关心爱护儿童，提高儿童家长及儿童自护自救、防灾避险的意识和能力，预防和减少儿童伤害事件，让孩子们在同一片蓝天下，共享阳光快乐，健康成长。

近日，有幸和四眼唐兄探讨他的保险科普丛书“好险”系列的第三季《宝贝保呗：影响孩子一生的保险规划》，我眼前一亮，它好似儿童健康成长路上的铺路石。祝福各位家长运用好少儿保险，为儿童健康成长保驾护航。

父母望子成龙、望女成凤，在智力开发上舍得投资金钱和时间。但，对于孩子的成长来说，这就足够了吗？居安思危，家庭对孩子的成长更是要有“风险管理”意识！除了学业和智力教育以外，也要对孩子进行必要的安全教育，更要兼顾家庭财务层面的风险管理，让孩子在成长路上更顺利。少儿保险，正是未雨绸缪，不让对孩子的爱留下遗憾；真正体现了"关爱在当下，时时事事有保障"；它辅助孩子健康成长，让孩子的精彩人生美丽绽放。

开卷有益，本书6个章节，观点鲜明，理论和实践相结合。其一，内容专业、阐述接地气。从孩子的特征说起，用案例诠释少儿保险的关键点。其二，视野开阔，关注立体化。比对现行的少儿社会保险和相关保障，融会贯通，体现少儿保险的家庭责任；更是提及公共场所营运方的风险控制，体现少儿保险的社会责任。其三，用大白话讲保险大实话。能够深入浅出地表达，将枯燥的保险理论化作老百姓能够看懂的语言。阅读此书，可以帮助家长们从了解少儿保险到参透少儿保险，再到运用少儿保险服务好孩子们，为孩子的成长保驾护航。

适逢党和政府实施全面二孩政策两周年，愿《宝贝保呗：影响孩子一生的保险规划》成为儿童健康成长路上的铺路石，助力孩子健康茁壮成长。

中国儿童中心原党委书记
朱宝明
2017年7月于北京

序二
保单代表爱心，轻松阅读中看懂少儿保险

保险是人们生活的必需品，人人都该买保险，尤其是有孩子的朋友。别问我爱你有多深，保单代表我的心。有了保险，孩子的未来会更幸福，家庭的生活会更安康，祖国的未来也会更强大。相对于欧美发达国家，我们的保险覆盖率还停留在娃娃阶段，所以我们国家的保险科普工作要从娃娃抓起，因为少年强则中国强，而买保险也要从娃娃抓起，从少儿阶段开始落实。

保险没有买得不对的，只有买得合不合适的。很多朋友对少儿保险很关注，但是暂时没有购买少儿保险，是因为不了解少儿保险，不知道该如何选择少儿保险，以及如何使用少儿保险。现在有了《宝贝保呗：影响孩子一生的保险规划》这本难得的保险科普书，它不仅把艰涩难懂的专业保险术语讲得通俗易懂，而且针对少儿保险这个细分领域，剖析了发生在我们身边的大量具体案例，对于星布各个角落的零散少儿保险知识进行归类和图表化，甚至还针对一些晦涩的保险细节勾勒了漫画，让广大保险“小白”们一看就懂，在轻松阅读中受益。一书在手，少儿保险知识全有。希望每一位关心少儿保险的家长能够看得清清楚楚，买得明明白白。

现在是全面放开二胎、鼓励二胎政策的时代，希望每一位身为父母者，每一位少儿教育工作者，以及每一家提供孩子产品、少儿培训和亲子服务的机构和团体，都能够看到这本书并快速行动起来，为全国的少儿保险科普尽自己的一份力，为你的孩子和祖国的花朵们的健康成长做出更为积极的贡献。

独立经济学家、著名理财专家
刘彦斌
2017 年 8 月

序三
科学安排保险，精准规划孩子的幸福未来

在我们生活的世界里，存在诸多有碍于人类生命和财产的风险因素。有些风险因素可以采取技术或制度的措施进行隔绝，因此人类运用风险管理的技术或措施，聚集有共同风险顾虑的人群形成科学安排的互助基金，帮助不幸遭遇相关风险的家庭和个人，把风险对人类造成的损失降到最低。保险是人类面对各种风险所做出的互助合作制度与措施，也是人类利用经济手段抵御不确定风险因素的重大经济发明，更是现代经济运作不可或缺的保障制度。

随着现代保险业的发展，相关保险产品设计可以根据不同人群的需要进行定制，实现保险服务目标的精准安排和规划。《宝贝保呗：影响孩子一生的保险规划》研究与讨论的是有关少儿保险的话题。儿童是国家和民族的未来，如何利用保险为孩子们撑起健康成长的保护伞，是全社会和所有的爸爸妈妈们必须学习的一门必修课。

本书用通俗易懂的文字，对孩子们在成长过程中可能面临的风险娓娓道来，从专业的角度解读了孩子们需要安排的相关保险产品，并且对相关投保与理赔业务进行了简明易懂的诠释。本书定位科学、精准，系统分析了儿童成长阶段面临的各项风险因素，从保险的角度为孩子们的健康成长做出了科学的解决方案，是每一个拥有宝宝或将要生育宝宝的家庭不可或缺的少儿保险科普读本。

中央财经大学教授，保险学博士研究生导师
郝演苏
2017年8月

序四

打通保险走进千家万户的最后一公里

得益于我国改革开放和经济发展的大好环境，过去三十多年保险业发展迅速，特别是2014年8月国务院发布了《关于加快发展现代保险服务业的若干意见》（俗称保险业“新国十条”），更是充分肯定了保险的作用和地位。“新国十条”指出，“保险是现代经济的重要产业和风险管理的基本手段，是社会文明水平、经济发达程度、社会治理能力的重要标志。”同时，生活水平的提高使得老百姓更加关注自身风险和保障，保险需求增加。在各种利好因素下，2016年全国保费收入规模达到3.1万亿元，仅次于美国位列世界第二。但是，与国际发达保险市场国民从摇篮到坟墓的全方位保障相比，我国的国民保障水平还相差较远，我国的保险深度和保险密度都不高，市场发展潜力还很大。

虽然全民对于保险的认知热情日益高涨，但是受专业性限制，普通老百姓对于保险专业知识的了解程度还很低。保险有很多专业术语和条款，甚至不乏晦涩难懂的，令人望而却步，这在一定程度上阻碍了保险知识的普及和宣传。四眼唐兄从自身从事保险代理的经历和经验出发，力图用最通俗的语言和大白话说清楚什么是保险、为什么需要保险、怎么选择保险产品，这对于解决好保险科普路上的最后一公里问题，使保险真正走进千家万户、帮到千家万户，实现“保险让人们生活更美好”很重要。

四眼唐兄15年来执着于保险的科普工作：从在报纸杂志等大众纸媒上撰文，到利用“微信公众号”等线上媒体开展互动问答；从2016年“好险”第一季《保险不将就，挑选有讲究》、第二季《好险：家庭保险达人速成手册》关注家庭保险规划，到今年“好险”第三季《宝贝保呗：影响孩子一生的保险规划》专注少儿保险规划。儿童是祖国的花朵，也是国家的未来，我国家庭非常注重孩子的培养和保障，甚至对孩子的爱和付出达到“盲目而焦虑”的程度，选择保险上亦存在诸多困惑，《宝贝保呗：影响孩子一生的保险规划》聚焦孩子的保险，在一定程度上能够帮助家长理解并正确选择少儿保险。

四眼唐兄在保险科普过程中有看法、有想法、有方法，同时身体力行，致力于用简单、通俗的语言全面、系统阐述保险的相关信息。祝四眼唐兄的新作《宝贝保呗：影响孩子一生的保险规划》一书能一如既往地受到读者青睐和关注。

中国人民大学保险系主任、中国保险研究所所长

魏丽

2017 年 6 月

序五
孩子的保单关系着家庭的美满幸福

2007年3月拙作《解密友邦：友邦保险中国攻略》出版后，我曾与四眼唐兄做了较为深入的交流，由此我们通过网络结识，成为好友。

四眼唐兄毕业于著名的复旦大学。1979年年底国内恢复保险业务，复旦大学几乎同步恢复了保险教学，逐步形成了从保险学学士、硕士、博士到博士后完整的人才培养体系。但从事人寿保险营销工作的复旦毕业生，可谓凤毛麟角，而四眼唐兄就是其一。

四眼唐兄是我见过的保险从业人员中很有想法的一个，2003年他就开始尝试着“互联网+保险”了。他不仅通过网络宣传和销售保险产品，还经常发表原创的保险知识科普文章。同时，他也是我见过的唯一一位将花名注册成保险服务商标的朋友。其观念之前瞻，令人钦佩。

孩子是祖国的未来，更是每个家庭中最为重要的成员。许多家长购买保险，首先想到的是孩子。但是，如何为孩子购买合适的保险产品，是许多家长的困惑：主流观点认为家庭成员购买保险的次序，首先是父母，其次才是孩子。虽然可以这样理性表述道理，但如何让家长接受，却是一道难题：孩子虽然在经济上是“无用”的，但是在情感上是无价的。不管保险的供给侧如何强调父母买保险的重要性，但是大多数孩子的保险的购买时间不晚于父母，有时还远远早于父母。所以把有关“孩子的保险”的细节搞清楚，对于家庭保障来说尤为重要。

“孩子的保险”保好了，家庭其他成员的保险也就同时进行下去了，这是保险从娃娃抓起的一个益处。

四眼唐兄15年沉淀下来的人寿保险营销经验，促使他选择了“孩子的保险”这个貌似简单的主题。他透过复杂表象看到事物内在本质的能力充分体现在了《宝贝保呗：影响孩子一生的保险规划》一书中，用了近20万字来描述、分析和建议如何为孩子上一份保险产品。

对于广大家长而言，这是一个值得庆贺的大福利，因为《宝贝保呗：影响孩子一生的保险规划》是第一本全面客观阐述“孩子的保险”而且没有广告的图书。无论是在中国或者是在美国图书市场，我都还没有看到一本针对“孩子的保险”进行全面科普宣传的书籍。

有些父母之前碍于情面为孩子买了一些自己不清楚其中内容的保单，致使在此后很长时间内都后悔不已。今天如要为孩子购买一份让人心里踏实的保单，买得清清楚楚、明明白白，买的保单经得起风险的考验，我建议每一位家长还有每一位营销伙伴都能够认真读读这本书，以便给孩子的保险保障开个好头。

中国保险启蒙教育倡导人
赵守兵
2017年5月24日

序六
迎接全家幸福，从少儿保障保险开始

在我国数千万贫困人口当中，有五大主要致贫因素，其中大病致贫占据首位。当意外伤害、重大疾病等突然降临时，对于贫困家庭来说无疑雪上加霜，甚至会遭遇“十年努力奔小康，一场大病全泡汤”的困境。这些贫困人群往往不会运用已有的社会保险和相应的商业保险给孩子和家庭更好的保障，要么是信息不对称，要么就是不了解保险知识，甚至是根本接触不到保险科普信息。

而对于任何一个家庭来说，孩子都是家庭的未来、父母的希望。让孩子远离疾病、危险和伤害，过上安稳的生活，接受最好的教育，是每一位为人父母者的共同愿望。

“好险”系列保险科普丛书的少儿专辑《宝贝保呗：影响孩子一生的保险规划》一书，从社会保障、少儿保障以及少儿受益人保障等多维度，对涉及孩子的保险制度和安排做了360度全方位的介绍。本书立场中立、观点客观、视角全面，用大白话讲述了少儿保险选购背后的大实话，让每位家长们能够了解少儿保险知识，用好保险信息，构建全家的基石，以实现未雨绸缪、安稳全家、迎接幸福的目的。

相信《宝贝保呗：影响孩子一生的保险规划》能成为普及孩子保险、强化家庭保障的红宝书。

和众泽益志愿服务中心创始人
王忠平
2017年8月

前言
关怀孩子，关注保险，关心孩子的保险

咱们肯定都不是保险人①，却聊着保险的事情，因为我们关注保险。

你我可能都不是小孩子②，却关心孩子的保险，因为我们关怀孩子。

既然关怀孩子，关注保险，关心孩子的保险，那么我们就一起把少儿③保险搞得清清楚楚，毕竟保险要从娃娃抓起，娃娃的保险要用心对待，尤其是宝爸宝妈、爷爷奶奶、姥爷姥姥们。

四眼唐兄用“洪荒之力”，花“十月怀胎”之功，分六章综述了专门以孩子为投保对象的少儿保险的全景，细化了少儿保险的要点。

如果你想系统地掌握少儿保险，请按照本书各章节的正常顺序阅读；如果你想立即上手操作，可以先看第五章和第四章，之后空闲时再补看第三、一、二、六章；如果你想在操作前知道所以然，建议阅读顺序是第三、四、五、一、二、六章；如果你关注少儿活动组织和风险管理，建议阅读顺序是第六、一、五、二、三、四章；如果你想了解少儿保险的现状，建议阅读顺序是第二、五、四、三、一、六章。

如果你想系统深入了解保险业务，对保险术语感兴趣，请看本书的附录A；如果你想查询自己所在地的少儿社会保险和相关保障的细节，请看本书第二章（以上海市为例）及附录B（现有北京、广州、深证、成都四个城

① 不同于公交人，不同于航空人，保险人并不是泛指保险业从业人员，而是特指保险公司/再保险公司，是一个法人的概念。具体请见附录A中的第15个专业术语解析。

② 泛指婴儿、幼儿、少儿和未独立生活的青年，通常从0～16岁，特殊情况下甚至到二十多岁。

③ 少年和儿童的简称，通常指7～16岁阶段的未成年人。

市，欢迎热心人士添加新城市的相关细节）。

因本人才疏学浅，书中难免存在纰漏之处，欢迎大家指正。如果你有文中没有列出的个性化问题、疑惑以及涉及个人隐私的问题和建议，可以在“分答”平台和网站 boater. com. cn 留言互动，或者扫码进入微信公众号“好险”（GoodLuck-2U）加粉互动。我很乐意尽己所能与你共同探讨，保证针对每一个个性化的私人问题进行专业化回复，满足你的个性化需求。当然落实保险手续，请找身边专业的保险服务员，以及送此书给你的保险服务员。

四眼唐兄

2017 年 7 月 15 日

目录
Contents

第五章 家长为投保人、孩子为被保险人的保险安排

第六章 活动运营方的儿童保护、自我保护与责任保险

附　录

跋　为了孩子的幸福与美好

Chapter 1

第一章　儿童与众不同的特征属性

「睁开眼睛
我大声啼哭
有光亮的新天地
有两个温柔的声音
好久之后才发现
你们的笑变得清晰了
你们教我念
爸爸和妈妈
教我说
后来我知道
被称为名字的语言」

作者：怿斓。誊写者：上海市汇师小学四（3）班　卓睿轩

阅读中思考的问题

（1）孩子们哭着来到人世间，大人们却都笑着；当大人平静地离开，孩子们却哭了。为什么呢？

（2）人生难免存在不得已，年迈的老人病了，我们中的大多数人通常只能够投入三五十万元治疗费，自己病了大概也只愿意投入七八十万元，但为什么孩子患病后，父母长辈们都宁愿倾家荡产地来治病呢？

（3）一个孩子从出生到长大成人需要花费49万元？不可能！在2005年那时候，49万元可能多了！但时至今日，49万元绝对少了。那么你究竟要为孩子准备多少资金？

（4）每个孩子今后都会有自己新的家族，我们给孩子什么样的今天，他们就给我们什么样的明天。那么他们在生理特征、家庭属性、社会属性、经济特征等方面各有什么特征？

（5）孩子是上天赐给父母们的最珍贵的礼物，陪着孩子们长大，对父母意味着什么？

（6）在对孩子的教育过程中，我们应该抓住哪些机会？

（7）我们是给孩子所有，还是教他们所有，抑或是给他们一些，教他们一些？

（8）国家为什么从严格的计划生育政策，转变到农村特殊二胎、双独二胎、单独二胎乃至目前的全面二胎？从保险和经济角度你怎么看？

众人皆大笑，唯独孩子一人哭

第一节　儿童的生理特征

儿童就像早上五六点钟的太阳，处于上升通道，充满朝气，是希望的象征。

养育孩子的快乐就在于让父母们再次成长一遍。

养育二胎某种程度上是为了弥补老大养育过程中的教训和缺失。

因为爱情，相爱的父母让可爱的小天使降临人间。

孩子们慢慢成长，尽享一生

一、四个阶段的儿童表现出不同的生理特征

（一）婴儿阶段（不足1岁）

婴儿呱呱坠地之日就从母体带有良好的IgG抗体，所以百日之内免疫力超强，一般都不易生病。并且在这个阶段，婴儿的活动量和活动范围都不大（大多数只会躺在床上“数星星”），只要好好照看即可平安成长（除非患有新生儿病甚至先天性异常）。当然这个阶段也要注意，避免呛着、压着、热着、憋着、受凉甚至是坠落。

长大到四五个月后，尽管婴儿身体成长百日之后逐渐强壮，但先天带来的免疫力开始下降，婴儿处于相对脆弱阶段，在特定情况下容易生病，需要父母加强照看和提供足够的营养。不要轻易去人多的地方，尤其是在春秋时节，因为这个时节气温变化大，是流感多发、传染病频发、病毒猖狂的时候，基本上要多待在家里，注意通风，保持卫生。耐得住寂寞，守得住健康，活得出平静。

据儿科医生介绍，婴儿的肌肉骨骼发育具有“三翻六坐七滚八爬周学走”的规律。就是说，宝宝出生后 3 个月左右就会翻身了，6 个月左右就可以逐渐坐起来了，7 个月左右就会滚来滚去异常活跃，8 个月左右就会爬行了（到处爬行的那种），到 1 周岁左右就会蹒跚学步，扶墙走路，甚至开始学着奔跑了。而随着翻身、坐立、滚动、爬行、站立、奔跑等动作的熟练，儿童的活动量和活动范围迅速扩大，产生危险和发生危险的概率逐步增加。这个阶段是大人们最感到疲劳，也最容易放松警惕的时候，监护人需要加大监护的紧密度（对于保姆、家政等非亲属关系的人员，尤其需要教育引导和加强沟通），稍有疏忽就会增加意外发生的概率。

在这个阶段，感冒、发烧、肺炎、呕吐、肠胃炎以及烫伤、外伤等一直是婴儿就医的主要原因。婴儿阶段的大夫基本上是“哑科”大夫，生病的婴儿无法沟通病症详情，更无法表达出难受的部位和程度，而其监护人也没有专业医生的观察力，需要医生高度的责任心和超高的医术。但是在目前医生（尤其是儿科医生）整体高压的环境中，并不是都尽如人意的。所以要求爸爸妈妈甚至爷爷奶奶（姥姥姥爷）们成为最称职的看护员和病症观察员，加强安全看护和卫生防护。

（二）幼儿阶段（1～3 岁）

一直到 3 岁之前，幼儿们都喜欢尝试新鲜事物，喜欢用手脚这儿摸摸，那儿拍拍，抠抠小洞，甚至用舌头尝遍各种物体的“味道”。幼儿们咀嚼、吞咽功能不全，却喜欢将物品置入口中逐一尝试，在欢笑哭闹时容易发生误吸甚至窒息。这时不可以赠送那些有着小配件的玩具给宝宝们（如很小的圆珠、吊坠以及尖锐的拉链、笔头、笔帽等），否则真的有可能好心做坏事。

据报道：2017年3月，上海市市区某小学一个四年级学生，在午餐期间被肉丸噎住气管，送医后经确诊因窒息死亡。10岁大的孩子尚且如此脆弱，2~3岁的幼儿更加需要注意防护。果冻、蒟蒻、花生米、瓜子、硬币、纽扣、电池、发卡等都是高危窒息物。

幼儿期性格上非常好动（尤其是男童），由于对于伤害没有感觉和恐惧，往往不会像成人那样循规蹈矩，常常表现得是“无法无天”，并且平衡控制能力差，易跌倒，会增加意外事故的发生概率。此时期更加需要加强照看，防患于未然。防触电保护套、防护栏、防夹门卡、插座套、门锁套、防撞条、防撞角、抽屉锁等，都是必不可少的。当然如果你把这些防范物品作为礼品送给宝爸宝妈的话，绝对是一件非常讨人开心的事情，拉近你和宝爸宝妈的距离。

（三）童年阶段（3~7岁）

3~7岁和1~3岁的阶段一样，都是意外危害高危期。

由于这个年龄段的少儿处于身心快速发育期、好奇探索期，危险防范意识跟不上，缺乏生活常识及自我保护意识。随着活动范围扩大，不少监护人反而盲目乐观地降低了看护紧密度，从而导致意外伤害急剧增加。该年龄段儿童识别危险的能力低，对危险的预见预判水平有限，无法像成人一样预判到生活中的常见潜在危险，同时也缺乏躲避危险和应变的能力，遇到意外的特殊情况或不安全的环境威胁时，往往惊慌失措，不能正确应对，也无法自救，从而造成二次伤害，加重伤害的程度。

溺亡伤害多发生在池塘、公园湿地、沟渠、河流、湖泊相对较多的南方地区，以及冬春季刚结冰和即将化冰的北方地区。道路交通越发快捷和越发复杂的大中城市的交通事故致死率远高于内陆欠发达的农村地区。

（四）少年阶段（7～14 岁）

虽说七八岁的孩子最淘气，淘到连狗狗猫猫都怕他们，但他们毕竟有了一定的安全意识，意外的发生率并非最高。意外伤害的发生率总体随着年龄的增加而下降，一直到 16～18 岁时趋于总体平稳。

溺水身亡和车祸意外依然是此年龄段意外死亡的前两大杀手，且车祸死亡率呈上升趋势。统计数据表明，死亡总人数中男孩为女孩的 1.8 倍，可能是由于男童普遍比女童活泼好动，活动频率高，范围广，暴露于伤害危险的环境的机会更多。并且随着年龄的增长，男性和女性儿童性格的差异变得更加明显，男孩攻击性、违纪性等外向型因素成分均高于女孩。

所以家有儿子的家长要注意对孩子的关心、关注、沟通和疏导，尤其是在萌动的青春期期间的那几年。在大原则不违背的情况下，尽可能加上温柔的元素，此阶段需要家长（尤其是男性家长）投入精力和耐心，不要让青春期的“蠢动”遭遇更年期的焦躁。

所谓“男八女七”说的是男性和女性的成长周期存在差异，男性的成长周期是 8 年，每 8 年为一个成长阶段，8 岁、16 岁、24 岁、32 岁并以此类推，这是男性生长变化的几大周期年龄；而女性的生命周期数是 7 年，每 7 年体现一次大变化，例如 7 岁、14 岁、21 岁、28 岁等。28 岁和 32 岁，分别是女性和男性处于巅峰的年龄段。

在本阶段的孩子发生意外伤害的原因中，溺水、交通事故、跌落依然居前，而机械性窒息比例不高。当然还需要注意的是伴随着宠物饲养热出现的动物伤害。

二、数说令人痛心的儿童意外伤害与死亡

（一）意外伤害

王文超等以上海市部分地区为例，研究了不同年龄段儿童意外伤害的类型分布情况，见表1-1。数据显示，在0～15岁全年龄段，伤害类型占比居前的分别为跌落（52.0%）、碰击伤（15.0%）、交通事故（11.3%）和锐器伤（9.4%），四者合计占比达到87.7%；并且，随着年龄的增加，锐器伤发生的概率明显增加，交通事故、挤压伤发生的概率先增加后降低，烧烫伤发生的概率先降低后增加，跌落伤发生的概率先降低再增加接着又降低，碰击伤发生的概率先降低再增加接着又降低随后又明显增加。

表1-1　上海市部分地区不同年龄段儿童意外伤害类型分布

伤害类型	0～1岁		1～3岁		3～7岁		7～12岁		12～15岁		总计数	
	例	百分比	例	百分比	例	百分比	例	百分比	例	百分比	例	百分比
跌落伤	46	55.4	197	51.0	212	49.0	136	57.4	27	48.0	618	52.0
碰击伤	13	15.7	57	14.8	68	15.7	29	12.2	11	22.0	178	15.0
交通事故	3	3.6	32	8.3	65	15.0	30	12.7	4	8.0	134	11.3
锐器伤	5	6.0	38	9.8	45	10.4	28	11.8	6	12.0	122	9.4
挤压伤	2	2.4	25	6.5	16	3.7	7	3.0	1	2.0	51	4.3
烧烫伤	13	15.7	12	3.1	9	2.1	1	0.4	1	2.0	36	3.0
砸伤	1	1.2	15	3.9	8	1.8	7	3.0	0	0.0	31	2.6
中毒/误服	0	0.0	6	1.6	4	0.9	0	0.0	0	0.0	10	0.8
溺水	0	0.0	2	0.5	2	0.46	0	0.0	0	0.0	4	0.3
异物伤	0	0.0	1	0.3	2	0.46	0	0.0	0	0.0	3	0.2
咬伤	0	0.0	0	0.0	2	0.46	0	0.0	0	0.0	2	0.1
合计	83	100.0	386	100.0	433	100.0	237	100.0	50	100.0	1189	100.0

资料来源：王文超等. 上海部分地区儿童意外伤害的临床调查及分析［J］. 中国儿童保健杂志. 2014，22（8）：865-868.

余小鸣等研究了 2002 年 1 月—2012 年 12 月 10 年间公开发表的有关我国城市学龄儿童青少年伤害现状的各类文献，结果最终符合纳入标准的文献有 33 篇，涉及总样本量 146757 人，男女比例为 1.02∶1。Meta 分析显示，我国城市学龄儿童青少年伤害人数发生率为 29%（95% CI：24.5% ~34.3%），人次发生率为 53.2%（95% CI：41.7% ~67.9%），各类伤害的具体情况见表 1-2。其中跌扭伤为首位原因，而交通伤害则倾向于在同一个体身上重复发生。男生伤害人数发生率（35.1%）高于女生（27.6%），中学生伤害人数发生率（31.2%）略高于小学生（30.1%）。

表 1-2 我国城市学龄儿童青少年各类伤害发生现状

伤害类型	伤害人数发生率（%）			顺位	伤害类型	伤害人次发生率（%）			顺位
	文献数量	发生率	95%CI			文献数量	发生率	95%CI	
跌扭伤	16	12.4	10.2 ~15.1	1	跌扭伤	16	13.5	9.8 ~18.6	1
碰撞/打击伤	14	6.4	4.6 ~8.9	2	碰撞/打击伤	12	5.9	3.8 ~9.1	3
刀割伤	14	6.0	4.3 ~8.4	3	刀割伤	7	5.8	3.8 ~8.7	4
交通伤	17	3.5	1.8 ~7.0	4	交通伤	13	6.8	4.7 ~9.7	2
烧烫伤	18	3.2	2.2 ~4.6	5	烧烫伤	16	2.4	1.6 ~3.7	6
锐/钝器伤	11	2.9	1.9 ~4.4	6	锐/钝器伤	7	4.3	2.4 ~7.8	5
动物咬伤	16	2.6	1.8 ~3.7	7	动物咬伤	13	2.1	1.4 ~3.0	8
卡喉伤	9	1.5	0.9 ~2.5	8	卡喉伤	6	2.2	1.1 ~4.5	7
电击伤	11	0.6	0.4 ~1.1	9	电击伤	12	0.6	0.4 ~0.9	10
爆炸伤	11	0.6	0.3 ~1.0	10	爆炸伤	7	0.4	0.2 ~0.8	12
中毒	10	0.5	0.2 ~1.5	11	中毒	11	0.6	0.3 ~1.2	10
溺水	13	0.4	0.2 ~0.6	12	溺水	8	0.5	0.2 ~1.2	11
窒息	1	0.1	0.0 ~0.2	13	窒息	4	0.7	0.4 ~1.1	9
自伤/杀	0	—			自伤/杀	2	0.4	0.0 ~9.1	12
他伤/杀	0	—			他伤/杀	0	—	—	

资料来源：余小鸣等．我国城市学龄儿童青少年伤害现状及特征［J］．中国儿童保健杂志，2014，22（1）：52-55.

（二）意外死亡

《中国卫生统计年鉴2014》的数据表明：我国5岁以下儿童的死亡率非常低，并且呈现逐年下降的趋势。同时可以看到，1岁以下婴儿的死亡率较之新生儿的死亡率有较大提升，其主要原因是先天异常与新生儿病，致使在这个阶段意外伤害就医就诊的概率统计性地增加，见表1-3。

表1-3　我国5岁以下儿童死亡率（1991—2013年）

年份	新生儿死亡率（‰）			婴儿死亡率（‰）			5岁以下儿童死亡率（‰）		
	合计	城市	农村	合计	城市	农村	合计	城市	农村
1991	33.1	12.5	37.9	50.2	17.3	58.0	61.0	20.9	71.1
1992	32.5	13.9	36.8	46.7	18.4	53.2	57.4	20.7	65.6
1993	31.2	12.9	35.4	43.6	15.9	50.0	53.1	18.3	61.6
1994	28.5	12.2	32.3	39.9	15.5	45.6	49.6	18.0	56.9
1995	27.3	10.6	31.1	36.4	14.2	41.6	44.5	16.4	51.1
1996	24.0	12.2	26.7	36.0	14.8	40.9	45.0	16.9	51.4
1997	24.2	10.3	27.5	33.1	13.1	37.7	42.3	15.5	48.5
1998	22.3	10.0	25.1	33.2	13.5	37.7	42.0	16.2	47.9
1999	22.2	9.5	25.1	33.3	11.9	38.2	41.4	14.3	47.7
2000	22.8	9.5	25.8	32.2	11.8	37.0	39.7	13.8	45.7
2001	21.4	10.6	23.9	30.0	13.6	33.8	35.9	16.3	40.4
2002	20.7	9.7	23.2	29.2	12.2	33.1	34.9	14.6	39.6
2003	18.0	8.9	20.1	25.5	11.3	28.7	29.9	14.8	33.4
2004	15.4	8.4	17.3	21.5	10.1	24.5	25.0	12.0	28.5
2005	13.2	7.5	14.7	19.0	9.1	21.6	22.5	10.7	25.7
2006	12.0	6.8	13.4	17.2	8.0	19.7	20.6	9.6	23.6
2007	10.7	5.5	12.8	15.3	7.7	18.6	18.1	9.0	21.8
2008	10.2	5.0	12.3	14.9	6.5	18.4	18.5	7.9	22.7
2009	9.0	4.5	10.8	13.8	6.2	17.0	17.2	7.6	21.1
2010	8.3	4.1	10.0	13.1	5.8	16.1	16.4	7.3	20.1
2011	7.8	4.0	9.4	12.1	5.8	14.7	15.6	7.1	19.1
2012	6.9	3.9	8.1	10.3	5.2	12.4	13.2	5.9	16.2
2013	6.3	3.7	7.3	9.5	5.2	11.3	12.0	6.0	14.5

资料来源：《中国卫生统计年鉴2014》。

刘伟等研究了2002—2011年我国1～14岁儿童伤害死亡率水平和变化趋势，各类伤害的标化死亡率情况见表1-4。研究表明，死因居前三位的分别是溺水身亡、车祸和意外跌落，标化死亡率分别是11.19/10万、2.94/10万和0.89/10万。

表1-4　我国1～14岁儿童各类伤害标化死亡率（2002—2011年）

（单位：10万分之一）

死因	2002年	2003年	2004年	2005年	2006年	2007年	2008年	2009年	2010年	2011年
溺水身亡	11.19	10.66	10.25	11.69	7.49	7.83	6.73	7.91	11.85	7.19
车祸	2.94	3.33	3.50	2.84	3.03	4.01	3.26	4.30	6.17	3.88
意外跌落	0.89	0.80	0.66	1.02	0.73	1.20	0.71	0.93	1.36	0.80
意外中毒	0.56	0.70	0.51	0.47	0.51	0.47	0.42	0.49	0.93	0.35
自杀	0.81	0.73	0.46	0.61	0.25	0.25	0.22	0.16	0.12	0.11
他杀	0.24	0.30	0.23	0.46	0.28	0.10	0.12	0.08	0.05	0.32
火灾	0.35	0.11	0.21	0.40	0.13	0.17	0.09	0.10	0.23	0.30
触电	0.26	0.21	0.11	0.08	0.07	0.12	0.03	0.06	0.09	0.15
机械性窒息	0.44	0.14	0.23	0.27	0.20	0.16	0.32	0.37	0.31	0.38
其他伤害	1.56	1.76	1.65	1.00	1.43	1.26	2.06	1.71	2.12	1.17
合计	19.24	18.74	17.81	18.84	14.12	15.57	13.96	16.11	23.23	14.65

资料来源：刘伟等.2002—2011年中国1～14岁儿童伤害死亡率水平和变化趋势［J］.中国儿童保健杂志.2014，22（10）：1095-1098.

不同年龄段儿童主要伤害标化死亡率情况见表1-5。其中，1～4岁溺水身亡的标化死亡显著高于5～9岁和10～14岁两个年龄段，导致全部伤害的标化死亡率也高于其他两个年龄段。总体来看，随着年龄的增长和时间的推移，主要伤害的标化死亡率呈现下降趋势。

造成儿童不幸死亡的原因是多方面的，研究人员在我国中西部和东部各选取了一个城市（城区），分别以成都市和上海市浦东新区为例，来分析各种意外伤害的占比（全部为事后就医的统计数据），见表1-6和表1-7。

表 1-5　我国不同年龄段儿童主要伤害标化死亡率（2002—2011 年）

（单位：10 万分之一）

年份	1～4 岁			5～9 岁			10～14 岁		
	溺水身亡	车祸	全部伤害	溺水身亡	车祸	全部伤害	溺水身亡	车祸	全部伤害
2002	18.90	2.39	27.31	7.79	3.37	14.46	8.08	2.96	17.14
2003	17.09	3.80	26.74	9.57	3.58	16.43	6.47	2.73	14.48
2004	17.25	4.47	27.10	8.70	3.33	15.41	6.18	2.87	12.74
2005	17.83	3.86	26.88	8.72	3.08	16.05	9.55	1.77	15.05
2006	11.60	3.76	21.20	6.12	3.39	12.04	5.54	2.08	10.45
2007	14.52	5.35	25.88	5.32	3.99	11.70	4.86	2.93	10.95
2008	12.66	4.48	24.42	4.43	3.32	10.36	4.14	2.25	8.97
2009	14.57	6.64	28.86	5.87	4.21	12.66	4.47	2.49	9.01
2010	28.16	13.37	53.35	5.66	4.16	12.37	4.37	2.17	8.88
2011	12.49	6.40	25.10	5.25	3.53	10.92	4.75	2.21	9.72

资料来源：刘伟等 . 2002—2011 年中国 1～14 岁儿童伤害死亡率水平和变化趋势［J］. 中国儿童保健杂志 . 2014，22（10）：1095-1098.

表 1-6　成都市 5 岁以下儿童意外死亡的原因（2005—2014 年）

年份	活产	溺水		交通意外		意外窒息		意外跌落		意外中毒		其他意外	
		死亡率（%）	构成比（%）	死亡率（%）	构成比（%）	死亡率（%）	构成比（%）	死亡率（%）	构成比（%）	死亡率（%）	构成比（%）	死亡率（%）	构成比（%）
2005	64347	0.99	39.26	0.20	7.98	1.06	41.72	0.05	1.84	0.08	3.07	0.16	6.13
2006	66767	1.47	49.49	0.18	6.06	1.05	35.35	0.09	3.03	0.07	2.53	0.10	3.54
2007	82717	0.74	39.61	0.33	17.53	0.64	34.42	0.05	2.60	0.01	0.65	0.10	5.19
2008	88848	0.95	28.47	0.30	9.15	0.95	28.47	0.07	2.03	0.02	0.68	1.04	31.19
2009	90437	0.93	44.68	0.25	12.23	0.65	31.38	0.08	3.72	0.04	2.13	0.12	5.85
2010	98590	0.75	41.57	0.24	13.48	0.60	33.15	0.07	3.93	0.06	3.37	0.08	4.49
2011	79167	0.81	37.87	0.35	16.57	0.80	37.28	0.09	4.14	0.00	0.00	0.09	4.14
2012	88306	0.54	35.29	0.19	12.50	0.55	36.03	0.10	6.62	0.03	2.21	0.11	7.35
2013	84519	0.40	25.95	0.34	22.14	0.64	41.22	0.08	5.34	0.00	0.00	0.08	5.34
2014	83312	0.41	29.57	0.25	18.56	0.52	37.39	0.07	5.22	0.04	2.61	0.10	6.96
合计	827010	0.78	37.35	0.27		0.73	34.86	0.07	3.59	0.04	1.68	0.20	9.73
χ^2值		60.24		0.61		22.30		0.82		3.75		20.90	
P 值		0.00		0.43		0.00		0.37		0.05		0.00	

资料来源：杨柳等 . 2005—2014 年成都市 5 岁以下儿童意外死亡情况分析［J］. 中国儿童保健杂志 . 2017，25（2）：194-197.

表 1-7　上海市浦东新区 5 岁以下儿童前 5 位死因（2002—2013 年）

顺位	新生儿			婴儿			1～5 岁			合计		
	死因	死亡数	构成比（%）	死因	死亡数	构成比（%）	死因	死亡数	构成比（%）	死因	死亡数	构成比（%）
1	新生儿病	282	61.98	新生儿病	301	42.88	损伤中毒	73	39.04	先天异常	320	36.00
2	先天异常	155	34.07	先天异常	291	41.55	肿瘤	34	18.18	新生儿病	302	33.97
3	传染病及寄生虫病	7	1.54	损伤中毒	27	3.85	先天异常	29	15.01	损伤中毒	100	11.25
4	损伤中毒	2	0.44	传染病及寄生虫病	14	1.99	神经系病	17	9.09	肿瘤	48	5.40
5	肿瘤	4	0.88	肿瘤	14	1.99	呼吸系并	10	5.35	神经系病	29	3.26

资料来源：陈亦晨等. 2002—2013 年上海市浦东新区 5 岁以下儿童死因［J］. 中国儿童保健杂志. 2015，23（1）：93-96.

表 1-6 显示了成都市 2005—2014 年 10 年的统计数据。数据表明，由于溺水、意外窒息、交通意外以及跌落而死亡的人数占 5 岁以下儿童意外死亡人数的 90% 左右。这可以作为我国中西部地区大中城市（含郊区）的典型。

表 1-7 显示，在生活水平和医疗水平均高于全国平均水平的上海市浦东新区，5 岁以内幼儿的死亡率明显呈现持续走低的趋势。已故 5 岁以内儿童的统计死亡主因位居前三位的分别为先天异常（占比 36.00%）、新生儿病（占比 33.97%）和损伤中毒（占比 11.25%）。而 1～5 岁儿童的统计死亡主因为损伤中毒（占比 39.04%），其占比随着年龄和活动范围的增加而快速增长；紧随其后的是肿瘤（18.18%）以及先天性异常（15.51%），看来环境因素也非常重要。这可以作为我国东部地区大中城市（含郊区）的典型。

对上海市浦东新区 2002—2013 年 5 岁以下儿童的意外死亡情况做进一步分析（见表 1-8）可以发现，在导致 5 岁以下儿童损伤中毒死亡的原因中，前四位分别为：溺水淹死（占比 38.00%）、机动车辆交通事故（占比 18.00%）、意外的机械性窒息（占比 11.00）和意外跌落（占比 10.00%）。

表 1-8 上海市浦东新区 5 岁以下儿童损伤中毒死亡情况（2002—2013 年）

死因分类	婴儿		1～5 岁		合计	
	死亡数	构成比（%）	死亡数	构成比（%）	死亡数	构成比（%）
机动车辆交通事故	4	14.81	14	19.18	18	18.00
机动车以外的交通事故	0	0.00	2	2.74	2	2.00
意外中毒	0	0.00	1	1.37	1	1.00
意外跌落	3	11.11	7	9.59	10	10.00
火灾	0	0.00	2	2.74	2	2.00
由自然环境因素所致的意外事故	0	0.00	0	0.00	0	0.00
溺水淹死	0	0.00	38	52.05	38	38.00
意外的机械性窒息	9	33.33	2	2.74	11	11.00
砸死	0	0.00	1	1.37	1	1.00
由机器切割和穿刺工具所致的意外的事故	0	0.00	0	0.00	0	0.00
触电	0	0.00	0	0.00	0	0.00
其他意外事故和有害效应	11	40.74	6	8.22	17	17.00
自杀	0	0.00	0	0.00	0	0.00
被杀	0	0.00	0	0.00	0	0.00

资料来源：陈亦晨等. 2002—2013 年上海市浦东新区 5 岁以下儿童死因分析. 中国儿童保健杂志. 2015，23（1）：93-96.

上述两大统计数据的来源独立，地理位置差距数千千米，统计团队均调研了 10 年以上的数据，得出的结论也较为一致，这需要引起全国的爸爸妈妈们的高度重视。

为了降低儿童受伤害的概率，必须从监护人和看护者方面（父母、爷爷奶奶、亲朋好友、家政保姆等）加强意识：

（1）强化父母和其他长辈对于儿童自我防护知识的科普（尤其是交通安全教育）。

（2）排除生活工作场所内的安全隐患（比如对家中的刀具、火源、热水、有害物质进行有效隔离，加装防护装置）。

（3）远离没有限制措施的散养宠物，尤其是狼狗、藏獒等烈性动物。

（4）对 2 岁以内儿童严格管制可入口的小异物，及时制止儿童危险行为。

（5）对 3 ~7 岁儿童加强意外伤类防范教育。

（6）监护人的看管紧密度不能放松。

（7）经济越发达的城市，交通安全教育越是要强化，并强化防拐卖等措施。

（8）经济欠发达的城镇，需要加强爬山、涉水等自然风险的应对。

本节小结

（1）面对上述统计材料所呈现的风险，我们不会因噎废食不要孩子，也不能无视风险的存在，让孩子陷入不应有的意外风险当中。

（2）孩子成长有自然规律，培养有科学规律，这些都要懂。

（3）姥姥、奶奶充当幼儿保姆真是如履薄冰，责任大、风险大、压力大，对吧！

第二节　儿童的家庭属性

每个孩子今后都会走上属于自己的成长之路，我们给孩子什么样的今天，他们就给我们什么样的明天。在每个小生命降生的时候，每一位长辈都会感到无比喜悦与激动。不管是男孩还是女孩，无论独生子女还是二胎宝宝，孩子都是父母爱情的结晶，都是长辈的心肝宝贝，都是家庭的希望。他们今后有无数的可能，有不可限量的未来；他们在未成年之前都有权利去享受健康成长，良好教育和舒适安全的生活。

夫妻有了孩子，生命得以延续，生活更加丰满，人格更加圆满。因为孩子是上天派来的小天使，是给夫妻制造烦恼并解决问题的使者，圆润其性格，平衡生活和工作的节奏。

孩子是一个家庭感情的结晶和酸甜苦辣的来源中心，让家人一起共享天伦之乐。有了孩子的家庭生活，必定是跌宕起伏、丰富多彩的。因为孩子总能带给我们很多突如其来的惊喜，让我们的生活不再循规蹈矩。孩子是家庭的润滑剂，是引发波澜的那块石头；是生活的调味剂，调出酸甜苦辣咸人间百味。

毫无疑问，每一个养育孩子的家庭都会经历惊喜、混乱、嘈杂的起初环境，甚至新爸新妈们的工作节奏、生活秩序都会紊乱一阵子。之后在“保姆们”（爷爷、奶奶、姥爷、姥姥）的辅佐下，又逐步进入生活的正轨。之后经历幼教期的纷扰忙乱，大人叫小孩哭的状态，随着孩子入园、上小学乃至考入大学，慢慢地，我们自己的小家庭很可能会成为空巢小家庭。不久，我们将和我们的父母那样逐步成为空巢老人。

养儿方知父母恩，过去养孩子是为了将来给自己养老，所谓的养儿防老。现在养二胎主要是用来做陪伴和传承。

我们与其责备小孩子什么都不懂，还不如蹲下来，放下身段，和孩子平等地对话；我们与其苛求孩子一定听爸妈的，还不如让他们使用自己的方法方式去选择。我们可能认为孩子的想法太天真，但是孩子的世界也需要想法。我们不必苛求孩子的学习好坏，因为作为过来人的我们都知道学习只是生活的一部分而已。当青春期遭遇更年期，我们都相互礼让，将心比心，使家庭美满和谐。

我爱我的家

爸爸、妈妈、我
一个和谐的家
爸爸是海岸
爸爸是海水
妈妈是浪花
我就是浪花

爸爸、妈妈、我
一个美好的家
爸爸是森林
妈妈是绿地
我就是鲜花

爸爸、妈妈、我
一个可爱的家
爸爸是高山
妈妈是大河
我就是那含金的沙
我爱爸爸，我爱妈妈，我爱我的家

诗作者：关颖。誊写者：上海市福山外国语小学三（6）班 唐雨欣

【案例 1-1】

南京大学电子工程系学霸刘侨被称为 2015 年最温暖网友心的“雨伞爸爸”。这位父亲为孩子打着伞，自己的后背却已经被雨水淋透了。大雨中“最帅老爸背影”就像很多年前朱自清父亲的《背影》那样，感动了百万网友心，真是父爱如山。

他的教子哲学是“给儿子创造最好的条件，让他亲自去闯荡”。作为父亲，他可以为儿子遮风挡雨，但路还得儿子自己走。爸爸左手提的是事业，右手撑起的是希望，背上扛的是风雨……“雨伞爸爸”践行了“爸爸给不了你最好，但给了你全部！”的诺言。

【案例 1-2】

2009 年年初，31 岁的叶海斌被确诊为肝豆状核病变患者，必须进行肝移植。55 岁的母亲陈玉蓉决心给儿子捐肝，然而术前检查发现，她患上了重度脂肪肝，捐肝梦顿时破灭。2009 年 2 月起，陈玉蓉决心减肥，尽早消除脂肪肝救子。她每天在家附近的坝上来回暴走 10 公里，天不亮就出去，天黑了也要出去。7 个月下来，她走破了 4 双鞋，相当于跑了 50 个马拉松！然而，消耗那么多热量她却不敢多吃，每餐半个拳头大小的饭团，一块肉也不敢吃，一点油腥也不敢沾，只用白水煮青菜下饭。再去医院检查时，她从 68 千克减至 60 千克，最令人称奇的是原来的重度脂肪肝也没有了！这个结果让主治医生大为震惊，“这是个医学的奇迹！更是母爱的奇迹。”对此，陈妈妈表示为儿捐肝无怨无悔。同年 11 月 3 日，母子俩“移肝”手术在武汉同济医院成功完成。陈玉蓉很伟大，也让大家看到了母爱的伟大，这对母子不仅被武汉同济医院减免了医疗费，而且得到了无数网友的祝福。

“世上最伟大的情感，母爱；世上最高尚的情操，母爱；世上最无私的奉献，母爱。我们拿什么孝敬你，母亲”“我觉得这位母亲真伟大！同时也想到了自己的母亲，天下所有的母亲！母亲真伟大！祝成功！”……一时间，网友们一起祝福着自己的母亲和天下所有的母亲。

本节小结

在陪伴孩子成长的过程中，在对孩子教育的过程中，父母们同时也完成了一种自我救赎和成长。这是我们人生第二次得到教育的机会，我们应该抓住这个机会，因为孩子是给天下父母们的一份超级大礼包。父母们无不表示为孩子做这些无怨无悔，就算是陪着孩子看病，陪着孩子渡过最难的时光，也是一种阅历的增长。

父母既有为了孩子上刀山下火海的牺牲精神，也有日复一日平凡陪伴的耐心。

第三节　儿童的经济属性

阅读中思考的问题

(1) 都说寸土寸金，为什么孩子寸身寸金？

(2) 童装是不是比成人装用料更少，价格更贵？

(3) 网上盛传的培养孩子到大学毕业要花49万元的说法，你认同吗？

(4) 你希望给孩子准备多少钱，以便为孩子长大成人保驾护航？

不当家，不知柴米油盐贵。只有付出劳动，获得收入之后，才知道赚钱不易。

康德说："小孩子只有受过教育，才能成为一个大人。"一个孩子从一个纯粹的自然人变为一个社会人，除了自然生长之外，还需要教育。至于受教育的程度，这既取决于社会教育机构的能力和孩子的能力，还在很大程度上取决于孩子家庭的经济能力。

某机构针对众多中年人问了三个问题：

（1）如果你自己罹患重大疾病，那么当花费超过多少钱之后你就不会再看了？

（2）如果患病的是你那七八十岁的父母呢？

（3）如果患病的是你那尚小的孩子呢？

经过大量的问卷调查后，三个答案分别是："50 万 ~ 100 万元""30 万 ~ 50 万元""倾家荡产"。从社会学和医学的角度都让人们感到无法理解。

四眼唐兄从经济学角度，用经济生命曲线的三张图表来分析这三个现实答案背后的经济原理。如图 1-1 所示，横坐标是年龄，纵

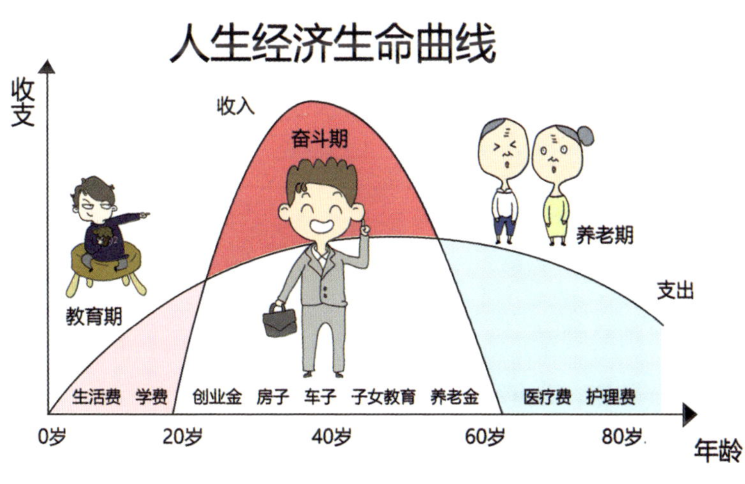

图 1-1 人生的经济生命曲线

坐标是每年的经济收入额，连接起来的边界曲线就是“人生经济生命曲线”。图 1-2 和图 1-3 则分别是孩子的经济生命曲线和老人的经济生命曲线，不难看出对应的红色部分面积与上述答案是非常吻合的。红色部分面积的大小和经济学上的“余生财富贡献额”正相关。

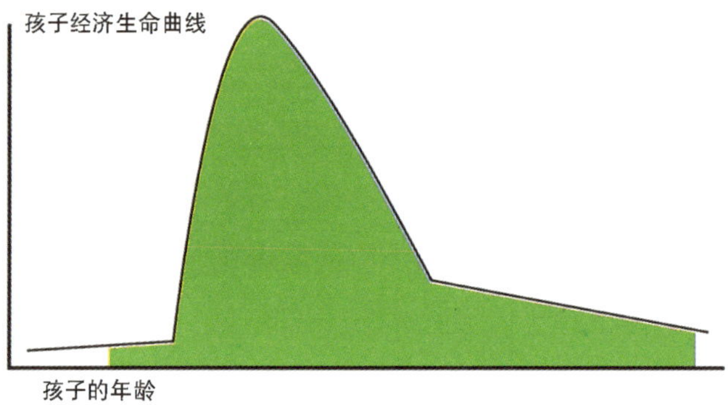

图 1-2　孩子的经济生命曲线

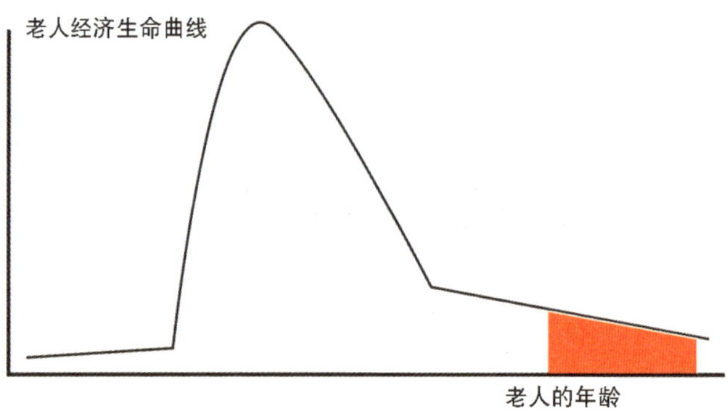

图 1-3　老人的经济生命曲线

儿童（特别是婴幼儿）的开销某种程度上来说比成人还要高，尽管他们的个头很小，饭量不大，但吃喝用度都要精细得多，有些小衣服、小鞋子甚至比大人的还要贵。儿童的开销主要在饮食营养费用、服装费用、看管费用、医疗费用、学费及兴趣课程费等方面，并且可以说一项都不能少。

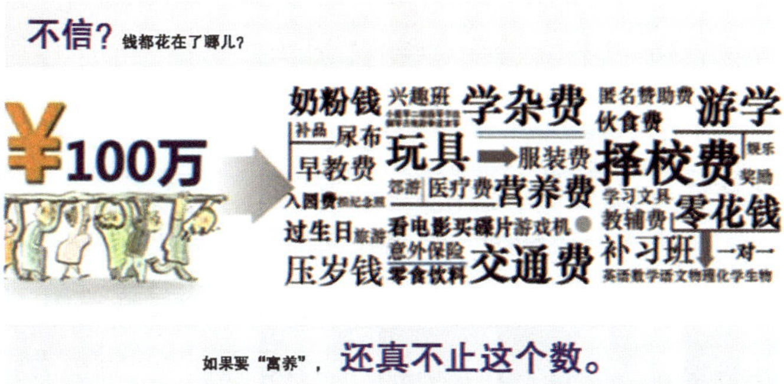

饮食营养费用：包括奶粉费、水果费、补品费（补铁、补锌的钱能够赛过大人饭费）、营养品费用（鱼肝油、辅食、微量元素）等。众所周知，奶粉可是比大人的面条、米饭要贵得多，如果全程采用国外进口的话，费用更是惊人。

服装费用：包括尿布费和服装换置费（基本上1套衣服只能穿两三个月，每次总得来个两三套作为换洗的准备；而换季后的第二年就不能穿了），君不见小小童装、童鞋的价格一点也不比成人衣服、鞋子便宜。

看管费用：主要是保姆费用以及爷爷、奶奶等看管所增加的住房、饮食开销等，这两项合计平均为4000～5000元，遇到一线城市，还得往上增加额度。如果是月嫂和育婴嫂，价格往往翻两三倍。

医疗费用：无论是外伤，还是头疼发热，更不用说是肺炎、肠胃炎等，去趟医院不是钱“遭殃”（专家门诊、儿童用药都不便宜），就是时间“遭殃”（请假误工），父母们总是不惜代价让自己的孩子少受罪。有妈妈说：从小到大不去医院排队过夜的宝宝基本上没有，如果遇到过敏体质，那么就真的是三天两头跑医院，总之是队难排、脸难看、院难住、夜难熬、病难好、情难爽、药难吃、娃难哄、钱易花。

学费：公办学校的学费不高，一年只要三四千元，但是好学校旁边的学区房可是超高价房的代名词，有时候有钱也不一定能够抢得到一套学区房，君不见新闻里面常说每平方米十多万元的学区房瞬间被抢空。与此同时，私立幼儿园、私立小学和私立中学，哪个每月不需要交纳学费数千元乃至上万元？

兴趣课程费：英语课、舞蹈课、钢琴课、美术课、乐高课、围棋课、游泳课、轮滑课、奥数课……哪个课程一年不要数千元，就连小小孩的智力开发课、早教课甚至都要1万元以上；遇到寒暑假全托班、夏令营、海外游学等，没有2万元更是打不住的。

以上项目的费用开销都是一堆堆的人民币在后面支撑起来的，尤其是对想要和已经有了二胎宝宝的父母们来说，所有数字还得乘以2。

著名社会学家徐安琪2004年在《青年研究》杂志发表了《孩子的经济成本：转型期的结构变化和优化》的调研报告。调研显示：当时（2003年）的物价水平下，培养一个孩子到大学毕业，他们的父母平均需要花费48万元，还不包括亲朋好友资助、社会赠送的近6万元。

表1-9　父母生养孩子至不同阶段的直接成本估算

（单位：万元）

项目	0～16岁总支出	从出生到高校毕业总支出	0～30岁（未婚）总支出
孕产期总支出	1	1	1
家庭总支出	25	48	49
他人/社会资助/赠送/免费数	5	6	6

注：不包括父母因孩子而误工、减少流动、升迁等自身发展的间接经济损失。

资料来源：徐安琪．孩子的经济成本：转型期的结构变化和优化．青年研究［J］．2004（12）：1-8.

如果说早在2003年，徐安琪的预测数据可能显得有一点超前，那么放在十多年后的今天，这个48万元就一点都不多了。如果再增加几个特色班，多学几个特长，还要去国外念一下大学（在1980年的美国，相关培养费用就达10万~15万美元），基本上这个开销可以达到200万元了。

孩子开销费用的年均上涨幅度远高于国家GDP的增速。而根据我们中国国情，不可能像欧美那样让孩子18周岁就独立，绝大多数孩子能够在25岁左右实现综合“断奶”（生理、心理和经济上），独立自主不啃老就不错了。

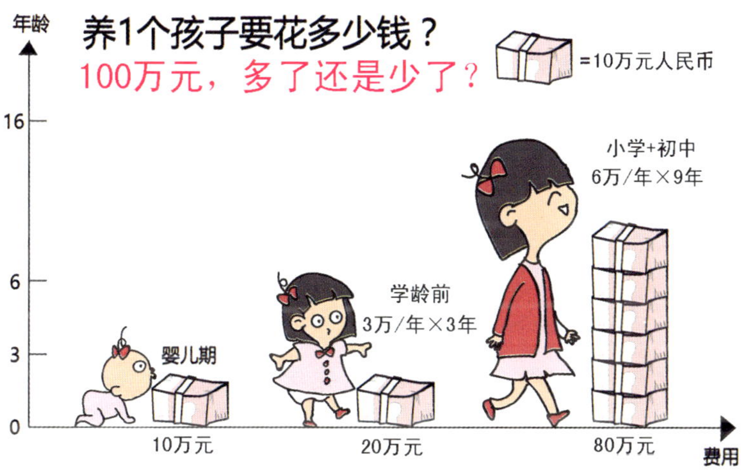

都说闹市区寸土寸金，放在孩子身上寸身寸金还不够啊，因为孩子每长高1厘米，就得花上万元钱。

学费到底有多高，不妨再通过回顾两个闻名于网络的真实新闻报道来认识一下。这两个报道本身和教育金没有直接关系，但是都非常真实客观，我们可以从报道的侧面来看学费的多少。

【案例1-3】

发生在2011年愚人节夜晚上海浦东机场的弑母案，说的是“中国旅日留学生汪某嫌寄钱太晚，刀刺母亲被刑拘”的事。百度上有详细的细节，我们在此并不过多评价该父母的教育方式，不为谴责儿子多么残忍无人性，也不是要赞美匆匆过境的外国友人多么热情专业，帮助该母亲止血渡过危险。上述都很重要，但不是我们这里关注的重点。

在相关报道中，我们看到母亲说“儿子问我为什么这次钱寄得晚？我3月寄了2万元给他，比平时要多。我每个月固定寄钱给他，他在东京的房租是1.2万元，生活费也都是我们付的，如果加上一年学费8万元的话，每年开销30万~40万元”。后续报道中说：汪的爸爸长期在美国打工，儿子的生活费、学费耗尽了家中的积蓄，汪妈妈甚至已向亲朋好友借了上万元外债。汪某在日本已有5年（前2年学语言，后3年上大学）。

根据汪母的描述，这样算出来，这个弑母的留学生的培养费是150万~200万元，这还不包括高三之前12年的学习生活费。这就是一个普普通通的工薪家庭为孩子读书所付的学费，尽管这笔学费付得让人感觉很不值。

【案例1-4】

今天的朋友，可能绝大多数都没有听到过逸飞这个品牌。但十多年前的陈逸飞生前事业红红火火，身后家事也闹得沸沸扬扬，连远在美国的人民也时刻能够得到新消息。陈逸飞的两任太太和两位公子都被完完全全地曝光在公众视野之中，细节百度一下便知，对错咱们在这里不做评论。

当事人之一宋美英（第二任太太）女士在《逸飞视界》等媒体中透露过下列细节。2002年，在陈逸飞的一再劝说下，宋美英带着2岁的陈天去美国学习管理和绘画，陈逸飞的理由是“为了以后能够更好地管理公司”。之后夫妇聚少离多。直到陈逸飞出事的那天，宋美英连夜带着孩子从美国赶回来。

当时，有媒体报道说由于陈逸飞的一些房产仍在还贷，而其遗产被大儿子冻结，致使宋美英生活潦倒，不堪重负。宋美英的代理律师曾向法官提出，“由于宋美英及幼子陈天无收入来源，目前经济拮据”，请求法院准许他们在结案前动用部分遗产。

好友钱逸敏说宋美英生活仍很拮据，但也不像一些媒体报道得那么惨，“她是陈逸飞公司的股东，一直从公司拿工资。但现在工资减半，她要抚养孩子，时不时还要去美国进行没完没了的听证，所以开销很大。好在陈逸飞生前也给她留了一些私房钱，她现在就在吃老本，靠这些私房钱应付。”

当时才5岁的正在温室中成长的陈天，突遭父亲离世的经历，使得他比一般的10岁儿童更为早熟一些。2010年，据媒体报道，陈天正按照爸爸生前的要求，在美国圣弗朗西斯科接受教育。他的作品既富有童趣，又有着一般同龄儿童难以企及的描写刻画准确、生动的能力。虽然我们不知道陈天留学美国的具体开销，但是在对身家亿万的陈家的报道中，宋美英女士生活“经济拮据”的重要原因是抚养孩子，不难看出陈天的这笔留学费用是不菲的。10万元的一笔开支，对于工薪家庭可能是“开销很大”，但对于亿万富翁家庭来说，算得上“开销很大”吗？

另据报道，陈天已经长大成人，其作品颇有其父的风范和其母的温婉之美。毕竟艺术大家的遗传基因加上专业培养，陈天成长为艺术大家甚至是商界奇才皆有可能，这样高额的教育投资也是超值的。

本节小结

上面我们对儿童的特征进行了系统性分析，得出下列几点结论：

（1）儿童是活泼好动的，不动是相对的，好动是绝对的！

（2）好动引发的危险大部分靠监护人看护，而资金部分就要求助于经济基础（包括保险体系等）。

（3）孩子长大成人是需要教育学习的，教育学习是要有经济准备的。

（4）教育基金要日积月累，趁早准备好。避免突发的意外伤害，要有良好的监管以及适度的保险保障。

第四节 儿童的社会属性

儿童不仅是父母的，也是家庭的，还是民族的，更是社会的。儿童具有很强的社会属性，家是最小的社会，社会是千万个家。

俗话说“少年强，则中国强”。国家和社会都需要儿童，因为儿童是民族的希望，是社会的未来，是祖国的花朵。有了他们，我们今后才有无数的可能，有不可限量的将来。

在人生道路上，儿童们刚起步，对他们的抚养和对长辈的赡养，让社会文明周而复始地传承下来，也是我们中华文明孝道的基础。

英国湖畔诗人华兹华斯认为“儿童是自然之子”。在他看来，自然之子是“一帮真正的孩子：不那么聪颖，不太有学问，不太乖；但任性而动、生气勃勃。”

蒙特罗斯说：“儿童是小小的探索者。”

泽利泽说孩子是圣洁的，孩子在经济上虽然是“无用”的，而情感上却是无价的，是家庭的情感支柱。孩子无价的情感价值胜过了他们的金钱价值。过往百年间，孩子（特别是在欠发达地区，特别是男孩）的出生被视作是未来劳动力的光临，父母充满了老有所依的欣喜；现如今，生养一个孩子就显得非常昂贵了，而且许多为人父母者将来也不指望他们养老。孩子的价值更多地体现为情感上能够给父母带来满足，但是由于这种满足的所费不菲，显得有些不符合如今大行其道的市场逻辑，孩子的生养进而被独特的社会文化因素建构出了神圣性。今日孩子的价值显然是迥然不同，他们的经济价值直线下降，但是情感价值却不断上升。今日的孩子带给一个家庭的是幸福与美满的天伦之乐。

孩子是真善美的化身，是简洁朴实的美。社会有了孩子，就有了现在纯粹的消费者，就有了将来的贡献者，就有了生生不息的良性循环，社会才会发展、传承和进步。

孩子的社会属性在道义上面是“无价性”，社会属性大于经济属性。

我们国家的计划生育政策在60多年间发生了五个阶段的变化，这一切是与孩子的数量息息相关的。看完后面所列举的这些变化，你有什么想法？

为了稳定生育水平，提高人口综合素质，改善出生人口性别比问题，做好流动人口的服务，积极应对人口老龄化，统筹人口问题，促进国人的全面发展，党和政府制定了计划生育政策。过去几十年里，我国的计划生育政策经历了以下五个阶段的变化。

第一阶段：1953—1961年，节制生育的提出阶段。

第二阶段：1962—1969年：提倡计划生育的试点阶段。

第三阶段：1970—1979年：提倡“晚、稀、少”的生育政策阶段。

- 1971年：一个不少，两个正好，三个多了。
- 1973年：晚婚晚育，间隔3年以上再生，一对夫妇不超过2个孩子。
- 1978年：计划生育政策载入宪法，“提倡一对夫妇生育子女数最好一个，最多两个”。

第四阶段：1980—2010年，一孩政策的提出与发展阶段。

- 1980年：党中央提倡“一对夫妇只生育一个孩子”。
- 1982年党的十二大，计划生育被确定为基本国策，并写进宪法。
- 1984年，农村地区实施一孩半政策（第一个孩子为女孩，在间隔4～5年后可生育第二个孩子）。

第五阶段：2011 年至今，逐步直至全面放开二孩政策阶段。

- 2011 年 11 月，我国各地全面实施双独二孩政策（夫妻双方都是独生子女，可以生育第二个孩子）。
- 2013 年 12 月，我国实施“单独二孩”政策（一方是独生子女的夫妇可生育两个孩子）。
- 2015 年 10 月，中国共产党第十八届中央委员会第五次全体会议公报指出：坚持计划生育基本国策，积极开展应对人口老龄化行动，实施全面二孩政策。

很多人都看到了国家全面放开二孩政策，鼓励国民生养二胎的社会属性，而我们身边很多适龄朋友开始生养二胎，为了给老大做伴，为了给老大增加一个最亲的弟弟、妹妹，为了在家中再享一次天伦之乐。

本章总结

孩子从小长大，是客观规律，是希望更是传承。既带有家庭的期望，更负有社会责任，因此势必要有经济成本。生不生孩子，何时生，生几个，都要有周全的规划，做充分的准备，而保险担负着基础保障方面的任务。

(1) 孩子生长有“三翻六坐七滚八爬周会走”的说法，这是一种欣欣向荣的力量，也是光明前景，而老人们最后几年则是健康状况每况愈下。我们必须认识到并尊重这个客观规律。

(2) 我们给孩子什么样的童年，我们的老年便是什么样的！

(3) 看着孩子现在的模样和波折，回想起我们父母养育我们的情形，真是养儿（女）方知父母恩啊。

(4) 每个孩子都会把父母的爱传承给他们的孩子，所以我们需要在方方面面照顾好孩子。

(5) 孩子们的成长遵循男八女七的规律，需要区别性地对待，男孩和女孩需要针对性地培养。

(6) 养孩成本要48万元是不对的，不是太高了，而是太低了。对此，每位父母都要提前做好筹划。

(7) 有人愿意为家庭生个孩子，有人愿意为社会生个孩子，还有人愿意为爱生孩子养孩子！你需要和家人明确自己的定位。

(8) 调查表明，一旦孩子生病，绝大多数的父母为了治疗永不放弃，哪怕是砸锅卖铁地为孩子医治。保险就是一种财务安排，保证一旦生病可以有足够的治疗费，同时还无须倾家荡产。

(9) 现在很多青少年所特有的一些不良习惯，可能在于我们对孩子太过于“神圣化”，致使他们过于远离社区的现实的生产性活动。作为父母和监护人，需要在购买保险的过程中予以及时纠正。

Chapter 2

第二章　少儿社会保险和相关保障

作者：怿斓。**誊写者：**上海福山外国语小学福山校区四(1)班　彭颜乐

阅读中思考的问题

（1）对于自家孩子的社会保险和相关保障，你了解多少？

（2）对于国家和政府提供的少儿保险和保障，是否一个不落都要购买？

（3）除普通公民都享受的社会保险和相关保障之外，你家是否有额外的保险和保障？

（4）是否学校经办的那些社会保险和相关保障就足够了？

（5）有了父母单位的完美医疗保险计划之后，孩子还需要买商业保险吗？

（6）你所在的省市县的社会保险和相关保障是什么样的？

（7）孩子保险，该由谁做投保人？

（8）要最先落实的是以父母为被保险人的保单，还是以孩子做被保险人的保单？

（9）孩子所在的学校和早教机构中有什么保险？

由于我国幅员辽阔，各地的情况和政策各不相同，难以用区区数千字就全部描述清楚，所以本章以截至 2017 年 9 月 6 日上海市的现行政策作为主要内容进行介绍，国内其他代表性城市的情况请见附录 B。

第一节 少儿居保

作为我国社会保险体系建设的重要内容，从 2007 年开始，国务院决定开展城镇居民基本医疗保险试点工作（目前已在全国全面实施），为包括少年儿童在内的非从业的城镇居民提供基本医疗保障。由于城镇居民基本医疗保险针对少儿的部分有其自身的规律和特点，业内把它独立出来并简称为“少儿居保”。

少儿居保参保时，在读学生由所在学校（含幼儿园）代为集中办理，其他情况下可以自行前往当地街道的社保服务中心办理。

以上海市为例，少儿居保由代表国家的市医保局主管，咨询电话：021－12333 或 962218。网站：www. shyb. gov. cn。保障时间按照自然年进行，即 1 月 1 日—12 月 31 日。

参保的 18 周岁以内的少儿个人交费 110 元（另有 990 元费用由政

府财政补助），特殊家庭低收入家庭直接免费参保。超过 19 周岁（含 19 周岁）的社会人士（包括非在籍在册的学生）年交费 720 元（另有 2180 元费用由政府财政补助）。享受普通高等学历教育者，享受大学生医疗保障待遇（留学生、委培生、在职研究生个案处理），例如，2016—2017 学年度的基本医保的收费标准是 100 元（另有 1000 元由政府财政补助）。

社保服务中心年底会统一通知集中办理团体续费；其他时间加入者视为重新加入，要有为期 3 个月的等待期（刚出生 2 个月内的婴儿办理时无此等待期）。

上海市少儿居保报销情况如表 2-1 所示。报销时，只要在社保范围内的少儿门急诊，参保者整个年度内的自负额是 300 元，超过的部分由医保报销，最高比例是 70%（此时对应于一级医院，若到三级医院就诊，报销比例为 50%）；在村卫生室门诊就医者，不计入起付标准，直接支付 80%（大学生的门急诊待遇还细分为校内医院和校外医院两种，略高于中小学生的待遇）。

表 2-1　少儿居保报销情况（以上海市为例）

就医部门	医院等级	起付标准/元	报销范围内的赔付比例（%）	自付比例（%）	注意事项
门急诊	一级医院	300	70	30	集中时间段统一参保，其他时间参保有 3 个月的疾病等待期（新生儿不受此限）。 报销范围参照社保范围。 不同等级的医院，报销标准不同，其中在村卫生室就医时起付标准为 0 元。 就近治疗，特殊科室需转诊手续。 罹患“社保大病”者，由“居民大病保险”报销符合社保范围的余下部分的 55%
	二级医院	300	60	40	
	三级医院	300	50	50	
住院	一级医院	50	80	20	
	二级医院	100	75	25	
	三级医院	300	60	40	

注：具体医院等级见卫生局的评定标准和清单。少儿保险报销时，须拿社保卡和病历本为凭证，到社保服务中心办理或由学校具体负责老师代为办理。

符合规定的住院项目的报销，年度自负额分别是50元、100元和300元（对应于一～三级医院），超过的部分由医保报销，最高比例为80%（此时对应于一级医院，若到三级医院就诊，报销比例为60%）。

另外，还可以根据《上海市城乡居民大病保险办法》享受大病医保待遇。大病医保可以理解为居民医疗保险的一个附属功能或者说是一个衍生增值项目，它平时是隐形的，当包括少儿在内的已入保居民不幸罹患了规定的4种医保大病症状后，它就现身了，可以由医保报销相应费用的55%。

居民大病医保的大病定义：重症尿毒症透析治疗，肾移植抗排异治疗，恶性肿瘤治疗（化学治疗、内分泌特异治疗、放射治疗、同位素治疗、介入治疗、中医治疗），部分精神病病种治疗（精神分裂症、中重度抑郁症、躁狂症、强迫症、精神发育迟缓伴发精神障碍、癫痫办法精神障碍、偏执性精神病）。

高等院校在校学生因患血友病和再生障碍性贫血治疗产生的医疗费用，一并纳入《上海市城乡居民大病保险》报销范围，大学生本人需承担居保范围内20%～40%的自费部分及居保范围外的自费费用。上述两大待遇需要患者主动登记即可享受，并实行地段医院转诊制，

不同于商业保险需要根据身体健康情况进行分类从而核保，甚至加费、责任免除和拒保，少儿居保属于国家社保体系，不会因为孩子身体弱、偏瘦偏胖、得病概率高就拒保，即使生病了也能够带病投保，更不用说罹患先天性疾病、遗传病、传染病、家族病了。最重要的是即使报销多次，每年都能无条件续保，保费也不会因为生病多少、轻重而有所变化。如果罹患相关重大疾病，少儿居保还会自动启动重大疾病理赔责任，如果因病致贫则享受免交费的福利。

【案例2-1】

徐先生的孩子是海口市一中的学生，2013年5月，因为感冒高烧不退，在海南省人民医院检查出白血病，后确诊为急性淋巴白血病。治

疗前后花去一百多万元的医疗费，难倒了这个普通家庭。2013 年度居民医保二次待遇支付，小徐享受到二次待遇支付金额 38.9 万元，累计医保基金报销了 50.9 万元，报销比例达 50%。

“所有支付金额都早已到账，目前孩子还在上海治疗康复，海口市的二次支付政策真的救了我孩子的命。”徐先生希望政府把这项政策延续下去，帮助更多患者渡过难关。

二次待遇支付，对于重大疾病患者家庭而言，无疑是雪中送炭。2007 年出生的小庄，2010 年不幸患上了白血病，2010—2013 年连续治疗 4 年，治疗费总共花了 130 多万元，幸亏有居民医保二次待遇支付的帮助，累计为其报销了 58.6 万元。

资料来源：海口去年 44 人医保二次报销　1 名学生报销 50 万元．海口晚报［N］. 2014-03-05.

第二节　住院基金

上海市中小学生、婴幼儿住院医疗互助基金（一般称“少儿住院互助基金”，以下简称“住院基金”）是由上海市红十字会、上海市教育委员会、上海市卫生和计划生育委员会于 1996 年 9 月共同创建的公益性、非营利的医疗保障互助基金，覆盖了全市 220 余万名 0～18 岁中小学生和婴幼儿，是上海市少年儿童基本医疗保障制度的一个重要组成部分。

办事机构：少儿住院互助基金管理办公室

市级办公室电话：021－52122999

网站：http：//www. redcross-sha. org/

参保条件：0～18 岁的中小学生（包括在册的中专、职技校学生）、婴幼儿，以及 20 岁以下的高复班学生，包括居住在父母工作飞地的中小学生，无论健康与否均可参保。

交费标准：5岁及以下100元/年，6岁及以上90元/年，低收入家庭等特殊少儿均免费参保。

各学校开学后一个月内统一通知集中办理；个别情况，请前往地段医院、社区卫生服务中心（平常打预防针、打疫苗的医院）或者是基金办公室前去办理。对于逾期个别交费的，会有3个月等待期（刚出生2个月内的婴儿办理时无此等待期）。

一旦少儿因为意外伤害疾病去住院就医，均可在住院基金报销范围内报销。年度内少儿的自负额是300元，超过的部分由住院基金报销，比例是100%（此比例仅对应于已有少儿居保者去三级医院就诊，其他情况和完整信息见表2-2）。那些不幸罹患特定大病和罕见病者可以享受更优惠的大病专科门诊支付待遇。

表2-2 少儿住院互助基金报销情况

<table>
<tr><th>住院者是否有少儿居保</th><th>医院等级</th><th>自付额/元</th><th>报销范围内的赔付比例</th><th>自付比例</th><th>注意事项</th></tr>
<tr><td rowspan="3">已有少儿居保者</td><td>一级医院</td><td>50</td><td>100%</td><td>0</td><td rowspan="6">集中时间段统一参保，其他时间参保有3个月的疾病等待期（新生儿不受此限）。
报销范围参照社保范围。
不同等级的医院，报销标准不同。
就近治疗，特殊科室需转诊手续。
8种特殊大病需要个别申请</td></tr>
<tr><td>二级医院</td><td>100</td><td>100%</td><td>0</td></tr>
<tr><td>三级医院</td><td>300</td><td>100%</td><td>0</td></tr>
<tr><td rowspan="3">没有少儿居保者</td><td>一级医院</td><td>50</td><td>50%减去50元</td><td>50%加50元</td></tr>
<tr><td>二级医院</td><td>100</td><td>50%减去100元</td><td>50%加100元</td></tr>
<tr><td>三级医院</td><td>300</td><td>50%减去300元</td><td>50%加300元</td></tr>
</table>

注：1. 患“大病”出院后的专科门诊治疗费用，经过少儿居保报销后可报范围的100%，如果没有参加少儿居保，则是可报范围的50%。

2. 罕见病包销情况：苯丙酮尿症、甲基丙二酸血症、丙酸血症患儿，按规定报销治疗用特殊食品费用；戈谢氏病、法布雷斯病、庞贝病、黏多糖病的特异性药物费用，由少儿住院互助基金支付可报范围的50%。

住院基金每人每学年累计最高支付额度：一般疾病为10万元；大病患儿住院和专科门诊累计最高支付为20万元；同时患大病和罕见病的，累计最高支付为20万元。患罕见病，苯丙酮尿症、甲基丙二酸血症、丙酸血症患儿，按规定报销治疗用特殊食品费用，每月最高500元；戈谢氏病、法布雷斯病、庞贝病、黏多糖病的特异性药物等，每人每学年最高累计支付10万元。如同时患大病和罕见病，每人每学年最高累计支付20万元（包括患一般疾病住院支付的费用）。

住院基金同少儿居保一样，不会因为孩子身体弱、偏瘦偏胖、得病概率高就拒保，即使生病了也能够带病投保，更不用说罹患先天性疾病、遗传病、传染病、家族病了。而且即使报销多次，每年都能无条件续保，保费也不会因为生病多少、轻重而有所变化。如果罹患相关重大疾病，住院基金还会自动启动重大疾病理赔责任，如果因病致贫则享受免交费的福利。

第三节　学平险

大中小学生平安保险（简称“学平险”），由各地教委或教育发展公司每年定期招投标，由各地商业保险公司如中国人寿保险公司、中国平安保险、中国太平洋保险等承保，按照当地实际情况落实。

学平险目前主要可用于补充少儿居保和住院基金中所不足的意外伤害门急诊部分，以及住院过程中的补贴（可用作加餐，可用作护工费，也可用作床位费补贴）。可以在学校渠道统一代为办理，往往在学生入学时由监护人自愿投保，学校代为收取保险费办理投保手续，也可由个人自行前往办理。

学平险的个人交费标准是每人每年80元，暂无免费政策。主要利保障利益是：在二级、三级医院门急诊时（仅指意外受伤情况）报销4000元以内的部分，住院时每天补贴30元不等，详细情况见表2-3。

表2-3 学平险报销情况

<table>
<tr><th>就医部门</th><th>医院等级</th><th>自付额</th><th>报销范围内的赔付比例</th><th>最高赔付额度</th><th>注意事项</th></tr>
<tr><td rowspan="3">门急诊（仅指意外受伤情况）</td><td>一级医院</td><td>0</td><td>0</td><td>0</td><td rowspan="7">集中时间段统一参保。
报销范围参照社保范围。
需在二级、三级医院就诊，不同等级医院标准不同。但是一级医院不予报销。
每家商业保险公司的个别标准有所区别，需要请教各公司的客户服务部</td></tr>
<tr><td>二级医院</td><td>0</td><td>100%</td><td>4000元</td></tr>
<tr><td>三级医院</td><td>0</td><td>100%</td><td>4000元</td></tr>
<tr><td>就医部门</td><td>医院等级</td><td>普通住院每日补贴</td><td>重疾住院每日补贴</td><td>最高赔付额度</td></tr>
<tr><td rowspan="3">住院补贴（因疾病或意外均可）</td><td>一级医院</td><td>0</td><td>0</td><td>0</td></tr>
<tr><td>二级医院</td><td>30元</td><td>90元</td><td rowspan="2">每次以90天为限，每年以180天为限</td></tr>
<tr><td>三级医院</td><td>30元</td><td>90元</td></tr>
<tr><td>身故给付金</td><td colspan="5">因意外或疾病身故给付9万元（首次投保者的因病身故有90天等待期）</td></tr>
<tr><td>意外伤残金</td><td colspan="5">因意外导致伤残者，依伤残等级对应的比例乘以9万元进行发放</td></tr>
</table>

【案例2-2】

家住福建省漳平市北部某镇，以种植业为生的普通农民刘某做梦都想不到，膝下年仅16岁，正处于花样年华的女儿竟患上了癌症。所幸的是，小刘同学在新学年开学时在其就读的学校购买了学生系列保险，同时投保了新型农村合作医疗保险，通过政策性保险和商业保险的双重赔付，大大缓解了父母的经济负担。

小刘系漳平城区某中学高一年级新生，她非常勤奋，在班里是一名品学兼优的好学生。2015年7月中旬暑假期间，她突感无明显诱因出现左侧耳鸣，身体严重不适，家人急忙将其送往龙岩市人民医院诊疗，经诊断发现鼻咽肿物。为进一步核实病情，小刘又被送到福建省肿瘤医院检查，确诊为鼻咽癌。小刘还有一个姐姐在读大学，父母亲均在当地从事种植业，家庭收入有限。本身家庭经济就不宽裕，如今又身患重疾，对这个普通的农民家庭来说无异于雪上加霜。面对厄运，小刘的双亲坦然面对，要求省肿瘤医院进行手术治疗，小刘同学也积极配合院方，使手术得以顺利进行。2015 年 11 月 5 日，经治疗小刘的病情有明显好转，出院在家静养，经过放疗、化疗，小刘已花近 16 万元医疗费。

小刘父亲在办理完“新农合”报销手续，将相关单据送交国寿漳平公司客服中心后，公司急客户之所急，迅速为小刘办理相关理赔申请事宜。2016 年 2 月 19 日，上级公司做出批复，同意赔付患者学生医疗保险金计 39545.26 元。另根据学生险条款，一次性赔偿大病保险 2 万元。国寿漳平公司据此累计赔付小刘赔款 59545.26 元，相关款项于 2 月 22 日悉数转入被保险人小刘父亲账户中。小刘同学的父亲激动地说：“我们家是不幸的，但同时我们又是非常幸运的，因为参加了新农合和学生保险，大大减轻了经济负担，我们家个人实际承担金额不足 4 万元。感谢保险公司，感谢中国人寿！”

资料来源：李悦盛．国寿漳平公司快速赔付寒门患癌学子［EB/OL］．中保网，2016-03-01［2017-06-13］．http：//chsh. sinoins. com/2016-03/01/content_ 186284. htm.

【点评】

有道是“风险无处不在”，疾病和意外无时无刻不在威胁着我们每一个人的生命和健康。特别是近些年来各种重大疾病发生率居高不下，而且日渐呈现年轻化的态势，成为威胁国民健康的隐形“杀手”，值得我们警醒和思考。“险到用时方恨少”，因此，为自己、为家人购买足够的重大疾病保险已成为当务之急，必须摆上每个家庭的议事日程。这样，我们的人生就可以少一些不幸和缺憾，因为——保险，让生活更美好！

第四节　独生子女险及相关保障

独生子女健康意外保险（以下简称“独生子女险”），由卫生计生委主管，每年招投标，由中标保险公司实施承保。

保障金额：已投保的独生子女（因疾病或意外）身故，理赔 4 万元；罹患重大疾病，理赔 2 万元；意外医疗，最高理赔 5000 元（100 元以下免赔，100 元以上部分按 80% 赔付）。

独生子女险是一种特别保险，主要是针对广大独生子女家庭设计，旨在加强和提高独生子女家庭的抵抗风险能力，增强独生子女家庭的安全感。该项目具有“低投费、高保障”的独特优势，每份独生子女险保费 60 元，最大保额为 10 万元，保险责任侧重于意外身故、意外残疾、意外烧伤、住院补贴和重大疾病保障，与少儿居保的住院医疗责任以及学平险的校园内意外伤害责任具有较强的互补性，提高了独生子女家庭的保障水平。

独生子女还有一些相关保障，根据 2016 年 7 月 8 日开始实施的

《上海市计划生育奖励与补助若干规定》，持证（指“独生子女父母光荣证”和“上海市独生子女证”）的上海市户籍公民，每月可领30元的独生子女父母奖励费，直至其子女年满16周岁。有用人单位的，该费用由用人单位支付；无用人单位的，该费用由其户籍所在地的镇（乡）政府、街道办事处支付。

持证公民在退休时将一次性获得5000元计划生育奖励费。婚后既未生育又未收养子女的上海市户籍公民（2004年4月15日以前办理结婚登记的），在退休时将一次性获得1万元的计划生育奖励费。这两大“计划生育奖励费”主要由参保的“上海市城镇职工养老保险”在计发养老待遇后发放，其他情况由户籍所在的区县政府在男60岁、女55岁时发放。

符合独生子女意外伤残一次性补助申领条件的公民，由其户籍所在地的区、县人民政府给予不少于3000元的一次性补助。

符合独生子女死亡一次性补助申领条件的公民，由其户籍所在地的区、县人民政府给予不少于5000元的一次性补助。

上海市还设立了“计划生育家庭特别扶助金”，申领条件为：女方年满49周岁的夫妻双方或者本人年满49周岁；依法只生育或者合法收养一个子女；现无存活子女或者子女持有《中华人民共和国残疾人证》或《死亡证明》；未再生育和未再收养孩子；持有《独生子女光荣证》。

计划生育家庭特别扶助金发放标准如下：子女伤残的，申领人49~59岁每人每月领取540元，60~69岁每人每月领取550元，70岁及以上每人每月领取640元；子女死亡的，申领人49~59岁每人每月领取670元，60~69岁每人每月领取720元，70岁及以上每人每月领取770元。

发放方式：于每年的1月（发放1~3月）、4月（发放4~6月）、7月（发放7~9月）、10月（发放10~12月）分别发放。

【案例 2-3】

中国人寿大连市分公司与大连市卫生和计划生育委员会及各区市县（先导区）卫生计生部门合作承保“大连市计划生育独生子女伤残死亡家庭住院护理补贴保险”项目，为全市女方在 49 周岁（含）以上的计划生育独生子女伤残身故家庭提供住院保障。2016 年 1 月，李女士于大连市旅顺口区因一氧化碳中毒身故，其家人获得赔款 8 万元。据统计，中国人寿大连市分公司 2016 年共完成该险种赔付 6802 件，金额累计 1520.57 万元。

资料来源：高录．大连保险业 2016 十大典型理赔案例揭晓［N］．大连日报，2017-03-15（A10）．

第五节 其他相关保障

以上海市为例，在册在籍的在校学生们除了可以享受少儿居保、住院基金、学平险、独生子女险（独生子女专享）的保障之外，还能享受由父母单位提供的团体险的保障，以及不用学生付费的“校方责任保险”“校园意外伤害保险”“上海市学校体育运动伤害专项保障基金”“学生文体活动与寒暑假学生活动人身意外伤害保险”等相关保障。

一、父母单位团体险

父亲（母亲）单位的团体险中通常有针对少儿医疗费用的报销条款，主要利益就是报销少儿的医疗费用的 50%～80%，属于非强制性保障。多数单位均有此保障，每个单位的情况不尽相同，请看单位的员工手册中的福利待遇部分，或联系单位人力资源部门的同事。若没有此项保障，请咨询身边的保险从业人士。

【案例 2-4】

上海郊区某乡村的苗圃基地，老王夫妇在此分别帮助两位私营老板管理苗圃里面的绿化植物和草皮。虽然离家比较近，也没有什么危险，但比较辛苦。当然他们的老板也给200多个像老王一样的工人购买了团体意外和健康医疗保险，作为给予员工的福利。同时为了解决员工的后顾之忧，还把员工的孩子们一起纳入保障计划。

一日，老王的儿子小王在学校运动时，出现了鼻血止不住的情况。到医院诊断，不幸被确诊为白血病。老王夫妻轮流请假带着儿子去诊治，而老板也派司机前往协助。由于老王家经济非常紧张，上面还有4位体弱多病的老人家需要赡养，所以一时无法拿出必要的资金给儿子看病。后来老王的老板预支了4万元给老王夫妇。他们在做完一段时间治疗后，就拿着发票和病历材料到保险公司理赔。由于情况特殊，保险公司及时给他们进行治疗中的报销。夫妻俩的单位团体保险也可以分别给小王的医疗费报销50%。这样来回报销几次，老王家陆陆续续报销了13万元的治疗费用，孩子的疾病也基本上稳定了。

二、校方责任保险

校方责任保险是以学校为被保险人，以学校的依法应承担对第三者应付的经济赔偿责任为保险标的的责任保险。主要为学生在校活动或由学校统一组织安排的活动（学校活动包括体育课、实验课、课间操、课外活动、春游等）过程中，因学校非主观过失导致在册生的人身伤害和财产损失，依法应由学校承担的直接经济赔偿责任。

该险种根据保险原理将校方的责任风险转移，将民事赔偿责任转嫁到了保险公司身上，缓解了校方的赔偿压力，使学校可以把工作重心放到教育教学活动上。承保的保险公司在实施校方责任保险的过程中，还会利用大数据，协助学校做好安全防范工作，提高师生们的安全意识，为学校的安全和风险管理工作提供专业建议，降低校园伤害事故发生的概率。校方责任保险因其保费低、保额高的特点，可以补充学生意外灾害保险的不足，为学生提供更好的保险服务。有了校方责任保险，学校就可以放心地开展各种户内户外教学活动，可以组织学生出去旅游、参加各种训练营等，还可以全面开展各种体育项目，增加学生锻炼心智能力、提高综合素质的机会，促进我国教育事业的稳步发展。

中小学校（含职校和幼儿园）校方责任保险最高赔偿限额为每人每学年100万元，高校校方责任保险最高赔偿限额为每人每学年230万元。

最终承保名单为大中小学、职校和幼儿园全体在册学生。每学年的收费标准，高校每人18元，中小学和职校每人5元，经费由市教委拨付；幼儿园每人4元，经费由幼儿园公用经费支出。交费方式，由教委相关部门和学前管理中心另行操作。上海市目前由平安保险公司承保。

【案例2-5】

2014年9月开学后，河北省某县幼儿园就其295名幼儿向人保财险永清支公司投保校（园）方责任保险，交纳保费1475元。同年12月13日，幼儿园教学用房屋发生倒塌，造成3名幼儿死亡。事故发生后，人保财险成立专案组配合当地政府、幼儿园开展善后事宜，并在2015年2月15日支付赔款109万余元，给3个家庭一些经济面上的帮助。

资料来源：河北省保协公布2015年度保险业十大典型理赔案例［EB/OL］. 中国日报中文网，2016-03-14［2017-07-07］. http：//www. chinadaily. com. cn/micro-reading/dzh/2016-03-14/content_ 14605427. html.

三、国寿校园意外伤害保险

国寿校园意外伤害保险对被保险的学生在学校教育教学活动期间（包括学校组织安排的校外活动期间）发生的意外伤害事故承担保险责任。

参加对象为中小学、职校和幼儿园全体在册学生。收费标准，中小学、职校和幼儿园每人4元/学年。经费由学校公用经费支出。

【案例2-6】

上海市某中学学生滕飞（化名），于2015年11月，在校园内因意外摔跤，导致左膝盖粉碎性骨折，共计产生医疗费用55000余元。最后按校园意外险进行理赔，赔付金额为30000元。

四、上海市学生体育运动伤害专项保障基金

上海市学生体育运动伤害专项保障基金是专门针对校园体育运动意外伤害建立的校园基金，对被保险人因参加学校组织与安排的体育课教学、体育竞赛、课余体育训练和课外体育活动中（含交通意外）发生的意外伤害或猝死导致的保险事故承担保险责任。保险的参加对象为中小学、职校和幼儿园全体在册学生。

该专项保障基金，是由上海市于2016年3月1日在全国首个试点

推出，专门针对校园体育运动意外伤害而设计的。旨在进一步健全体育运动伤害保障机制，鼓励和动员广大青少年学生积极参与体育运动、提高综合素质。

凡是参保学校组织的体育运动，无论是体育课、体育比赛、体育活动还是体育训练都将得到保障。该专项保障基金的保障以意外运动伤害事故的发生为依据，不涉及对学校及学生的责任认定。保障范围涵盖意外身故、猝死、伤残、医疗费用等各项内容（身故20万元、伤残50万元、医疗费用10万元并含医保外5万元）。

据悉，当年已参加中国人寿校园意外险的学校，不需额外交纳费用，未参加的学校可按每生每年2元的标准自愿筹集资金并加入，经费由学校公用经费支出。当运动伤害事故发生后，首先需经由区县教育部门及学校认定，再由保险公司严格依照赔付范围进行理赔。疑难案件将由专门的审定小组进行处理。为确保筹集的资金全部用于学生体育运动伤害，该专项保障基金采取以支定收的方式进行管理，基本上可以认定是非营利性质的。

【案例2-7】

上海某中学学生宫宇（化名），于2016年10月上体育课跑步时意外摔倒，导致左肱骨髁间粉碎性骨折，共计产生医疗费用41479.81元。由于该意外事故属于体育运动伤害范畴，最终赔付金额为31230.37元。

五、学生文体活动与寒暑假学生活动人身意外伤害保险

学生文体活动与寒暑假学生活动人身意外伤害保险对被保险人在教育局组织的学生活动及规定的活动时间内发生的意外伤害承担保险责任。

参加对象为中小学、职校全体在册学生。收费标准，中小学和职校

每人每学年2元，经费由各地教育局拨付，各校须将全体在册学生名单（与国寿校园意外伤害保险参保人员相同）发至教育局。

【案例2-8】

上海市某小学学生王洋（化名），于2016年4月，在学校体育课上，因意外导致右髌骨骨折，共计产生医疗费用32238元。由于该校参加了体育运动伤害基金保险，且该意外事故属于体育运动伤害范畴，再加上该生也参加学平险，最终赔付金额为32793元（理赔金额大于医疗费总额）。

总结一下，以上海市为例，少儿社会保险及相关保障情况见表2-4。

上述系统介绍是针对具有统一特征的大众人群，是作者的经验之谈，既不影响也不构成正式的政策解释，所有细节应以政府部门和主管机构的官方通知为准。如果你属于小众人群，可以拨打相关机构的电话，也可通过微信、微博等途径沟通。小众情况仅指占比很少者（大众情况乃98%以上），这没有任何重视/歧视之别，众所周知，一些天才儿童就是父母/私塾教育出来的。

大众人群的统一特征：父母双全、在婚且具有中国国籍，父母有工作单位且依法纳税。父母和孩子没有特殊补贴福利（诸如开发区、特区等的特殊待遇，面向特殊人才与特别情况的政府特别津贴和政府特别计划，针对离休人员、军人等特殊群体以及老少边穷地区和地质勘探等艰苦行业的福利等）。孩子拥有中国国籍，有当地居民户口（少数地区拥有居住证亦可），身体健康，心智健全，就读学校须有中国教育部门的主管批准和备案，包括国家承认的托班、幼儿园、小学、初中、高中、中专、技校、职校、特殊学校等，大学生需要特殊处理。教会学校、私塾、国学读经学校、工读学校、特殊私立学校、“黑校”、居家自己教养者、散居等另案研究。

表 2-4　少儿社会保险及相关保障一览表（以上海市为例）

类别	序号	保险项目	年度交费标准	参保对象	支付方式	交费时间	经办部门
需要自己付费的保险	1	上海市城乡居民基本医疗保险（少儿居保）	110 元/人	大中小学、职校和幼儿园全体在册学生	由学生家长支付	从 1 月 1 日起保 1 年	社保服务中心
	2	上海市中小学生、婴幼儿住院医疗互助基金	90 元/人或 100 元/人	中小学、职校和幼儿园全体在册学生	由学生家长支付	9 月 30 日	少儿住院互助基金管理办公室
	3	大中小学生平安保险	80 元/人	中小学、职校和幼儿园全体在册学生	由学生家长支付	开学后	中国人寿等
	4	独生子女健康意外保险	60 元/人	未成年的独生子女	由学生家长支付	TBD	中标的保险公司
	5	父母单位的团体险	TBD	单位雇员的子女	由父母的雇主单位支付	入职时	各团险公司
无须自付保费的保障	6	校方责任保险	5 元/人	中小学和职校全体在册学生	由教委支付	—	中国平安
			4 元/人	幼儿园在册学生	由幼儿园公用经费支付	9 月 20 日	中国平安
			18 元/人	高校在册学生	由教委支付		中国平安
	7	国寿校园意外伤害保险	4 元/人	中小学、职校和幼儿园全体在册学生	由学校公用经费支付	9 月 30 日	中国人寿
	8	上海市学生体育运动伤害专项保障基金	2 元/人	中小学、职校和幼儿园全体在册学生	由学校公用经费支付	10 月 25 日	中国人寿
	9	学生文体活动与寒暑假学生活动人身意外伤害保险	2 元/人	中小学和职校全体在册学生	由教育局支付	9 月 30 日	中国人寿

注：1. 极个别新购的保险具有 3 个月的等待期。

2. 本表仅以上海市为例，数据截至 2017 年 9 月 6 日。全国其他代表性城市的少儿社会保险及相关保障请查看本书的附录 B。

本章总结

（1）别家孩子都拥有以上五大类社会保险及相关保障，你也要了解一下自家小孩的相关情况！

（2）学校经办（代办）的保险，你要记得留底留凭证，日后有用。

（3）了解清楚每一个社会保险和相关保障的覆盖范围，才能够知道它们所没有覆盖的范围，然后就可以清楚地明白需要额外购买什么样的产品来填补相应的空白，知其然也知其所以然。

（4）政府部门联合所有的正规学校一起来购买学生的相关保险，是为了减轻学校的压力，增加孩子的福利。而我们小家庭更加要注意使用好保险这项制度和保险产品。

（5）想要了解你所在地区的少儿社会保险及相关保障，您可以直接查询附录B。如果没有查到你所在的地区，欢迎你响应附录C中的倡议书。

Chapter 3

第三章　少儿商业保险的分类与挑选

「谁言有情天亦老
我道无患爱方明
投保获助医与教
殷勤父母解忧心
夏有荫遮冬取暖
泽被稚子慰苦辛
堤避山洪屋暖心
未雨绸缪慧亲恩」

作者：怿斓。誊写者：南通市启秀中学初三（5）班　偶言

阅读中思考的问题

（1）商业保险有多少品种，如何分类？

（2）为少儿服务的商业保险有哪些？

（3）投保人、被保险人和受益人的区别到底有哪些？

（4）你挑选的保险是否经过时间的检验，能否经得起风险的考验？

（5）如果说银行存款最大的优点是存取方便，最大的缺点是存取太方便，那么，保险产品的最大优点和最大缺点又是什么呢？

（6）有一种爱是竭尽所能后的无可奈何，还有一种爱是未雨绸缪的从容不迫。

（7）有人说，孩子培养得越优秀，离你可能就越远（甚至定居异国他乡），陪伴你的时间可能就越少，那么，你还愿意一如既往地培养他/她吗？为什么？

（8）有人说，孩子的生命是父母爱出来的，孩子的呼吸是护士拍打出来的，孩子的学习是老师启蒙出来的，那么孩子的保险该如何而来？

第一节　有了社会保险，孩子还需要商业保险吗

随着我国社会基本保险制度的进一步完善，尤其是医疗保险、养老保险等方面的改革，社会保险的覆盖面越来越广了。那么，有了社会保险，还需要为孩子们购买商业保险吗？社会保险与商业保险两者是什么关系？比例应该如何调整？如何搭配才能达到相对完美的效果？

乍一看，还真是一个剪不断、理还乱的问题。不过，不妨反问一下：现在拥有商业保险的孩子，还有谁没有得到社会保险的保障呢？

国家建立包括社会保险在内的社会保障制度的目的是尽可能地让人们都能学有所教、劳有所得、病有所医、老有所养、住有所居。你看：对于所有的大中小学生，入园入托生，在家散养、自教自养、特别教育的孩子们以及自由就业的成年人，都有“城镇居民社会保险”及自由职业者社保可以投保；而对于已经罹患了重大疾病的朋友，社会保险当中的大病医疗待遇也会同步免费启动。

对于所有孩子的父母长辈们（包括领薪纳税的职员、企业主、股东、公务员，以及绝大多数农民），也有城镇居民社会保险、新农合、外来务工人员综合保险等不同种类的社保为其提供保障。

一、社会保险与商业保险概述

社会保险是指国家通过立法强制推行的，由劳动者、企业（或社区）及国家三方共同筹资，建立保险基金，对以学生为代表的非纳税公民（还有退休、残障人士、自由职业者等）以及以职工为代表的纳税公民因疾病、残废、年老、死亡、工伤、生育、失业等原因丧失劳动能力或无正常收入或暂时失去工作时，给予公民本人及其供养的直系亲属以物质和资金帮助的一种社会保障制度，具有强制性和普惠性。社会

保险的作用是确保参保者在年老、生病、受伤、残疾、失业的时候获得一定的补偿和救济。社会保险具有强制性、低水平、广覆盖的特点，给付保险金时强调“社会公平”原则，即权利、义务不对等，不强调交费相等，但强调给付相同、给付标准统一，满足社会成员的基本生存需要。社会保险包括养老保险、医疗保险、失业保险、工伤保险和生育保险。

商业保险是商业保险公司以营利为目的，与保险消费者就未来可能发生的事故或状态，自愿缔结保险合同的合同关系。被保险人一旦发生死亡、伤残、疾病、意外事故或达到事先约定的年龄、期限时，保险公司承担给付保险金的义务（责任）。商业保险强调根据个人情况进行定制，方便保险消费者各取所需，自由不强制，加强个人（或个别团体）的经济保障程度，在社会保险的基础上满足更高的发展和享受的需求。

这样看来，社会保险与商业保险是风险管理中解决经济损失的两大工具，具有很强的互补性。社会保险化解的是系统性、群体性社会风险，商业保险解决的是具体化的个别风险。如果说社会保险是大规模集团军，那么商业保险就是特别行动部队。我国社会保险的产生晚于商业保险，在很多理念上与商业保险有一定关联。

二、社会保险与商业保险对比

如果说社会保险解决的是基本保障问题，那么商业保险就是社会保险的补充和加强，帮助特定个体达到更高的保障水平。下面重点分析一下商业保险和社会保险在医疗救助方面的异同点，见表3-1。

对孩子而言，社会医疗保险是按照一定比例，由孩子的家长（特殊家庭不需要交费）和政府按照一定比例交费的。参保者就医、就诊时，按照不同比例、不同情况，在一定额度范围内为全体参保者提供一个相对公平的基本医疗保障。在此基础上，如能选择合适的商业医疗保险作为个性化补充，就可以为高收入群体加强保障，比如住院保险、手术保险、门急诊保险、重大疾病保险、高端医疗保险等，都是多交费多受益。

表 3-1　商业保险和社会保险对照表

对照要素	商业保险	社会保险
是否营利	以追求商业利润为目的，公司化运作、自主经营、自负盈亏。商业保险只为自愿投保的那一部分人提供合同规定的资金服务、个性化服务、增值服务。与投保人社保多少甚至拥有与否均无关联	非营利性，属于国家社会保障制度的一部分，为公民提供基本的生活保障。社会保险是为全体社会公众成员的利益服务的，统一对待，公平制度，不进行个性化处理
保障功能	满足社会各个层面消费者的需要，即高中低的享受、发展、生存需要都可以得到保障。进行差异化个性化对待	通过社会保险金的支付，保障孩子们的基本医疗水平，做到有病可医、有药可用，即满足生存需要，因而保障水平较低，覆盖范围较广
法律定位	保障范围由合同双方协商确定，权利义务关系都是以保险合同为依据，属于经济立法调整范畴	保障范围由国家规定，风险保障范围较窄，水平较低。是宪法赋予公民和劳动者的基本权利，属于劳动立法调整范畴
经营主体	商业保险公司。属于企业行为，按照市场规则，在平等的基础上，具有竞争性（充分的市场竞争），同一类产品有诸多公司竞争	政府（或其设立和委托的机构）运作，属于政府行为，具有垄断性，某一个具体产品只能由某一个机构统一办理。未来将全国联网

（续）

对照要素	商业保险	社会保险
实施方式	贯彻平等互利、协商一致、自愿订立的原则。无强制性	强制实施，对于相应成员，对于额度和范畴没有选择余地
投资收益的风险性	商业保险在投资运营中需要追求相对的高回报。保险公司要自负盈亏，自行制定投资策略	社会保险基金要保证绝对安全，因为这是用于全体社会大众安身立命的资金，所以收益相对较低且稳定，风险相对较低
保费负担状况	个人需要承担包含死亡、伤残、疾病等风险费用以及保险公司的营业与管理费用的责任。重点体现效率：有钱就投，无钱则不投保；钱多可以投高额保险，钱少保障额度就低	社会保险的保障费通常是个人、企业和政府三方共同负担的。收费标准相对来说较低。参保人按照统一标准交纳保险费，享受待遇，不存在差别。较好地体现了社会公平性，重点考虑公平性
适用的原则	依照平等自愿的原则，自主决定，自愿参加，是约定保险。以商业保险合同的形式体现了多投多保、少投少保，不投不保的个人公平原则	通过行政命令、经济手段、国家或地方立法来强制推行。强调的是社会公平原则，无论投保人交费的多少，他们的给付标准原则上是基本统一的

大夏天，光着身子走在公众场所，警察肯定会管；但大冬天，只穿内衣走在路上，警察肯定不抓，说不定还会给件衣服送温暖。社会保险就像内衣，把人的关键部位保护起来。人不穿内衣光着身子外出是不可以的，但仅仅有了内衣通常仍不够，这时就需要外衣来搭配。商业保险就是不同的外衣，帮你配合不同的身份，用在不同的场合。

保险消费者应建立良好的风险防范理念：

第一，保险，就是保将来的未知风险，就是保下一秒钟的风险。

第二，保险只是一种减少经济损失的手段，只是一个弥补人身损失、管理现金的手段，不是获取利润的工具。

第三，风险是一种客观存在，谁也无法把控和影响未来的风险，只能用可控手段（比如购买保险产品，比如转嫁给其他组织等）进行有限度的防范。

第四，既然任何人都无法改变过去、预测将来，那么就一定要把握住最真实的现在。

三、相关案例分析

【案例 3-1】

Helen 生完了二胎阿峰后，抱来一堆保单，咨询相关生产费用该由哪些保险来负责（产前孕检费用、生产时住院的费用及产后产假期间的收入损失等）。

社会保险中有个专门的“生育保险”，用来负责新妈生育行为产生的一些相关医疗费用。因为产前检查和住院生育费用均被纳入国家医疗保险的报销范围（仅限于常规医学检查，不包括孕妇及家属要求的特别检查，也不包括特需病房费用），所以，早孕检查与建卡、产前检查、产后访视等按门诊待遇结算，住院分娩按住院待遇结算。上述门诊和住院费用，持社保卡在医院结算时即可享受相应的医疗保险待遇，无须事后报销。生产后还可领取数千元的生育医疗费补贴以及相应的生育生活津贴。

同时，Helen 的单位为员工购买的团体医疗保险可以对整个怀孕、生产过程给予 7000 元之内的费用报销。

接下来，通过 Helen 的案例，给所有育龄夫妻介绍一下目前市场上与生育行为相关的商业保险的基本情况。

（一）寿险类产品

保障责任是在生产过程中发生死亡的状况，是一种最基本的保险类别。虽然无人愿意看到这个极端的意外情况，但相关风险却真实存在着，一旦发生，寿险产品即可理赔（至于医疗事故鉴定结果、医院理赔额等均与个人商业保险无关）。

（二）生存年金类产品

在安全生育之后的一定时期内，给予母婴的祝贺金（一般是附加险，可附加于年金产品或者女性重大疾病保险之上）。

（三）婴儿医疗费用型产品

可以负责新生儿先天性疾病的治疗费、手术费等。由于自然环境恶化、女性工作压力增大、二胎政策的全面实行，外加当前高龄产妇人数剧增，导致新生儿出现先天性疾病的概率也比以往高不少。于是有保险公司就顺势推出了一些短期的、保障母婴健康的保险。此类产品通常要求准妈妈在怀孕孕周数少于 28 周（甚至是怀孕之前）时投保，大多还会要求保险成立 1 年后才能报销孕育费用。这类保险的责任范围是母亲在生产期间的生命安全和婴儿是否畸形，可为被迫终止妊娠、新生儿死亡等风险和新生儿先天性疾病的救治提供经济保障。

（四）孕妇医疗费用产品

一般而言，商业保险公司都认为生育是女性的正常生理行为，不属于疾病范畴。普通寿险、意外险和医疗险都明确地将怀孕引起的各种意外和疾病列为责任免除的范围，不能报销。但也有少数几款高端医疗险可以增加专门负责报销怀孕与生产过程中的医疗费用的附加险，与社会医疗保险中的生育保险相互配合，可解决部分人群对于高额产检费用的担忧（在某些外资民营高档医院，生育费用甚至会高达几十万元）。

社会保险就像一杯水，它可以陪你到终老；而有时需要一缸水，商业保险就可以救急。

【案例 3-2】

3 岁时，阿果的父母不幸死于泥石流。现在家中只有 70 岁的奶奶、73 岁的爷爷和 7 岁的阿果。他们的家庭收入很低，政府帮助他们加入了居民医疗保险，享受低保特困户待遇。

一天，阿果不小心被邻居家的狗咬了，破了皮还流了血。邻居送阿果到社区医院打破伤风针，以及狂犬疫苗，总共花费了 930 元，当地医保报销了 441 元［(930 - 300) × 70% = 441］。邻居赔付了剩余的医药费 489 元，还给了阿果 5000 元的营养费补身体，同时帮他买了一份可以报销日常医疗费用的保险，手术住院等都可以报销 5000 元，住院还可以每天发 100 元补偿金。

2017 年春，阿果得了流感，发烧很厉害才去医院看病，结果发现引发了肺炎，在社区医院住了 6 天才康复，花了 5050 元。医保报销了 4000 元［(5050 - 50) × 80% = 4000］，自付 1050 元。后来，邻居送的商业保险把 1050 元全部报销，并且还发了 600 元“住院工资”。

【点评】

社会保险和商业保险的特性是不一样的，可以相互补充。社会保险是一项以全国公民为对象的国家福利，追求人人享有平等的养老生活、就医条件和待遇，具有覆盖人口多、保障范围广、保而不包的特点。社会保险可以覆盖一些明显的弱势群体，比如退休人员（大多在55岁以上，甚至70岁以上）、18岁以内的非纳税人员（儿童、学生）、非正规就业者（自由职业者、个体户、画家、自由艺术家、家庭主妇、残障人士等）、低收入人群（失业人员、低保户、农民工等）。虽然保险的额度有限，但保障范围还是足够宽广的。我国目前的国情决定了社会医疗保险是有很多限制的，对于高收入人群，其受助的得益率及额度相对显得有些不足。

【案例3-3】

2016年年末，罹患急性淋巴细胞白血病的萧晓（化名）小朋友受到社会各界广泛关注，牵动了亿万民众的心。深圳市儿童医院对孩子的病情高度重视，组成包括重症医学科、血液肿瘤科、心血管科、肾脏免疫科、消化科、营养科等多学科的治疗团队，对孩子实施抗感染、强心、机械通气、血液净化治疗及免疫调节等综合治疗措施，并组织正在医院工作的“三名工程”加拿大多伦多病童医院血液专科团队、北京儿童医院感染科专家团队进行会诊治疗。

但在2016年12月24日早上6点，萧兵因患急性淋巴细胞白血病合并严重并发症导致多脏器功能衰竭，经抢救无效不幸离世，父母将其遗体捐献给深圳大学医学院红十字会。

深圳小女孩萧晓，在5周岁前先后3次入住深圳市儿童医院接受治疗。因其父亲涉嫌一桩和钱有关的营销事件，而被全国人民所悉知。

根据《南方都市报》《深圳晚报》等报道的公开资料显示，2016年9月，萧晓住院共29天，住院总费用44375.06元，其中医保支付30730.83元，自付13644.23元，自付比例为30.75%。2016年10月萧晓第二次住院共28天，住院总费用35961.66元，其中医保支付30987.35元，自付4974.31元，自付比例为13.83%。这两次住院的医保及自付费用均已结清。

2016年11月第三次住院共48天，住院总费用392220.93元，其中医保支付363220.77元（其中包括重特大疾病补充保险支付27768.54元），自付29000.16元，自付比例为7.39%。

萧晓小朋友在入院105天的时间里治疗总花费达到472557.65元，其中自付47618.7元（其他均为医保报销），个人自付比例约10%。

标危的白血病患者在经历3年左右的化疗之后就可以被治愈，并且会和正常孩子一样学习工作，在未来可以结婚生子。根据各地医保政策的不同，自付从几万元到十几万元不等。但情况相对复杂的白血病患儿，或是有合并感染情况发生，甚至需要进行造血干细胞移植的话，治疗费用就会非常高，总费用在50万元以上。如果是异地就医的孩子，家庭负担还会加重。

根据公开资料，自2016年9月8日萧晓生病以来（截至2016年11月底），罗家花了20万左右，除了孩子治疗费外，还需要支付孩子的营养费补品费，家人奔忙、护理以及请假误工费，请护工保姆费，甚至是交通费等各方面费用。上述费用除了医疗费可以由社保报销外，均需自付。深圳市社会医疗保险体系包括基本医疗保险、地方补充医疗保险和重特大疾病补充医疗保险，萧晓均已参加。

【小知识】我国的社会保险报销制度

社会保险报销制度规定，个人先行自付1500元，在此之外的费用由社会保险按照报销门急诊阶段费用的60%，报销住院阶段的85%来操作（具体省份和城市间会有微调，在不同等级的医院就医也会有影响）。社会保险对于医疗费用的理赔是保而不包的，所以在社会保险的报销制度里面，存在很多绝对免赔额的形式，比如不报销挂号费、病历工本费、磁卡工本费、护工护理费、膳食费用等服务类费用。某些药品（目录外药、进口药品、自费药、新药、贵药）、自费检查费（含特殊拍片费用）、进口器材、自费材料（进口钢钉、钢板等）也不能使用医疗保险账户资金。

而部分检查费可以报销90%左右，相对免赔率为10%。医疗保险药品目录内的乙类药可报销80%～90%，相对免赔率为10%～20%。

常用的检查（如心电图、胸片、血常规检查等）以及基础常用药（如医疗保险目录内甲类药）都可以由医疗保险全额报销。

医疗用药分为医保目录内药品和医保目录外药品，其中目录内药品分为可100%报销的甲类药和可报销80%～90%的乙类药。

社保不予报销的六大项目如下：非定点零售药店购药的、非本人定点医疗机构就诊的、工伤及因交通事故医疗事故以及其他有责任方承担的伤害、因违法行为造成伤害的、因自杀自残酗酒等原因进行治疗的、在国外及我国港澳台地区发生的治疗费。

很多人说，以前总觉得自己的社会保险足够了，可以报销一切，现在才知道社会保险和商业保险各有各的特点，需要组合起来使用，才能够相互补充、相辅相成。对于有些项目，社会保险是不负责理赔的，而商业保险则可以理赔。报销时，社会保险是一视同仁地报销，而商业保险的报销额度是和平时交费多少紧密挂钩的。

所以，保险消费者需要在社会保险的基础上用好商业保险，让二者紧密互补，在面对高额手术费和住院费时才不会再感到束手无策。

【案例3-4】

乐乐（化名）的父母在山东青岛城阳经营一家配餐店，非常辛苦。2016年5月8日，年仅5岁的乐乐在店内玩耍时不慎坐进滚烫的肉锅中，造成身体严重烫伤。

乐乐的父亲在交完3万余元的住院押金后，对于后续治疗费用的来源一筹莫展。面对高额医药费，捉襟见肘的乐乐父母只能求助媒体，通过青岛当地的《半岛都市报》、《生活在线》电视栏目、广播交通频道89.7、网络“轻松筹”等多渠道发起求助，并引发社会的广泛关注，不少好心人在看到新闻报道后主动前往医院探望并解囊相助。

这时家人提醒乐乐的爸爸，事发前不久，他们曾在新华保险为女儿投保“健康无忧青少年重大疾病保险”“附加（2014）A款意外医疗”及“附加住院医疗（2007）”保险。

乐乐的父亲在业务员的指导下向新华保险做了理赔报案。2016年5月18日，理赔人员经核实，乐乐重度烧伤面积达55%，达到严重Ⅲ度烧伤的重疾标准。新华保险在客户递交理赔材料后3日内完成医疗费17296.02元的全额理赔，4日内完成20万元重疾保险金赔付。一份生效仅仅23天的保障，及时帮助这个家庭渡过难关。

因乐乐仍处于感染观察期，理赔人员在病房外与乐乐的父亲见面，交谈中获悉每日医药花费近7000元，对于经营小本生意的一家而言，除了承受孩童烫伤的精神痛苦外，经济上的无助也是苦不堪言。幸好有20万元重大疾病的理赔款可以缓解目前的困境。

资料来源：张晓琳．新华保险连续两年登榜影响力赔案暨服务创新榜［EB/OL］．威海网．2017-02-23［2017-07-08］．http：//www. whnews. cn/11zhuanti/2017-02/23/content_ 6871974. htm.

第二节　孩子从小到大，不同阶段都该买哪几类保险

少儿阶段：应以防范成长过程中的风险为主，辅以意外伤害保险、健康医疗保险、重大疾病保险和教育金保险等。

青年阶段：刚走上工作岗位时，首推身故保险、意外伤害保险、重大疾病保险、医疗报销保险，受益人应指定为父母，以报答父母的养育之恩。同时，要考虑这个资金薄弱期间的特定风险，购买时应以消费型保险为主，把保费支出控制在适当范围。

结婚阶段：受益人应设定为配偶和双方父母，将对家庭和爱人的承诺同步落实在经济保障上，重点是身故、身价保险和重大疾病保险。

生育阶段：被保险人应为孩子的父母，一般要把受益人设定为孩子，利用保险的形式加强对孩子的责任。至于要为孩子购买什么保险，可以参照前面所说的少儿阶段。

中年阶段：此时，很多人已经购买了车、房等大件消费品，事业上也处于“升官发财”的阶段。中年人上有老、下有小，家庭责任和压力必定增加。此时要将肩上的经济压力适当转移给保险公司，用好保险工具，合理减压。最好加大身故、身价保险的额度，同时安排好对于配偶的保障。

中老年阶段：此时需要完善主要经济来源者的养老金保险，安排好一生的财务计划，做好退休前的养老计划。由于很多保险对被保险人的年龄上限都有要求，所以这个阶段是落实完善的医疗保险的最后机会，一定不能错过。

老年阶段：退休之前，要在律师和保险咨询师的协助下，安排好最后一次保险购买，合理地确认财产权属，用好保险的传承、继承功能。用好遗产税政策，确保用最低的成本将家庭的资产准确地传承给指定的晚辈。

当然，每个家庭和个人的具体情况都不尽相同，尤其是家庭背景、教育背景、经济状况、工作情况等。所以，具体到每位孩子身上，该买哪几类保险应因人而异。

前面我们分析了儿童的四大基本特征属性，以及孩子们可以享受到的五大类社会保险和相关保障，现在我们来看看宝爸宝妈们可以从商业保险公司买到的六大类与少儿相关的保险类别和品种。

宝爸宝妈们关注宝宝的程度往往十倍于关注自己。宝宝的事情即使再小，也都是大事！君不见，很多宝爸宝妈，宁可苦了自己也不会苦了孩子，他们的孩子吃的都是绿色环保食品，甚至进口高档食品。

与少儿相关的商业保险品种繁多，综合性强，有教育金保险、健康保险、分红型保险、万能型保险、投资连结保险、生存金保险、重大疾病保险、意外保险、生死两全保险以及养老金年金保险等名目。它们的保险责任各不相同，加上不少保险条款赛过天书，大多数宝爸宝妈在谈到少儿保险时往往都感觉如同身在云里雾里。如果是宝宝的爷爷、奶奶、姥爷、姥姥等隔代亲家长，希望透过保险来给宝贝表达心意的话，更是头昏脑涨，糊里糊涂的。

在这里我要给大家解释一下本书所提出的“少儿保险”的大方向：既包括传统的被保险人为少儿本人的保险品种（**投保人**是少儿的监护人，以父母为主，少数也涉及爷爷、太爷爷辈长者），也包括**受益人**指定为少儿本人的保险品种（**被保险人**为孩子的监护人，多数乃父母，一旦父母发生事故，孩子则可以得到足够的理赔金，作为今后学习生活资金储备）。

对于投保人被保险人受益人的含义，请翻看本书附录A：常用保险术语精讲。

第三节 豁免保费特别险

我们重点分析的是少儿作为被保险人（投保人是少儿的监护人）的8种品种。首先讲讲少儿保险中的一个核心险种，它是保险中的保险，保障中的保障，是独一无二的，功能也是其他的金融工具中所不具备的。这就是豁免保费特别险。

豁免保费特别险是一个纯消费型的附加性的保险品种，是帮助保险消费者（通常为父母亲，其次是爷爷、奶奶、姥爷、姥姥等监护人）拥有在最糟糕情况（死亡、残废、失能、大病等）下豁免交费义务的特殊权利，是将来家庭生活动荡情况下的稳定利器。它往往是附加在需要长期交费的保险品种之后（一年期的保单后面基本没有此附加险），所需要的费用很低，通常只需数百元甚至是数元，但是作用很大，被称为保障保险中的战斗机。

豁免保费特别险主要分为两大类：第一类是因为被保险人发生保险事故而豁免投保人交费义务，第二类是由于投保人发生保险事故而豁免投保人交费义务。保险事故又分为很多种，常见的有因疾病死亡、因意外死亡、因病全残、因意外而全残、罹患重大疾病、生活不能自理、丧失工作能力、生命终末期等。

实际承担保费的人作为投保人参加豁免保费特别险，比较符合豁免保障的目的，比如父母（甚至爷爷辈监护人）。收入多的投保人承担的保额高一些，豁免保费的权利就高一些，因为他们责任大，万一发生意外后对保单的影响更大，同时他们的风险往往也更大一些。当然收入少的投保人承担的保额低一些，豁免的责任额也低一些。

建议消费者都要及时购买豁免保费特别险，除非孩子的监护人（爸爸、妈妈、爷爷、奶奶、姥爷、姥姥等）有特殊状况。选购这类保障型的保险，这也是考验一家保险公司是否有实力，是否尽到保险责任的一个体现。如果你挑选的保险公司没有豁免保费的险种的话，那你就要考虑这家保险公司的可靠程度了。如果给你分析和推荐相关产品的保险服务员没有给你推销这款保障保险中的“战斗机”的话，就是你需要考虑这位保险服务员的专业程度了，虽然豁免保费特别险对应的销售额（以及佣金）都较低，但对于孩子的父母长辈来说，意义重大，可以让孩子不至受到意外突发事件的二次伤害。

【案例3-5】

2007年3月起，网上流传着一个不幸中又万幸的故事，现引用如下，部分文字有删节：

我是一个高三的学生，或许你们会说我的阅历不足，可是在《政治》这门课上，我学到的是要全面地看问题，分析客观与主观。我所说的这个故事是发生在我们家的例子！

我的爸爸是一家外资企业的经理，也是全家的家庭支柱。妈妈是一个典型的家庭主妇（大学毕业，平时就写些东西不工作），我们一家的经济条件可以说是中上了。这样的家庭或许就是每个保险业务员最希望了解的家庭，可是刚开始我的家庭一直在拒绝这些人。

直到11岁，爸爸的一个得力助手也是好朋友付叔叔因为骨髓癌去世了，年仅26岁。我们都住在一个高级住宅小区，作为家庭的支柱，由于他的离去家庭完全陷入困境。虽然公司给了他们家20万元作为补偿，可是这仅仅能支付他们家两年的生活，所以他们不得不把车和房子全卖了，住进了一个普通的小区。

为此事爸爸一下子忧伤了不少，每日沉默寡言。在此期间，一个以前的保险代理人再次进入我的家庭，爸爸接受了。他给自己设计了一个保费总额达到120万元的重大疾病保险和养老保险组合，给我妈妈买了大病医疗保险和养老保险，给我买了少儿保险和健康医疗保险。每年爸爸都要给保险公司交20多万元，这些钱对我们家来说算不上太多，可对于爸爸来说似乎有了依靠，心踏实了。

高三那年爸爸因车祸离开我们，当保险公司将120万元现金送到我们家的时候，还告诉我们以后的钱都不用交了，我看见妈妈哭了，似乎比爸爸车祸那天哭得还狠。我知道这意味着什么，对比付叔叔一家来说，我们不用去卖车、卖房了，爸爸已经把一切都在生前给我们准备好了。

爸爸去世一个多月了，妈妈告诉我，让我别伤心。爸爸走了，永远回不来了，可是爸爸把一生都给了我们，可以说，爸爸永远还在我们身边。或许我没有妈妈那么深的感受，我也写不出妈妈的感受，可是看见妈妈对着那个保险代理人哭的那一刻，我知道，保险没有骗人，根本不是以前我们家理解得那样。

保险给了我们勇敢面对生活的勇气。

现在想想，那个保险代理人离我家起码需要2个小时的车程才能到，可是之前在2年里他平均一个月联系我们家一次，在我们接受保险却未买保险之前他平均一星期来我们家一次，又坚持了2个月。买了后每次过节或爸爸、妈妈和我的生日都会来我们家看看或发短信，坚持到现在已经9年了。

现在妈妈也跟我说过，感觉对不起那个代理人，因为我们家以前就没有重视过他，只是应付而过，买保险也就是爸爸一时精神紧张才买的，家里也不缺这个钱。

文章是妈妈看着我写的，妈妈哭了，我也哭了。我没了爸爸，可是爸爸留下的，是全部，是他永远的灵魂陪伴。再次我也和妈妈，谢谢那个代理人，我要对那些负责的保险代理人说声谢谢。

资料来源：疾病和意外是最残忍无情的“小偷”，你害怕吗？［EB/OL］. 保险岛

. 2014-08-13［2017-08-09］. http：//www. bxd365. com/xuetang/20140813/e72d. html.

第四节　强制储蓄类：儿童成长教育金保险

同样的高度，同样的压力，但是早做早好压力小，每天悠闲地做着重要但是不紧急的事情，否则临近截止期限，每天可都是犹如火烧眉毛的急事，心情肯定不太好。

为了使孩子的成长不受将来或许会发生的家庭经济变化的影响，我们必须将儿童的经济保障从家庭财务尤其是公司财务中独立出来。设立专款专用的“家庭儿童成长教育基金”，不讲究回报率，不关心是否贬值，唯一的目的就是为了安全，只为了长辈对孩子的承诺——平安长大，知书达理，生理心理双健康。

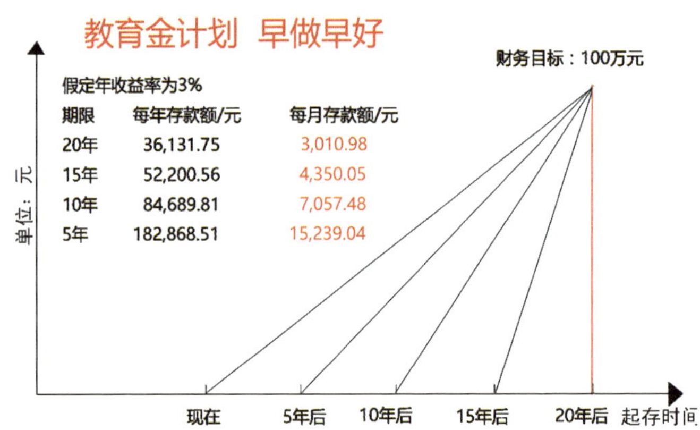

家庭儿童成长教育基金的常见形式是教育金保险。教育金保险是一款管理现金的工具。在银行存的是过去和现在的钱，买保险用的是保障未来教育的钱

讲到教育金保险，就一定要说说教育金，也就是少儿享受教育时所需的资金储备。这里面不同家庭会有不同的资产组成形式，比如银行现

金、活期存款、定期存款（包括教育储蓄）、信用卡、支票、工资、股票、房产、基金、信托、投资收益等，并不局限于保险公司的教育金保险。

介绍一下基本上没有多少人熟悉的银行教育储蓄。银行教育储蓄是为鼓励城乡居民以储蓄方式，为其子女接受非义务教育积蓄资金，促进教育事业发展而开办的储蓄。银行教育储蓄的对象为在校小学四年级（含四年级）以上学生。账户存款有限额规定，银行教育储蓄每一账户起存50元，本金合计最高限额为2万元。存期分为1年、3年和6年三种，利率按规定标准执行。

银行教育储蓄的最大特点不是有多高的收益，也不是免税，而是非常像“食之无味，弃之可惜”的鸡肋。首先，到期必须持存折、户口簿或身份证到税务部门领取免税证明，并经教育部门录取通知书或学校证明盖章才可支取。这样非常麻烦，且不接地气。其次，所有本金合计最高限额为2万元，超过一律不得享受免税的优惠政策。这2万元放在几十年前可能是代表高大上的“万元户”，放在现如今可能连一学期都不够花。而且在国家取消利息税后，教育储蓄的税收优惠已经不存在了。

在目前银行教育储蓄计划尚未与时俱进地调整之时，很多人会选择各大商业保险公司的教育金保险来作为自家家庭儿童成长教育基金的组成之一。

相对于鸡肋式的银行教育储蓄来说，保险公司的教育金保险具有如下特征：（1）收益免税钱；（2）收益避债务；（3）保险金额和保费上不封顶；（4）参保年龄不限，小至刚出生，大到18岁；（5）交费年限人性化，短则一两年，长则十来年；（6）具备家庭灾难发生时豁免今后交纳保费义务的功能；（7）保险生效后一般都能够强制储蓄、专款专用，不会挪作他用；（8）无须各类复杂的证明文件；（9）到了年龄自动领取，无须任何学校的证明，从初中到大学，从研究生到博士后，甚至是从成年到成家立业，以及养老安排，都有相应的灵活的领款计划安排。

夸美纽斯说："只有受过一种合适的教育之后，人才能成为一个人。"一个孩子从一个纯粹的自然人变为一个社会人，除了自然生长之外，还需要教育，至于教育的程度取决于家庭的实力和社会机构的能力，更取决于背后的经济能力。孩子的教育是父母的重要责任和义务，教育过程是持续的，背后所需要付出的经济代价是高额和巨大的，需要尽早准备（详细情况可以查看第一章第三节）。这是因为孩子的成长是一个不可逆的过程，环环相扣，每一环都不可逆，并且每一环都是有时间节点的，没有任何的时间弹性，也不可能跳跃和忽略。这就要用平时的点滴积累来为将来的教育费用做长期性投资计划，并带有强制储蓄的性质，以确保孩子到了相应的阶段可以得到相应的教育资金的资助和补贴。

教育金保险可以涵盖初中教育金（即 12～14 周岁期间可领取的教育金补贴）、高中教育金（即 15～17 周岁期间可领取的教育金补贴）、大学教育金（即 18～21 周岁期间可领取的教育金补贴）和研究生教育金（22～25 周岁期间可领取的教育金补贴），甚至是从小到大的每年都有补贴的奖学金计划。

教育金保险基本上是附加在一些长期的储蓄型保险的基础上的，可以选择一个保障孩子成长到 25 周岁、30 周岁甚至是 60 周岁领取回报的一种储蓄型保险作为主险。如果喜欢体验一下保险公司的低风险的投资收益，可以挑选分红型、万能型甚至是投资连结型的保险品种，等到将来孩子大学毕业走上工作岗位的时候，说不定有一笔不一样的惊喜等着你。

【案例 3-6】

2004 年，王菲独力供养时年 7 岁的女儿童童，她十分关心女儿教育，一直让童童在国际学校接受教育，还为其未来生活做了安排。当年 3 月，为童童买下约 2000 万元的储蓄人寿保险，到女儿 18 岁后，即可取得保险金。

为此王菲每月需交纳保费近 20 万元，虽然额度不菲，但为了让女儿在成年内的生活可以有足够保障，王菲表示心甘情愿。尽管我们不知道王菲所购保险的具体条款，但储蓄型人寿保险的基本特点就是同时具备寿险保障和储蓄的双重功能。通过每月或每年定投一笔资金到保险账户，若干年以后保险受益人就可以获得一大笔保险金。该类保险从投资收益的角度来看其实毫无优势，童童 18 岁后获得的保险金额度基本上和王菲累计交纳保费差不多，最多也就获得一个类似于银行储蓄利息的收益水平。但是，我们仍然认为王菲的这个安排是非常不错的，因为它至少可以提供以下六大好处。

第一，具有强制储蓄的功能。到了该交费的时候，保险公司会提醒王菲按期付款，很难会遗忘。作为超级能赚钱的明星，王菲的赚钱能力毋庸置疑，但据媒体报道，她也是个超级能花钱的人。我们看看国外比比皆是的超级明星破产的新闻就知道了，一个人的赚钱能力和其财务状况往往不成正比，赚来的钱如果都放在银行卡中，就会时多时少，存不下来。但投到保险账户就不一样了，有点像把钱放进储蓄罐中，进去容易，但平时不可以随便取出来花，所以保险账户里的钱总是越积越多。而且王菲是非常有个性的明星，有时好几年不工作，有时一工作就吃几年。在买了这个保险之后，可以在每次交纳保费的时候，提醒和敦促王菲为了女儿的幸福明天努力工作。

第二：体现关爱。许多人只知道王菲给自己买的某件春装就要5万元以上，而给女儿的衣服只有百十元。但是这份保险费之中，体现出来的王菲对女儿的关爱之心让每个人都看得清清楚楚，童童长大后不仅生活无忧，当然更能够深切感受到母亲对她的爱。

第三，获得保障。天有不测风云，人有旦夕祸福。当前，王菲是童童生活的全部依靠。但有了这份保险，童童又获得了另一个保障生活的支柱。在童童成人之前，万一王菲发生意外，童童就会获得相应的保险赔付金，保障生活无忧。(其实，该款保险也可设计成万一王菲发生重大疾病，后面所有的保费王菲一分钱都不用交纳了，全都由保险公司代交，女儿未来可以按原计划拿到那2000万元。)

第四，财产转移。该保险等于王菲将自己财产的一部分提前转给了童童。王菲今后可能还要再婚再育。再婚后，王菲的财产属性和继承人都会发生变化。预先拿出一部分财产转给遭受父母离异之痛的童童，不仅是一个保障也是一个补偿，今后再婚时也不会有财产分配方面的困扰。

第五，财产保全与税收优惠。通过保险的方式转移的这部分财产会获得一定的保全效果，即使王菲今后出现债务问题，这些以教育金保险形式存在的财富也会得到保护。如果购买的保险得当，还可能获得税收上的优惠。

第六，防止流失。通过保险的方式转移财产要远远优于直接将钱给孩子。直接将钱转给孩子当然也可以起到上述几个作用，但弊端是，钱一旦给了孩子，钱的所有权发生了转移，孩子就可以支配这些钱。这样，就有可能会因为孩子未成年不懂事，将钱胡乱花掉。还有一种特殊情况是，如果孩子先于其父母去世，提前转给孩子的钱就是孩子的遗产，这笔遗产的受益人不仅仅包括母亲，还包括了孩子的父亲。但买成保险就没有问题，保险受益人去世，保险收益归保险购买人，也就是母亲自己，不会流失了。父母作为投保人，这笔财富就像飞在空中的风筝那样，线牢牢地抓在家长手中，放权又放心。

所以，我们在做保险规划的时候，不能只盯着该保险回报高不高，而应当全面综合地分析保险的功能和价值，合理安排，满足保险购买者的相应需求。就拿储蓄型保险来说，尽管从收益的角度来看，因为目前利率较低，该类保险的“数学收益率”不高，但由于其具有多方面的功能，对于当前收入较高、未来有必需的大额开支的家庭，比如为孩子储备各个阶段的教育金等，适当地配置一些，还是不错的。

一封致孩子的信

孩子，我们选择在你生日之际，在保险公司放入一笔钱，不图什么教育金，也不图什么创业金，更不图什么发财暴富。只为了将来，爸爸和妈妈不在时，每年生日的时候，你都能收到来自保险公司和银行的取款通知。这将提示你：爸爸妈妈在你还是孩子的时候，在保险公司开了账户，确保你每年生日都可以收到一笔钱，一笔可以买生日蛋糕和几件小礼物的钱。就像爸爸妈妈问当时那个小小的你：“宝贝，今年生日，你想要什么礼物啊?”这是来自我们俩的心意和温情!

是啊，孩子，我们想要给你长长久久的保障，想要留下一笔完全属于你的温馨美好的回忆。在我们俩有生之年，我们能活多久，就照顾你多久。显然我们不能永生，无法陪伴你一辈子，所以我们希望爸爸妈妈不在的时候“你活多久，我们就照顾你多久”。我们请保险公司来操办，因为保险公司的寿命比我们的个人寿命要长很多，保险公司服务体系可以给你送去一辈子的生日关爱。

第五节　财产保险和责任保险

人是第一生产力，也是创造财富的主要来源，而现有的财产则是财富的重要组成部分，是现成的财富。把现有的财产保护好了，将来的财产和幸福才有扎实的基础。当然财产还包括可能会造成我们债务的第三者责任部分。

第一，对于大件的财产（汽车、房产等），需投保损失损坏保险。这样，即使这些大件的财产遭受突然损失（被偷被盗，被水灾、火灾损坏等），也不会对家庭经济造成巨大损失，并且能够在短期之内使这部分财产快速得到偿付，尽快让生活回归平静和正常的状态。假如张先生家里有价值200万元的财产，但是有1%的概率会着火，那么一旦真的着火了，就可能全部付之一炬，产生200万元的损失，在没有保险公司给予保障的时候，那么张先生就得再去攒钱200万元，才能够达到火灾之前的水平。如果他支付了数千元的保费，那么保险公司说不定可以赔偿150万元甚至更多，让损失额降到最低。

第二，对于大部分家庭财产，做好第三者伤害责任保险。这样，一旦由于这些财产的原因或者是家人的原因让第三方的人身或财产受到损失之后，第三方的大部分经济损失都可以由保险公司负责赔偿，从而不会对家庭经济造成大的危害。比如一旦自家发生火灾殃及邻居家的财产受损，或者被119救火时的喷水损毁，自家水管爆裂水漫金山甚至淹了电梯和楼下人家的财产，自己家的宠物咬伤他人造成各种损伤，自己家的阳台固定物由于某种不可预料的原因砸到楼下经过的路人等，那么造成的损失就会由保险公司来帮忙处理并根据情况做出全额或部分赔偿，而我们需要做的就是事先提前购买好责任保险。

上述两大方面都是在人寿保险之外，需要及时落实好的财产保险。一方面可以弥补自己的损失，一方面可以减少自己的赔偿责任。或许具体的保险险种你不了解，但是想想家里开的汽车的两大类保险你就会明白很多，那就是：（1）车辆损失险，保障车辆自身遭受的损坏，其赔偿额不会超过车辆本身的最高现价；（2）第三者责任保险，防范由于自己车辆的原因损害了第三方的人身和财产后，第三方需要我们实施的赔偿，它的额度往往超过用于代步的普通车辆本身，动辄数十万元。

【案例 3-7】

在 2015 年，天津港“8・12”瑞海公司危险品仓库火灾爆炸事故中，直接经济损失据估算高达 700 多亿元。其中保险赔付 100 亿元，事故涉及车险、企财险、家财险、意外健康险、责任险、货运险共六大类险种。中央财经大学保险学院院长郝演苏表示：“此次爆炸事故中财产（损失）规模最大，赔付金额预计在 50 亿～100 亿元人民币，由原保险公司承担，再保险公司补充。”此次赔付额或超过此前保险史上的海力士火灾案（已确认赔付 9 亿美元）。

法律专家告诉大家，保险公司的理赔并不影响受害人向事故责任方的索赔。也就是说，除了事故责任方的赔偿外，可以额外获得相应的保险赔偿。但是此次事故的主要责任方有意愿和能力落实赔偿吗？它的注册资本和净资产有多少呢？

从天津爆炸事故预估的保险理赔的数额看，金额非常巨大，比如被殃及的仓储商品车已完成理赔 17.3 亿元，但进一步分析可以看出，普通老百姓个人理赔（人身损失 + 财产损失）的保险金占比几乎可以忽略不计，因为根本没有多少人投保，投了保的保额也不高，用专业术语讲就是保险深度和保险密度都不高。与其痛心疾首，不如早做准备。有条件的朋友不妨从最基本的保险保障买起吧，一年几百元的家财险，就能换来数百万元的家财险保障。

【案例 3-8】责任保险缺失的典型

交通肇事撞死一对夫妻，死者的父母都没有工作，还撇下一个 28

个月大的男孩。因为涉及巨额赔偿，承办法官认为此案判决和执行难度很大。在当地法律援助部门的奔走努力下，肇事司机赔偿了孤儿89万余元，案件得以调解成功。此案被评为江苏省十大法律援助案件。

2008年2月10日，江苏省宝应县居民花某夫妇被撞倒身亡，留下了年仅28个月的儿子。这次事故由淮安市居民孙某负全责。事发后，孙某支付了2.5万元丧葬费，被取保候审。

这场车祸瞬间给3个家庭带来了沉重打击。承办法官也感到此案非常棘手：一方面，按照有关规定，孙某将付出巨额的赔偿费用，而被告人孙某能否承担如此巨大的赔偿款，无法肯定；另一方面，对于异地执行能否到位也没有把握。无奈之下，经县法院承办法官指引，死者几名亲属求助到宝应县法律援助中心。

法律援助中心办案人员到肇事者孙某户口所在地淮安和工作地上海调研，确认孙某经济基础较好，个人收入较高且稳定。随后，双方进入面对面“谈判”阶段。

孙某表示愿意接受调解，承担死者亲属应有的赔偿和补偿责任。但当听到总额近百万元后，孙某不再“接招”，事情的处理陷入了困局，死者亲属极为不满。一旦得不到死者家属的谅解，孙某将面临法律的严厉惩处。

通过与孙某父母妻子交流，在2008年下半年达成调解协议并形成调解书：除丧葬费外，孙某再一次性给予死者亲属89万元赔偿。而这个数字，创下了宝应县历史上同类案件赔偿数额之最。死者亲属也表示对孙某的肇事行为予以谅解，并向检察部门书面提出予以从轻处理的请求。

在收到89万元赔偿款后，为了避免分配不好给将来留下的隐患，援助中心人员又趁热打铁安排了这笔巨款。死者的小孩获得赔偿款44万元，花某父母获得12万元，周某父母获得33万元。并到县公证处为办理了小孩监护及抚养协议公证，排除了日后可能因赔偿款分割而引起的若干纠纷。

资料来源：惠万里．夫妻车祸遇难　两岁孤儿获赔 89 万［N］．扬州时报，2009-05-27（8）．

第六节　医疗保险

虽然孩子住院看大病的概率很低，但一年难免要光临几次医院。发烧、感冒、拉肚子、肺炎，往往都得往医院跑，每次就医治疗不仅花费不菲，而且让家长和孩子备受煎熬。当然，经过少儿居保报销 50% 后，住院互助基金再报销 50%，孩子在就医过程中的符合社保范围内的用药费用可以解决大部分了，但很多的进口药、进口器材、特需病房、非医保范围内用药等诸多费用，都是社会保险无法报销的，还是需要孩子的家庭来承担和消化，往往造成一定的负担。所以有条件的父母需要在少儿居保等社会保险之外，为孩子投保一些额外的商业医疗保险作为补充，从而可以覆盖孩子住院时的所有自费项目，减轻家庭负担。

咱们得看清孩子住院看大病等偶发事件背后的低概率，这些低概率是帮助我们解决高额医疗费用的朋友，而不是阻碍我们幸福生活的敌人。

有健康才有丰富的生命之旅。医院是事后亡羊补牢，锻炼保养是事先未雨绸缪。医生只救一个人的生理生命，保险才能救一家人的财务寿命。

商业医疗保险基本上可以分为基础医疗保险、重大疾病医疗保险和高端医疗保险三大类。

【案例 3-9】

这是宝妈“娃也”在网上分享的一次难忘的看病经历。

那次，宝宝凌晨 4 点多烧到 39.8℃，全家 4 口（我、爱人和公公婆婆）赶紧送他去医院。本以为夜间急诊没多少人，再说发烧这么高的温度可以直接不排队的，哪知道导诊护士一量居然只有 38.2℃，只好在那里排队，也不知道是幸运还是不幸。

进候诊厅我们感觉是进了火车站，那阵势永生难忘，比春运还要春运，也许那时正好是流感高峰。虽然还很早，但到处人头攒动，据说下午 1 点来的人还没有看完。还好挂号排队时间不长，30 分钟搞定。

等到安顿下来，兴奋劲一过，倦意就上来了，我们 4 个大人陆续打起盹来，而这时宝宝却不干了，又哭又闹不肯睡。量体温也没有更烧啊，折腾一圈才发现是忘记换尿不湿，小家伙抗议了。之后我们也只能等，干坐着等。

等到早晨八九点钟，我们把带来的食物扫光后，真正的看病大军上来了。由于半夜出来时穿得很厚，医院里面又开着热空调，我们几个人浑身是汗不舒服，但只要强忍着。排了 3 小时，终于来到医生面前，医生抬头看了十多秒钟，问了几句，几张检验单就递上来了。

接下来去排队交费，好在公公有经验，他在我们排队看医生时就在交费的队伍那里开始排了。等到我们过来交费的时候，也就两三分钟交好费了。只是不知道那些一个人带娃来看病，无法分身的朋友如何排队？而那边，婆婆已经在抽血化验的队伍里面排起来了，公公出去抽烟，他休息一会儿再来排交费的队。

这时我和爱人的同事都打来电话，问工作上的事情，才想起来忘请假了，好一顿解释。

抽血化验的队伍，在婆婆已经提前预排队的情况下，我们又排了半个小时。本来宝宝就不舒服，哭个不停，抽血扎针的时候宝宝一直挣扎不配合，护士态度也不好，在那边用大喇叭说，家长赶快给弄好，我们没有这么多时间等。搞得我们是骂娘也不好骂娃也不行，给娃做思想工

作半小时晓之以理动之以情无果，无奈只能霸王硬上弓了。

瞅这架势，中午前是没法看完了，我就让俩老人家回家先吃点饭，换身衣服洗个澡，拿些尿不湿、湿巾、毯子、新鲜水果、一杯开水、3个奶瓶还有我们两人的笔记本电脑、移动热点、移动电源和数据线。

排队拿药花了半个小时，终于快到我们了，突然一个人冲过来挤在前面要插队，后面全乱套了，全部挤上来，骂声、叫声乱成一锅粥。好在爱人身体强壮扛得住，而我则抱娃在旁休息。

打点滴更要排队，由于是凭拿到的药水并刷卡后才开始排队，所以无法提前安排老人去排队。门诊点滴的床位和座位非常紧张，我们等了4个小时，才排到一个座位。眼看着胜利在望，我让公公婆婆到医院门口的路边店买了一些面包和一壶滚烫的开水，冲奶粉给宝宝喝，再吃点小辅食。等我们4个大人吃完面包，居然都不知道面包是甜还是咸。由于娃小血管细，点滴速度慢，很耗时间，并且是最后一个项目，我们就安排二老回家休息。

等两瓶药水慢慢地点滴完成后，已经快半夜12点了。我去候诊厅看了一下，每个房间都有医生，早上10点的孩子还没看上。回到家里，公公、婆婆坐在电视机前打着呼噜等着我们。

之后的5天，我们又把这样的日子重复了5遍，只是不用排队那么久。我们夫妻俩轮流请了2天假，最后一天是公公、婆婆陪着去打点滴的。5天后，宝宝不烧了，公公却病倒了。

这次宝宝生病的代价是5天的医疗费，来回12次打车费，外加6人日的请假费，公公的病倒。

看完这个有点啰嗦但非常可能会发生在我们身边的故事，无数宝爸、宝妈会说："宝宝一旦生病，不仅宝宝受罪，大人们也跟着受罪！我宁愿是自己生病，宁愿替孩子去生病。太可怜了，真希望宝宝们都不生病该有多好啊！"真的希望大家都不会有这么难堪、狼狈、不舒服的就医体验。

一、基础医疗保险

基础医疗保险，是专门用来转移普通医疗费用风险的系列保险，涵盖的内容包括儿童意外赔付、意外医疗赔付、手术费用补偿（同时包含意外原因和疾病原因）、住院费用补偿（同时包含意外原因和疾病原因）、手术费用补贴（同时包含意外原因和疾病原因）和住院费用补贴（同时包含意外原因和疾病原因）等。基础医疗保险针对意外医疗的进口器材、住院津贴、特需病房等有基本解决方案，但是一般不包括儿童疾病门诊保险（这部分可以查看后面的介绍的少数高端医疗保险和团体保险计划）。

基础医疗保险是家长在儿童出生之后需立即考虑的一个保险品种，很多保险公司接受的宝宝投保最低年龄为5~60天不等，具体的医疗费用保障额度可以考虑在600~2000元之间。基础医疗保险的保障范围见图3-1。

如果孩子在北、上、广、深等一线城市享受国家"社保福利"的话，由于这些地方政府对儿童医疗补偿的力度较大，无须大量补充一般

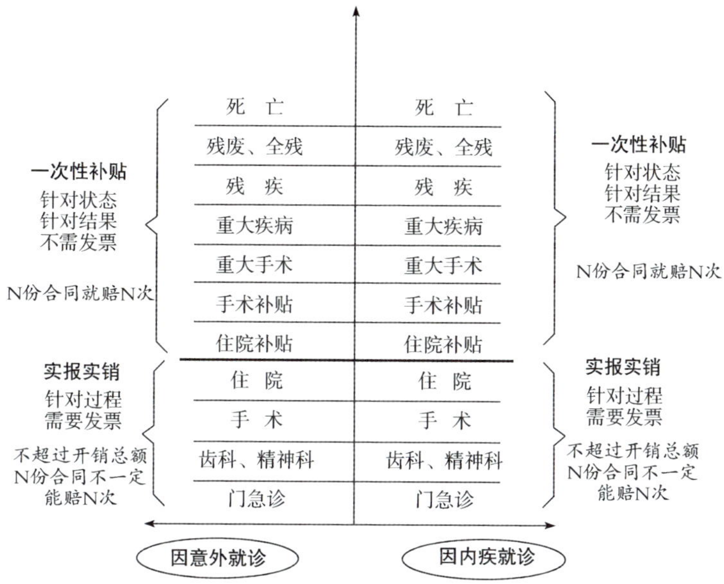

图 3-1　基础医疗保险的保障范围

住院商业保险；而意外医疗保险必须加大额度，以应对意外受伤的自费器械材料等费用，其额度需做高一些。

如果孩子处在三、四线城市甚至乡村，那么社会保险和相关保障方面就不可能会有北、上、广、深那么好，必须加大基础医疗保险的购买额度，以便解决住院理赔、手术理赔、意外医疗中的进口器材和进口药品费等费用。并且孩子家长的总体财力往往不如北、上、广、深地区的同龄人，所以此类填补医药费用不足的保险一定要及时购买，此处的小小投入会给家长们很大的支持空间。

【案例 3-10】

住在上海滨海某乡村的阿旺在和小伙伴游玩时，不小心摔了一跤，造成桡骨骨折，阿旺被父母送到附近最好的三级甲等医院打钢钉并住院。4 个月后拔钢钉，住院期间共开销 35000 元，扣掉不能够报销的进口材料等之后，计算出可报销的是 22000 元，按照少儿居保规定可报销

50%，也就是11000元。再按照住院基金规定，阿旺自己先承担300元，其余10700元（11000－300＝10700）全部由住院基金报销。这样一共报销了21700元（11000＋10700＝21700），阿旺父母自付13300元（35000－21700＝13300）。

爸妈给阿旺买的医疗保险在自付1000元后，可以报销90%，这样商业医疗保险可以报销的部分就是11070元×90%，最终阿旺爸妈要承担的就是2230元（13300－11070＝2230）

村里老大爷说，如果没有医疗保险的帮助，救护车一响，三头猪白养。

二、重大疾病医疗保险

该险种保障理赔的对象是日益高发的重大疾病，比如白血病、癌症等。重大疾病医疗保险覆盖的疾病发生的概率很低，但是一旦发生，后果非常严重。

这个险种是家长在孩子出生之后应立即考虑的另一个保险品种，具体的重症保障额度可以在30万～100万元之间。如果小朋友没有享受到社会医疗保险，同时父母的单位也没有儿童医疗福利，该额度需要相应地加大到50万～100万元。大部分保险公司的可以投保的最小年龄为7～60天不等。

少儿可以投保的重大疾病医疗保险有很多分类模式，从是否返还的角度，主要分为储蓄型和消费型两大类。消费型的重大疾病医疗保险产品，多数是一年交一次，保障期也是一年，采用自然费率，随着年龄增加，保费就可能会增加，孩子小的时候非常便宜，等年龄逐渐大起来时，保费会增加很多。当然，消费型的重大疾病医疗保险产品中，也不乏采用均衡费率的产品，也就是整个保障期间的每年保费是不变的。消费型保险中途退出没有过多经济损失，但在没有保险事故发生的时候，是不会返还任何保险费用的。几乎所有的储蓄型重大疾病医疗保险，其收费都是采用均衡费率的，也就是交费期间，每年交费数额一样多。储蓄型保险中途退出必然面临着一定的经济损失，这个特点往往会让家长们一直交费下去，主动脱保率几乎为0。

从保障年限的角度，可以分为短期（1~5年）、中期（保到二三十岁，或者保到六七十岁）和保障终生三大品种。

从保障的重疾品种的数量来分，有基本款（涵盖恶性肿瘤、急性心肌梗死、脑中风后遗症、冠状动脉搭桥术、重大器官移植术或造血干细胞移植术、终末期肾病6种核心疾病）、标准款（涵盖中国保险行业协会制定的《重大疾病保险的疾病定义使用规范》中规定的前25种）、瘦身款（比如瘦身到恶性肿瘤1种）、加强款（25+N种）、拓展款（几乎涵盖所有疾病品种，外加重疾轻症、疾病终末期等）、超强款（重症N次理赔、轻症豁免保费等）。

按照主险和附加险来划分的话，可以看到前者可以单独购买，后者则需要先购买主险，然后再购买附加险。

一些民众，由于种种原因，没有在生病之前及时落实重大疾病医疗保险，导致流传着这样的两句打油诗：“小病拖，中病扛，大病等着见阎王”“辛辛苦苦几十年，一病倒退几十年”。

【案例3-11】

少儿重大疾病保险是针对少年儿童的保险产品，这类产品为少年儿童提供了高额的保障。“友邦全佑一生（倍健康）重大疾病保险”从2015年开始就受到众多父母的青睐。

2015年4月，许先生为刚出生的宝宝投保了50万元保额的上述重大疾病保险，以及10万元保额的“尊享康惠医疗保险”。

当年10月，宝宝出现的腹部异常膨胀引起了许先生夫妻的惊觉，儿科医院专家高度怀疑为神经母细胞瘤，这一诊断，对年轻的父母来说犹如晴天霹雳。

活泼可爱的孩子住进了医院，一个温暖和睦的家庭被病魔深深地困扰着。短短一个月内，孩子两次住院化疗，累计花费近10万元。面对巨额的医疗费，这个本属于小康的家庭开始苦恼。为了治好孩子的病，家人四处打听治疗方法，有朋友说去美国治疗效果更好。许先生仿佛看到了希望，但面对治疗费用高的现实问题，显得那么无奈。这时他随即向友邦保险递交了理赔申请。

由于宝宝的疾病刚好属于少儿重大疾病保险中的赔付范围，许先生很快收到了友邦保险赔付的重大疾病理赔款50万元，并由“尊享康惠医疗保险”报销了已产生的医疗费用。徐先生在收到理赔款时激动不已，他表示有了这救命款，孩子就可以接受更好的治疗。

这个孩子是不幸的，但这个孩子又是幸运的。我们衷心地希望每个孩子都能健康快乐地长大，也衷心祝福这些不幸的孩子在保险的保驾护航下，能够得到及时有效的治疗，早日恢复健康。

三、高端医疗保险

一个人肯定会老，一定会死，或许会生病。虽然生命是无价的，但是肯定没有人愿意医疗费也无穷大。对于那些收入比较高，考虑生活品质的家长，尤其是对于医疗消费环境要求较严，需要私密性的消费群体，基本的社会保险往往无法满足，就算增加了基础医疗保险也无法满足。因为一旦生病，他们都要要求看最好的门诊（比如特需门诊、奢侈门诊、外籍人士专用门急诊等）；一旦住院，都是要住特别病房，甚至要去美国、泰国、日本、新加坡等国的著名医疗机构来救治。这些费用都是根本进不了医保报销系统的。所以高收入家庭、高净值客户、海归客人等购买商业医疗险时，通常都会选购高端医疗保险，因为这是高品质生活的象征！

高端医疗保险的保障范围如图 3-2 所示，可以看出，高端医疗保险基本上可以把医院里面的所有开销都解决了。对投保人来说，可以做到就医时只选贵的，只选人少的，用药也不用担心超出社会保险范围了，所用器材也无须担心国产进口的了，更不用担心毒副作用了。在很多网络范围内的医院救治时，都不用付钱，只需签字就可走人。

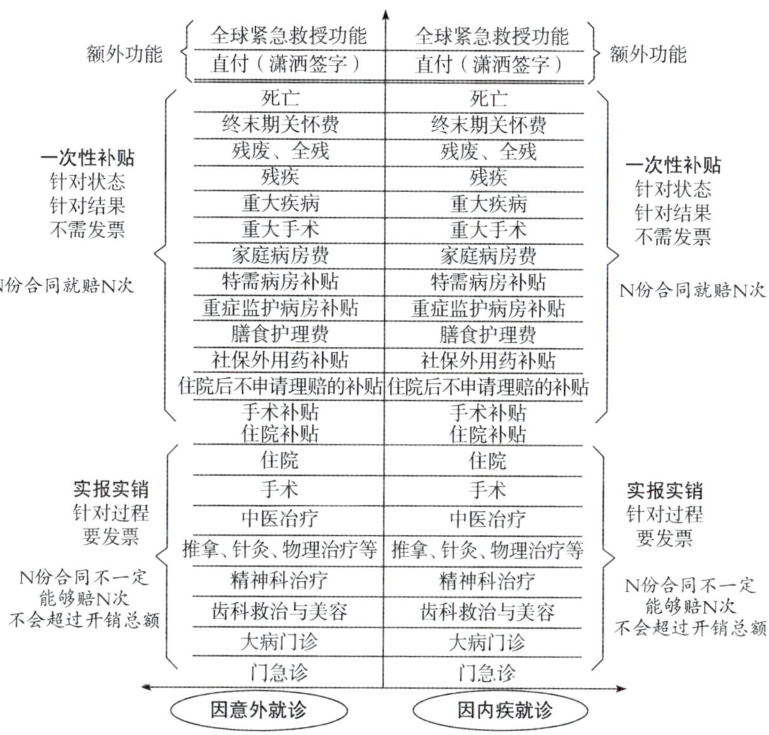

图 3-2　高端医疗保险的保障范围

选购高端医疗保险，需要关注以下几个方面：

一是就诊范围是限制在国内，还是可以拓展到亚洲，还是除了美加地区之外，还是全球皆可。

二是每年的医疗费用的上限是多少。这个医疗费用上限是否会细分为很多子项目，以及每个子项目的上限额度是多少。

三是对于生育、中医治疗、理疗、康复、疫苗、体检、精神、牙医等方面是否有限制，以及有什么样的限制。

四是各类疾病有没有等待期，若有，分别是多长时间。

五是对于医院方面有哪些限制。

六是儿童保险方案是可以单独购买，还是要和监护人一起购买。

总之，由于这类高费用的保险的保障范围很广，所以父母们只要弄清楚那些不可以赔付的少数方面就可以了。

毕竟，生病是谁也无法控制的事，能否治好是老天爷安排的事，如何治疗是医生用药的事，康复与否是身体底子的事，但是有没有钱治，就看你有没有做好经济上、保险上的安排。

回头来看案例3-9中宝妈“娃也”分享的那次难忘的看病经历，这无疑是一次难堪狼狈的就医体验，一次不舒服的“事故”。

如果当时宝妈“娃也”为孩子买有高端医疗保险，宝宝生病的代价就不是“5天的医疗费，来回12次打车费，外加6人日的请假费，公公的病倒”，而是安静的小病房，和蔼可亲的医护人员，而且现场签字走人，1小时搞定，最多这样的待遇再来3天就痊愈了。只需要爷爷、奶奶接送一下，爸妈也不用特地请假，更不用承受无休止的排队折磨了。这是疾病对肉体和精神的双重折磨，看医生显然应有更好的体验。

关女士是一位低调的官二代，她说：“有了高端医疗的良好服务，我们再也不用利用人情网，去走关系，也不用担心别人凑上来帮忙了，因为现代社会，现在的营商环境、从政环境中，人情不好欠。有了高端医疗保险，我只需带着宝宝，用一个普通病人的身份就可以获得比较好的看病体验。不用排长队，不用利用官一代的权力，不欠人情，就快速、愉快地看了医生。”

一位公司高管则说：“我喜欢把时间用在公司的管理上面，而不是等待。而我在看病时，也需要保护我的隐私。总之，可以用钱解决的都是小问题，况且这钱是事先支出的。事先付出小小代价，之后看病就不用耗费时间，更不用怕那上千万元的医疗费！这钱花得值，这钱值得花！”

第七节 意外伤害保险

俗话说，“宝宝是爸妈心头的一块肉”。宝宝的事情没有小事，出了事儿是任何额度的金钱都不能够弥补的。但万一出了事儿而没有足够的钱来弥补就更让人徒呼奈何，意外伤害保险就是保险公司从金钱的角度给父母们带来全面的保障利益。

意外伤害保险包括：儿童意外身故保险、儿童意外残废保险、儿童意外烧伤保险、特定意外伤害保险（包括在学校和幼儿园中受到意外伤害，以及在交通工具上面受到的意外伤害）、儿童意外伤害门急诊费用补偿保险、儿童意外手术费用补偿保险、儿童意外住院费用补偿保险、儿童意外住院费用补贴保险以及儿童重大疾病手术医疗金补贴保险等，见表3-2。意外伤害保险没有过多注意事项，无非是保额是每次的还是每年的，有没有免赔额等。

表 3-2　意外伤害险的主要种类

	险种类型	消费性质	覆盖的范围
1	儿童意外身故保险	补贴型、给付型	同时包含意外伤害和疾病
2	儿童意外残废保险	补贴型、给付型	仅包含意外伤害
3	儿童意外烧伤保险	补贴型、给付型	仅包含意外伤害
4	特定意外伤害保险	补贴型、给付型	仅包含意外伤害
5	儿童意外伤害门急诊费用补偿保险	报销型	仅包含意外伤害
6	儿童意外手术费用补偿保险	报销型	同时包含意外伤害和疾病
7	儿童意外住院费用补偿保险	报销型	同时包含意外伤害和疾病
8	儿童意外住院费用补贴保险	补贴型、给付型	同时包含意外伤害和疾病
9	儿童重大疾病手术医疗金补贴保险	补贴型、给付型	同时包含意外伤害和疾病

保监会曾于 1999 年正式规定未成年人身故保险金额总额不得超过 5 万元，但考虑到部分地区生活水平相对较高，又于 2002 年将北京、上海、广州、深圳四地的这一保险金额上限提至 10 万元。从 2011 年 4 月起，保监会再次做出修订，规定保险公司对全国未成年人的身故保险金限额统一上调为 10 万元。2015 年 9 月 14 日，保监会规定，将不满 10 周岁的未成年人死亡保险金限额提高至 20 万元，已满 10 周岁但未满 18 周岁的未成年人死亡保险金限额提高至 50 万元，该通知已经从自 2016 年 1 月 1 日起生效执行。

表 3-2 中所示的后 5 种意外伤害险又称为意外伤害医疗保险，是专门用来转移意外伤害中的医疗风险的保险品种。儿童在发生意外伤害后将会得到优质、快速的医疗服务。该险种的报销和补贴范围涵盖儿童因意外引发的手术、住院以及意外门急诊。

对于报销型的意外伤害医疗保险，需要看实际保额和基本保额之间的关系，是一倍、几十倍，还是几十分之一；再看这个保额是覆盖整个保险期间的，是管一年的，还是管一次的；是否有起付线（也就是绝对免赔额是多少)，是可以 100% 赔付，还是只赔付 70% ~80% （也就是相对理赔率）等。

意外伤害医疗保险是除基础医疗保险和重大疾病医疗保险之外，家长在孩子出生之后应立即考虑的另一类保险，具体的医疗费用保障额度可以考虑在 5000 ~2 万元之间。如果父母双方都没有正式的社会医疗保险，同时用人单位也没有可以报销孩子 50% 医疗费用的福利，该额度需要相应加大到 1 万 ~5 万之间。大部分保险公司对意外伤害医疗险的最小承保年龄为 7 ~60 天不等。

第八节　少儿受益类特别险

一、被保险人是父母长辈，受益人是孩子本人的保险

我们在上面讨论的五大类商业保险品种，都是基于同一个假设，那就是监护人（孩子的父亲、母亲、爷爷、奶奶等）做投保人，孩子成为被保险人。这样的安排是目前保险市场中最为传统的保险设计，也是最能够被孩子的父母们接受的保险规划，更是保险公司努力推出的成熟经典组合，是家庭保险规划中的一个重要部分。有了这些保险方案，一旦孩子遭遇意外伤害，那么保险公司会履行意外保障的承诺；一旦孩子的身体健康出现需要治疗的状况，那么保险公司就会有相应的费用报销和津贴赔付；一旦疾病情况比较罕见和严重，那么保险公司还会有高额的重大疾病理赔金给孩子；当孩子成长到一定年龄段时，会有定期给出的定额教育金奖学金，甚至是领到终生的养老金。

现在我们介绍另外一类对少儿的保险安排。这种保险安排不常见，但可以从根上解决少儿保险的一个重要困惑，这个困惑从 18 世纪少儿保险产生以来就有了，即如何给无价的孩子定价。

在这个保险安排中，被保险人是监护人中比较能赚钱的那位，而投保人可以是该监护人本人，也可以是另外的监护人，最重要的是这个保险安排中的受益人是未成年的孩子。

我们用通俗的大白话来解释这个保险安排的好处，那就是“万一父母遭受意外过世了（或因病过世或猝死了），他们所关心的孩子就会得到保险公司给出的一笔‘巨款’，那就是父母的身故理赔金！这笔‘巨款’可以保证100%地用在孩子身上，不用交税，免除债务，更不会被任何人追偿，这样就可以完全实现父母对孩子的关爱。”

这样每位孩子的父母都可以安心工作，努力奋斗了。如果此生工作时间很长，孩子的生活教育资金保障不会差到哪里；如果很不幸，此生时间不够（甚至非常短暂），保险理赔金也足够保障孩子长大成人。

二、家族传承

含着金钥匙诞生的富二代、贵二代们从一降生就过着普通工薪阶层无法达到的生活水平。传说中，他们在特需产房降生，上贵族学校，吃特供食品，穿限量版衣服，去外国学英语，开豪车，住豪宅……总之是锦衣玉食、享受各种VIP待遇。但他们也要面临着很多普通百姓无法想象的压力。因为这批富二代、贵二代的爸妈和爷爷、奶奶们在有着大量财富的同时，也大多有着大量负债，只是财富远大于负债而已。然而，他们的负债可能比普通百姓的总资产还要多几百倍。

一方面，债务是需要不折不扣到期偿还的，是一个个固定数字。而财富有多重存在形式，无法全部用现金衡量，是一个变动的数字。富二代、贵二代的家族财富显然会随着大环境的变化尤其是资本市场的调整而出现波动。一旦行业性结构大调整，一旦出现政策性变化，一旦国际汇率有不利波动趋势，一旦局部地区政局不稳甚至有战争可能，一旦家庭出现结构性调整，一旦市场整体疲软，一旦正常商业担保出现变故，一旦企业出现经营性黑洞……他们的财富就有可能大缩水。一旦资金链条紧张，急需变现的话，就可能会遭遇资不抵债的窘境，也可能面临只能够部分变现的情况。但这个时候他们的负债是不会缩水的，相反可能会提前被索债。著名的例子如曾经无比辉煌的巨人集团的史玉柱（现已重新腾飞）、无锡尚德的施正荣、海鑫钢铁的李兆会、南京企业家伍宏、赛维 LKD 的彭小峰、山西柳州首富邢利斌、温州眼镜大王胡福林，以及厦门长冠宏灯饰的林惟志、林祥麟父子等。

如果企业资产和个人财富之间没有财务隔离墙，如果个人财富没有安排资产保全，如果他们手中没有急用现金的安排，那么有时富二代、贵二代们就会很被动，可真的是从天堂掉进了地狱。例如，电视剧《鸡毛飞上天》的陈江河家族（玉珠集团、新玉珠集团）一度被查封，家人生活风雨飘摇；《温州一家人》周万顺投资石油压上所有身家后沦落到在饭馆里吃人家的剩饭；《北方大地》中天潢集团的王中天因投资惨败差一点就家破人亡；《苦咖啡》中因为美国金融风暴而濒临破产的“启明集团”董事长杨启明……

当然电视剧中也有“豪门深似海，为了利益六亲不认，甚至多出很多婚外故事”的剧情。小马奔腾创始人李明英年早逝，姑嫂争，妻女苦；山西“焦炭大王”阎吉英病逝，两妻七子女争百亿元资产；客死法国的云南柏联集团郝琳的“巨额遗产争夺案”；四川九鼎集团董事长王杰离婚案……这都是家族传承中的典型案例。

如果家庭和企业之间的资债隔离墙建好了，这个时候家庭变动和企业变动之间就没有必然联系了。演绎充分一点就是说，即使公司倒闭，个人家庭生活也照旧，不会受大的影响（已经破产的美国安然集团的前 CEO 能够安然享受他的退休生活就是一个典型的例子）；另一方面，即使个人家庭生活变化巨大，公司事业也依然能够运转自如（默多克老谋深算，婚变后传媒集团未受丝毫影响就是一个典型的例子）。针对个人家庭生活不被轻易改变这一点来说，商业保险是可以解决相当一部分困扰的，毕竟富二代、贵二代们都已经习惯了锦衣玉食的日子，想让他们习惯箪食瓢饮的日子实在太难了。

香港的李嘉诚家族和霍英东家族为每个新诞生的家庭成员所做的私人资金安排和保险安排，便是富豪圈学习的楷模。当他们的家族事业稳步发展时，家庭成员的现有生活显然不会受到影响；即便他们的家族生意有很大的波动，甚至于破产，但是很早就安排好的、剥离开的、独立于现有家族生意的信托和保险仍会保障他们长期的高品质生活。李嘉诚家族的家族信托示意见图 3-3。

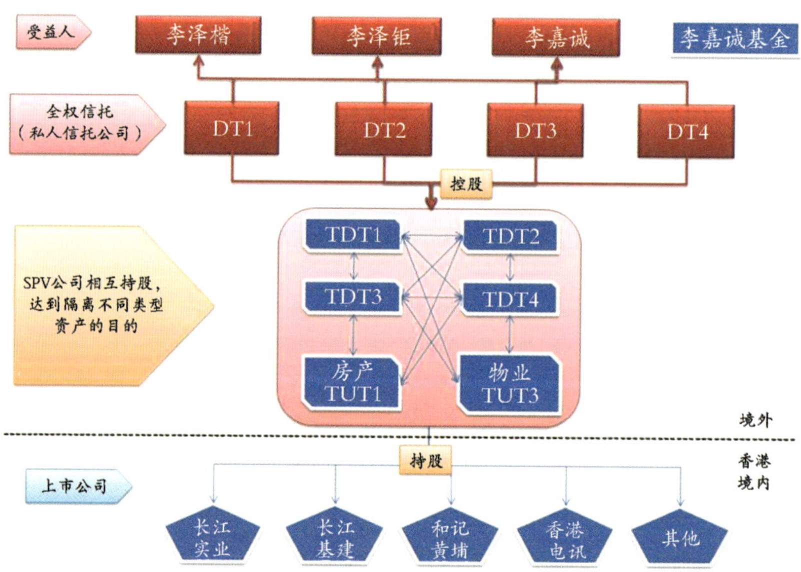

图 3-3　李嘉诚家族的家族信托示意

【案例 3-12】

一种爱是竭尽所能后的无可奈何，另一有种爱是未雨绸缪的从容不迫。

桑兰，生于 1981 年 6 月，1998 年 7 月 22 日在第四届美国友好运动会的练习中不慎受伤，造成颈椎骨折胸部以下高位截瘫。当时 17 周岁生日刚过（未满18周岁），属于未成年人。在美国的临时监护人刘国生家疗养10个月后，伤情基本稳定的桑兰回到祖国继续接受康复治疗。

13年后的2011年4月28日，29岁的桑兰向美国纽约南区联邦地方法院递交起诉书，提出18项指控，每项索赔1亿美元。同年5月13日，桑兰增加了被告，起诉“罪名”增加到21项。桑兰指控罗马尼亚体操队的教练Octavian Belu在她起跳之前的瞬间去撤垫子，说那才是她摔伤的主要原因。

2011年7月，桑兰和她的律师海明宣布与被列为被告的美国体操协会以及3家保险公司达成和解，后者承诺给予一定程度赔偿，桑兰也由此撤销了对他们的诉讼。3家保险公司和美国体操协会承认1998年美国友好运动会上桑兰的受伤非个人失误，保险公司理赔1000万美元的理赔范围由原来的只负责美国境内增加到包含中国部分的医疗费用的赔付。

美国的临时监护人刘国生认为：保险公司把原有的条文重新解释一遍，写成文件，大家签字，使得海明律师有一个体面的交代。具体内容不可能超越原签订的保险合同，也不可能因为桑兰而重新制订。

首先，桑兰的这个保险本来就是终生有效的保险，对桑兰一生有效。

其次，理赔总额1000万美元，这也是大家早就知道的，事实上本次并没有追加；保险公司并未如外界传说的那样，给了桑兰一大笔现金，而是给了桑兰一张小额支票。这也是保险公司的常规做法。

再有，桑兰在国内的医疗费用，哪些可以向保险公司报销，哪些不能报销，这也是早就说明清楚的，并无额外增加。

2015年5月4日，桑兰做出撤销所有诉讼请求的决定，是考虑了多个方面的因素的，这其中精力有限、法律不同、时间限制和成本开销是四个主要因素。

首先是时间，尽管桑兰和她的先生黄健在决定打这场官司之前就预想到了这可能是一场旷日持久的战役，但是前后近3年半的时间还是让他们觉得有些耗不起。黄健称，在美国打官司和在国内有着很大的区别，由于桑兰在受伤后对于许多事情并不了解和并不知情，因此导致一些诉讼请求实际上早就过了追诉期，而且时隔多年之后，一些取证工作也变得异常困难。这些都让整个案子的进展变得缓慢。黄健承认，由于在聘请第一个律师（海明）时对一些情况并不了解，所以导致整个官司在海明律师代理期间走了一些弯路。

其次就是桑兰和黄健两人的精力有限。由于桑兰身体的原因，她在官司进行期间需要多次配合法庭安排的问询和调查等工作，在2011年6月底还专程前往美国。后来由于结婚生子等一系列事情，桑兰的情况也不允许她在官司这块继续耗费精力。黄健指出，尤其是在2014年4月产子后，桑兰的身体一直非常虚弱，她要将大部分时间花在照顾孩子身上，因此没有更多精力兼顾官司。黄健透露，被告方面多次要求法庭安排桑兰接受问询，桑兰是应该出现在指定地点接受问询的，但这在黄健看来难以实现，“桑兰的身体根本经不起这样的折腾，她目前在上海家中静养，身体很虚弱。”

最后一点就是继续打官司需要花费的费用。黄健向记者透露，桑兰的官司打到现在，所有的律师费、交通费等都是由自己承担，截至决定撤诉之前，这方面的费用开销已经达数万美元，而桑兰现在的代理律师徐晓冰找到黄健，说如果官司继续打下去，那么至少还需要10万美元的花销，而即便官司打赢，他们能得到的金钱方面的赔偿，也就五六万美元。简而言之，官司继续打下去，绝对是要自己往里赔钱的。时间限制、法律环境不熟、耗费精力、成本开销巨大等，是在境外购买保险、享受保险权益时常遇到的问题。

如果说通过官司得到的最大收获，那就是桑兰在当年参加友好运动会受伤后，由美国体操协会在 TIG 保险公司投保的一份意外伤害保险，能够对身在中国的桑兰继续生效。“这份保险的保额是 1000 万美元，包含桑兰受伤后的一切所需药物、导尿管、垫片等物品，以及护理费。打官司之前这些物品只给送到美国的住址，而现在保险公司会把这些东西寄到国内。”

说实话，桑兰今天能够不断收到从美国寄来的药品和生活用品，要得益于美国体操协会购买的一份保险，如果没有这份保险，那么桑兰后期治疗和康复的费用都要自己承担，这笔开销显然是一个人无法承担的。

黄健说，官司不打了，生活还得继续，医疗费也不用担心了。

资料来源：新华社．桑兰身体撑不住马拉松官司　千万美金保险生效［EB/OL］．中国青年网，2014-10-17［2017-07-07］．http：//news. youth. cn/zc/tyzhzx/201410/t20141017_ 5852770. htm.

本章总结

（1）对孩子的保险是爱的承诺，支付保费就是这份爱的分期付款。

（2）让保险背后的风险概率成为你的帮手和朋友，辅助你更好地生活，更好地工作。

（3）就算拥有了所有的社会保险，还是需要额外购买一些商业保险来补充。

（4）因为保险并非万能的，所有社会保险和商业保险都不强迫孩子与家长购买，但是你千万不要错过了。

（5）银行存款最大的优点是存取方便，最大的缺点是存取太方便；相对应地，保险公司的教育保险计划最大的优点和最大的缺点都是存取不方便。

（6）大夏天，光着身子走在公共场所，警察肯定会管；但大冬天，只穿内衣走在路上，警察肯定不抓，说不定还会给件衣服送温暖。社保如同内衣，没有内衣不可以，但有了不一定得体合身，所以需要用商业保险来配合和完善不同身份/不同场合下的保障需求。

(7) 在陪伴孩子的成长过程中，在对孩子的教育过程中，父母们也完成了一种自我救赎和成长。这是我们人生第二次得到教育的机会，应该抓住这个机会。孩子是老天给父母的一份超级大礼包。

(8) 灵活运用投保人、被保险人和受益人，让孩子的保障计划更加全面。

(9) 社会保险和相关保障就像工作时穿的工作制服。下班回家过日子时，我们穿的是居家常服而不是工作制服：当我们游泳时穿的是泳衣而不是工作制服，当我们睡觉时穿的是睡衣而不是工作制服，当我们出席晚宴时穿的是礼服而不是工作制服。所以社会保险和相关保障并不能够覆盖我们日常生活的方方面面，因为生活不仅仅是上班的 5×8 小时，而是 7×24 小时

(10) 单位福利险可能会在下列五大阶段不再保护我们：①非工作期间；②大病治疗几年之后单位不给我们人性化续签合同时；③我们主动炒掉老板后；④单位倒闭后；⑤退休后。

Chapter 4

第四章　家长为被保险人、孩子为受益人的保险安排

亲爱的爸妈
你们是树、我是花
风来了，你们是挡风的墙
雨落了，你们是遮雨的
烈日霜雪、酷暑严冬
你们是清风、是暖阳
让我无虑无忧
不孤单、不彷徨
我盼望，也能有一把伞
为你们遮风挡雨
我盼望，也能有一朵云
让你们快乐开怀

作者：怿斓。誊写者：Tracy Zhang，SUIS Grade 7GL

阅读中思考的问题

(1) 为什么说最好的少儿保险是孩子作为受益人，而不是孩子作为被保险人呢？

(2) 孩子培养得越优秀，离你就越远，陪伴你的时间就越少，那么你还愿意一如既往地培养他/她吗？为什么？是因为真爱吗？

(3) 一旦孩子生了病，我们都会尽己所能去筹钱看病，哪怕是倾家荡产，这是真爱吗？还是无可奈何？

(4) 当你没有足够的保障时，一旦遇到风险，你自身难保，还拿什么保护孩子，如何去爱孩子？那样的做法是真爱吗？还是无能为力？

(5) 父母为孩子买保险就像室内装修和家具，父母为自己买保险就像买房子。装修和家具都是附在房子上的。如果房子都失去了安全，装修和家具如何保证安全呢？皮之不存，毛将焉附？

(6) 风险过后，损失发生了，你是让孩子抱着枕头干哭无助环顾，还是哭后抱着保单换成金钱继续幸福生活？

(7) 为什么孩子为受益人（被保险人为其父母）的保单要先于孩子为被保险人的保单的购买？

(8) 孩子父母买保险时，该如何分配有限的资金？

(9) 有什么保险可以帮父母实现婚庆基金，甚至是银婚和金婚基金？

(10) 在我们挑保险时，保险服务员也在挑选我们，那么怎么才能找到优秀的保险服务员为我们服务？

第一节　给孩子最好的保障是家长自保

很多宝宝的父母都尽可能多地给宝宝购买保险，却忽略了对自己本身的投保，其实这是一个严重误区。大人是家庭的经济支柱，是子女最好的“保护伞”。如果只给子女买保险，大人自己却不买，那么当大人发生意外时，这个家庭很可能就会陷入困境。

所以父母在给子女购买保险之前，需要给自己和爱人购买必要的保险，毕竟少儿保险的交费时间通常长达十几年，万一期间有个风风雨雨的，父母将无法成为子女的最大的保障和依靠。作为家里的顶梁柱，为了对子女的将来形成有效保障，父母重点需要购买的是寿险，以子女作为受益人。一旦发生意外，将会有一笔金钱足以保障子女生活至成年。在父母有了足够保障的时候，为子女购买少儿险以增加保障就进入了下一步的计划。当然，父母保险的生效时间不可晚于子女的保险，最好是和子女的保险一并落实，甚至是提前落实。这就是 Insurance for children。

保险最大的意义是保障功能，所以应遵循“先保障，后储蓄，再投资”的原则，做好足够的人身保障后，再考虑保险的收益率。

父母的各大保障需要优先得到安排和落实。

没有重疾保障的家长，不一定是在投资孩子和家庭的明天！

没有意外保障的家长，不一定是在拿孩子和家庭明天的幸福做赌注！

没有养老保障的家长，不一定是在增加孩子的中年负担！

但面对突发意外、偶发重疾就医和必然的养老压力，什么都没有安排的家长，一定是不完美的！

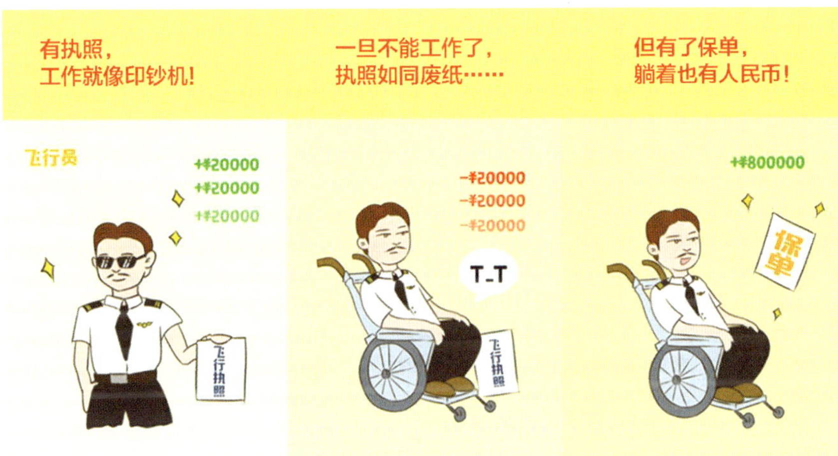

万一残疾了，即使不能劳动赚钱，保单还可以照顾家人

【案例 4-1】

“当年我妈妈买保险的时候，我还只是一个愣头小子。每年妈妈都会笑呵呵地把许多钱交给保险公司，我想保险有什么好呢，妈妈为什么要买那么多保险？后来妈妈得了重病没法工作，并且因为高昂的治疗费，家里的经济状况开始捉襟见肘的时候，是友邦保险给了我妈妈一笔重疾理赔金，这对于我们家来说真是雪中送炭。这时候，我觉得保险非常值。”

这些话出自客户阳先生之口，他的母亲晋妈妈在多日前因癌症转移身故。阳先生作为晋妈妈保单唯一的受益人至友邦保险办理身故理赔金给付手续，在与工作人员交流中，阳先生发出了以上感慨。

客户晋妈妈，20 世纪末注册公司，成为公司董事，主要从事机械设备销售，盈利可观。

作为母亲，晋妈妈将无私的爱全部给了阳先生。在繁忙的工作之余，晋妈妈一边操心孩子的学习，一边关心其生活起居。在一个偶然的机会接触了解保险，并投保了一份金祥年金养老保险。据阳先生回忆，母亲常对他说，“你要好好读书，以后有一份安安稳稳的工作，这样就不用我为你操心了。我自己也买了保险，以后也不用你为我操心。”晋妈妈陆续投保了年年红两全保险、守护神重疾保险以及节节高两全保险等。

2014 年 1 月，晋妈妈被查出结肠癌并伴有多发转移。经多方治疗，不幸于 2015 年 10 月身故。阳先生告诉我们，他母亲在病重期间不愿用很贵的药物治疗，她说与其用药物延长一段时间，还不如留下点遗产，让家人的生命更加精彩。说到这，阳先生手捧着理赔金额达到 150 多万元的身故理赔金通知书，已是热泪盈眶。

人们常说这世界上最伟大、最无私的爱就是母爱，晋妈妈作为一名平凡而又伟大的母亲，她以自己的方式诠释了母爱的无私。这笔保险款项对于阳先生的含义已经远远超出了金钱的概念，而是凝结着母亲对孩子的爱。

这是母爱的传递，这是母爱的延续。

温馨提示

宝爸宝妈保险要点

宝宝的爸爸妈妈，以及爷爷、奶奶、姥爷、姥姥都要提前落实好意外伤害保险、医疗健康保险、重大疾病保险，提前堵好家庭经济漏洞，将家庭的风险保障工作做到完美。

温馨提示

这些保障类保险主要是让家人在面对突发其来的意外事故伤害时不必措手不及。换句话说，即使宝爸、宝妈出现一些意外状况，也不会影响到宝宝的正常生活，因为爸妈的呵护和保险金的呵护总会有一个及时出现。在投保时一定要选择有投保人豁免的保险，以确保宝爸、宝妈一旦发生意外，不具备继续投保财力时，宝宝仍可以享受不变的保障。

你有保险，孩子将来肯定是你的受益人，给他传承爱与责任；你没有保险，孩子将来可能是你的受害人，拖累他，增加他的负担，透支他的未来。

准妈妈需要在怀孕生育之前就落实好生育保险，防范生育过程中的风险。生育保险既可以在社保中提前选购，也可以在商业保险中选购。

【案例 4-2】

“风险无情，保险有爱”，当新华人寿保险宁夏分公司 2015 年 8 月 5 日将 110 万元打进客户冯某儿子账户后的第二天，冯某的儿子便送来了这面锦旗。冯某的儿子 22 岁，是一名在校大学生。为了这锦旗上的内容，他琢磨好些日子了。

2015 年 7 月 1 日凌晨零点左右，宁夏吴忠市发生一起特大交通事故，4 人死亡，1 人受伤。不幸死亡的有一位宁夏新华人寿的客户冯某。宁夏新华人寿第一时间启动重大突发事故应急响应预案，组成理赔工作小组，快速赶赴事故现场勘查核实。经核查了解，死亡者中，包括冯某及妻子和女儿。其家中还有年迈的父亲和一个上大学的儿子。冯某曾购买新华人寿的“畅行无忧”险种，受益人正是其儿子。工作人员随后又赶往冯某家中慰问爷孙俩。

爷爷年事已高，孙子尚未走上社会，一脸茫然。新华人寿工作人员主动帮助其办理后事，承揽了冯家的一些事务并协助其整理理赔所需资料。经过各岗位工作人员的通力配合，这起宁夏新华人寿开业以来最大的赔案于 8 月 5 日结案。

冯某的儿子向新华人寿工作人员表示："爸爸、妈妈和妹妹都走了，留下了我和爷爷。爷爷年纪已大，我会代替父母好好孝顺爷爷。用这笔钱安排好他的晚年生活。"

资料来源：刘洋、石平．百万保险金延续父母关爱［EB/OL］．中国保险报·中保网，2015-08-13［2017-07-08］．http：//chsh.sinoins.com/2015-08/13/content_166012.htm.

温馨提示

保险额度

保监会规定，将不满10周岁的未成年人死亡保险金限额提高至20万元，已满10周岁但未满18周岁的未成年人死亡保险金限额提高至50万元。该规定已经自2016年1月1日起执行。

按照经验数据，建议宝爸宝妈拥有的意外保险总保额应该达到家庭年收入的5～10倍，保证未来5～10年的家庭生活不发生过大的波动，让孩子和家人能够平静和谐地生活。

当然，保险费开支控制在家庭年收入的10%左右为宜，并且男女的保障额度需要按照收入比重来分配。

【案例4-3】

有这么一个在业内流传很广的关于保险的故事：

在一个高高的柜台前面，有一个背着书包的小女孩，正努力地踮起双脚，愉悦地对柜台里的工作人员说："叔叔，我们来领爸爸寄回来的钱。"小女孩的旁边，站着她的妈妈，手中拉着小女孩儿的弟弟，一个很小、很可爱的小男孩。

这是他们每个月都会进行的事情，每一次，小女孩都争着对叔叔说："我们来领爸爸寄给我们的钱。"因为这一天，是她最开心、最自豪的日子。妈妈告诉她，虽然爸爸在很遥远的地方工作，可是爸爸从来都没有忘记他们，每个月总会按时寄回生活费。虽然爸爸不在身边，可是他们的生活，跟周围其他人并没有两样。

小女孩的爸爸，是个很有责任心的男人，在他结婚的那一天，他就给自己买了一份人寿保险。第一个孩子出生后，他给自己增加了保额；第二个孩子出生后，他又一次给自己增加了保额。他给自己购买的人寿保险的保险额度相当于即使他 20 年没有收入，家人也可以过着与现在同等水平的生活。

因为他知道，自己肩上担负着让自己的家人幸福的责任。有一天，他被派到外地公干，遭遇车祸，永远地离开了亲爱的妻子和孩子。孩子的妈妈是个很坚强的女人，她独自一人承担了失去亲人的巨大悲痛，给孩子们编造了一个美丽的童话，让他们相信，爸爸一直还在身边。

其实，他们每个月去领取的，是保险公司支付的保险金。正是这一笔钱，让她的孩子们度过了一个无忧的童年。很多年以后，小女孩大学毕业，作为优秀毕业生，她在毕业典礼上致辞。这时候，她已经知道了事实的真相，虽然爸爸已经永远离开了他们，可是，她觉得此时，爸爸正在天堂上某个地方，慈爱地注视着她。她哽咽着对爸爸说："爸爸，谢谢你！"

保监会在很多场合都明确表态："保险公司应积极引导投保人树立正确的保险理念，在注重自身保险保障的基础上，为未成年人购买切合实际的人身保险产品。保险公司也应进一步完善未成年人人身保险的有关业务流程，强化投保、核保等环节的风险管控，在防范道德风险的同时，为未成年人提供更加丰富多样的保险保障，保护未成年人合法权益。"

第二节　依据轻重缓急安排投保顺序

一、投保时不同人员的先后顺序

从个体来说，普通保险消费者对保险的购买顺序往往是凭感觉而定的。尤其有很多青年父母觉得自己年轻、健康、强壮，抵抗风险的能力强，而且都参加了社会保险，所以他们喜欢先给自己最爱的孩子和父母购买保险，但经常"忘了"给作为家庭主要经济支柱的自己落实保险。

记得有次在机场，偶遇优雅的客舱服务部经理小停，她考我们道：“一旦飞机上的氧气面罩脱落，你是先给自己戴好，还是先给孩子戴好？”我们一群年轻父母异口同声道：“当然是给孩子先戴，然后再自己戴好。”这时小停女士给我们现场广播了令人终生难忘的这段话：“氧气面罩储藏在您的座椅上方，发生紧急情况时，面罩会自动脱落。氧气面罩脱落后，要用力向下拉面罩，请将面罩罩在口鼻处，袋子套在头上，进行正常呼吸。带小孩的旅客，请先戴好您自己的面罩，然后再为小孩戴好面罩。”

可能现在还有很多朋友无法理解，并且感觉这套救生系统的设计者好“冷血”。但小停告诉我们：飞机在万米高空突然释压时，普通人保持清醒的时间只有 9 ~ 12 秒。由于受到惊吓，加上紧张的身体对氧气消耗得更快，乘客的惊慌会使这个时间再度减半。由于飞机从巡航高度下降到可正常呼吸的 3000 米高空的时间会有 10 ~ 20 分钟，如果之前已经不清醒，在后面的长达 20 分钟时间里，生存的机会就十分渺茫了。所以此时，必须先给自己戴好氧气面罩保住自己的生命，才会有机会和能力去帮助身边的家人，包括父母、孩子、爱人！

经过专业分析之后，这套听上去异常“冷血”的系统，是不是科学到爆啊？你已经体会到它的简单、人性化、超有效了吧。这就是透过表面现象看到背后实质的专业与科学，这就是为了冷静应对紧急情况时需要的专业与素养。有时候，人们主观上感觉很好的东西，往往没有经过科学设计的系统靠谱。

保险体系就是一种经过科学设计的专业进行财务安排的系统。因此，资源越有限，越需要先给最重要和最有价值的人士投保。

保险就是要保最危险的，也就是要先保赚钱能力最强、工作压力最大的人。因为赚钱最多的人一旦故去，就不能再赚钱，而由于这个人的赚钱能力强过普通人，失去的损失也高于失去其他普通人家；工作压力最大的人一旦不能继续工作，其他家人的生活压力就会更大。对于一家处于攻关阶段的公司而言，核心责任人一旦倒下，将令项目功亏一篑，前期所有的投入都化为乌有，产出回报率为0，项目负责人、公司老板和PE、VC投资人都应密切关注。

幸运的是，上述这些可估量的风险都是保险系统可以承担的，只不过投保时要对先后顺序做好把控。

每个家庭都有希望支柱（往往是孩子）、情感支柱和经济支柱三大支柱。在这些支柱中，经济支柱对家庭的稳定和生活品质的提高有关键性的影响。为经济支柱购买人寿保险的重要性必须排在家庭保险的第一位。这是因为保险的本质是以最小的经济支出为代价换取最大的经济利益，防范个人、家庭的风险，所以首先应该考虑投保的就是其中创造财富最多的人。一旦经济支柱遭遇变故，保险公司的经济补偿可以保证其家庭生活不受更大的影响，这才是投保的真正意义。给家庭的经济支柱投保之后，接下去才可以考虑作为非经济支柱的其他家庭成员，否则就是本末倒置。

在这里笔者要和高收入人士特别想说的是：在你平安、健康时，整个家庭衣食无忧。可万一收入中断，你的家人的生活还得继续，他们的房屋贷款以及医药、教育、交通等生活费用仍然需要支出，且远高于普通人家。届时，你的家人会怎么样？他们还有足够的资金及时还贷吗？能够立马找到和你一样高薪收入的工作吗？现在的你就知道该怎么办了！

与飞机遇到紧急状况时的氧气面罩佩戴顺序一样，给家庭的经济支柱投保之后，再考虑非经济支柱的其他家庭成员，这样才有机会给他们最好的保障。

同时笔者也要和低收入人士说说悄悄话：有了你的收入，家人的生活已经过得有点紧张，而一旦失去你和你的经济收入，情况将会更坏！那么，现在如果你认真考虑过这些问题的解决方法，你该怎么办？你有没有想到很彻底的解决办法？

在我们讨论“孩子买保险”的特定环境中，你肯定听到过这样的传闻：“买保险，就要先给孩子买好，孩子是第一位的。孩子的保险没买好，父母的保险就不能买。”但是经过分析，你是否逐渐明白了，上述结论似乎“非常人性化”，实际上却是非常不科学的！在有孩子的家庭中，家庭经济收入的主要来源即经济支柱需要第一个购买，优先于孩子之前就购买，家长（作为被保险人身份购买）买好之后，再给孩子购买。

【案例 4-4】

泰康人寿向金文（化名）的妻子杨女士和金武（化名）的妻子赵女士分别给付了 160 万元和 101 万元理赔金，并豁免了金文孩子 15.6 万元保险费，累计向受益人给付了 276.6 万元。当工作人员将赔款送到受益人手中时，两个年轻的妻子流着泪说："泰康人寿，生命的守护神，一诺千金。有了这笔钱，我们要替走了的爱人撑起这个家，完成他们的遗愿！"

金家兄弟俩协助父亲在家乡云南易门经营一家建筑公司，事业有成。金文的妻子是小学教师，金武的妻子是一个全职太太。

然而 2016 年 9 月 2 日晚，金文、金武撇下双亲，别离年轻的妻子，丢下年幼的孩子，阴阳相隔，再也不能陪双亲漫步林下，和妻儿逗笑。

"我们原先父慈子孝，夫妻和睦，是一个幸福美满的大家庭。可一瞬间就沦落为最悲惨的家庭。"金父说。两个孩子非常孝顺，是事业好帮手，9月2日，金文、金武和父亲及政府转型办主任、承包商五人前往玉溪元江采购绿化的林木。

“他们四人先走的，我后出发，没承想，他们的汽车经过高速公路桥梁时，发生碰撞，汽车坠下30米高桥。我的两个孩子双双过世。”金父忍不住泪流满面，“在车上我抱着孩子，直到身体已经冰凉。他们俩没有留下一句话。”白发人送黑发人，让本来精神矍铄的金父深受丧子之痛。

“我要和两个儿媳帮孩子们料理后事，一直勉强撑住，但我爱人就不行了，她住院瘫在病床上。”金父说，“那段时间，她整天以泪洗面，最揪心的是孙子、孙女。看着他们天真的眼神，问我爸爸去哪儿了，我竟无言以对。”

不幸中的万幸是，金氏俩兄弟拥有良好的保险意识，自2005年2月，先后通过保险代理人在泰康人寿购买了多份保险。哥哥金文年交保费18530元，弟弟金武年交保费3190元。泰康人寿接到报案后，立即启动重大案件应对机制。支公司工作人员第一时间联系了客户家属，进行慰问并前往事发地了解出险情况。理赔专员协助客户收集理赔所需资料，经过高效的沟通和审核，及时兑现了“安享人生”“万里无忧”“康逸人生”及“全能保2015”等保险产品的责任，分别支付了160万元和101万元理赔金。

金文生前为孩子投保了一份“鑫享人生”教育险，年交保费1.2万元，15年交清，出险时刚交了2年保费。由于这份保险自带了保险费豁免功能，按照条款约定：“投保人在交费期内因意外身故或高残将免交剩余年度保险费”，因此泰康人寿免除其未来13年应交纳的保费，共计15.6万元，未来孩子可以一直享受到父亲给他留下的这份爱。留爱不留债，希望孩子能明白父亲那份沉甸甸的关爱和良苦用心，勇敢面对未来漫长的人生路。

资料来源：泰康集团．泰康人寿服务创新和赔案双双入选中国保险报年度大榜

[EB/OL]. 2017-02-22 [2017-07-13]. http://www. taikang. com/news/groupnews/2017/02/22/2173. html.

【点评】

该理赔案是一个体现家庭综合保险保障功能的典型案例。金文、金武虽然永远离开了父母妻儿，让爱人过早独自承担了一家老小的重任，但保险的赔付抚慰了父母（让他们不至于老无所依），温暖了爱妻（使她在背负赡养老人抚育孩子的重任时，有了坚强的帮手），点亮了孩子的人生路（帮他们渡过了最难熬的成长关口）。保险的赔付重塑了三代人的信心，让生活恢复往日的平静，更加坚强地面对未来！

二、保险产品的投保顺序

众所周知，建造房子时应先挖地基，然后一层层地向上建造，直至结构封顶，接下来再做外装饰、内装修，最后做软装潢。这是一个客观的先后顺序，如果顺序反了，就不可能有完美的建筑了。

购买保险产品也有相应的先后顺序。购买时应先满足基础部分的保障，“雪中送炭”地解决好紧急窘迫状况后，再去搞定锦上添花的额外部分，最后才是投资理财功能。毕竟“保险姓保”，其保障功能才是第一位的。

同一类人群最关心和担心的东西，往往就是他们需要优先购买的保险产品种类。这是保险咨询师研究工作的重点，也是核心价值之一。

如果你的同类人群最关心重大疾病引发的高额医疗费支出问题，那么你就应该优先购买重大疾病保险。

如果你的同类人群最担心未来医疗费上涨会造成健康保障不足，那么你就应该优先购买增额型重大疾病保险产品。

如果你的同类人群最担心退休以后的生活费用，那么你就应该优先购买养老保险。

如果你的同类人群最担心长期投资、保障资产收益，那么你就应该优先购买返还型或分红型保险产品。

所以在不同的保险产品种类中，我们要先落实既紧急又重要的保险，再落实很紧急但不重要的保险，接下来落实不紧急但很重要的保险，最后才能考虑不紧急也不重要的保险（见图 4-1）。

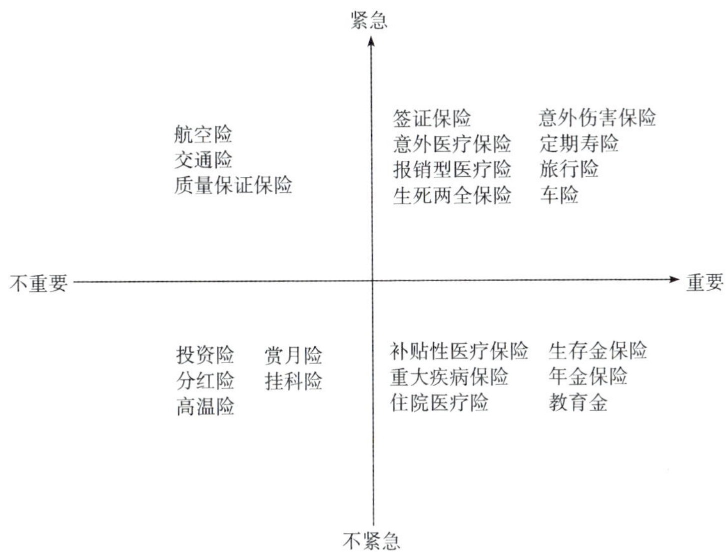

图 4-1　不同险种的 SWOT 分析图

举例来说，如果在保障还没有做好的情况下就考虑投资类保险，显然是本末倒置，主次不分。轻一点就会产生头重脚轻的感觉，严重一点就像小船装上了巨帆，保险的小船说翻就翻。虽然保险确实具有理财功能，但保险的第一属性是保障，落实的轻重缓急还是应该考虑清楚的。

把下面的话送给所有用心挑选保险的朋友："如果一个人没有足够的时间锻炼身体，那么就可能用大把的时间去看医生。同理，如果一个人购买保险的先后顺序搞乱了，将来的生活秩序肯定会被打乱。"

【案例 4-5】

2016 年 7 月，中国人民人寿保险公司梅州市中心支公司支付一客户理赔金 200 万元，这是梅州人保寿险 2016 年赔付金额最高的案件，也是梅州市交通事故个人单笔最大赔款。

赔付快：开通理赔绿色通道

客户丘先生于 2016 年 3 月投保了中国人民人寿保险公司的百万身价两全保险，用保费 3245 元为自己购买了 200 万元自驾车保障。然而天有不测风云，当年 7 月，丘先生从家里驾车前往工地，发生交通事故抢救无效死亡。在接到客户出险报案后，梅州人保第一时间启动重大事故理赔处理应急机制，迅速与其家属取得联系，开通理赔绿色通道。经调查取证，认定案件事实清楚，本次意外属于保险责任，梅州人保在最短的时间完成了内部流程，在收齐所有理赔资料后，公司在 5 个工作日内处理完所有流程，按合同约定赔付意外身故保险金 200 万元。

据了解，丘先生是家庭的经济支柱，一家的所有生活开支主要靠他来维持，家里剩一个 80 多岁的老母亲、遗孀及一个刚成家的儿子和两个刚毕业的女儿。当受益人妻儿拿到 200 万元的赔款时，众人为之动容，感动落泪。

一次大的不幸来临，可以造成家庭财务计划延迟数十年，甚至立刻终止，它不但消耗家庭资产，更可怕的是，它还会带走家庭支柱未实现的价值。如果提前买了保险，能够给家人留下一笔可观的生存金，相当于将自己来不及实现的生命价值提前兑现。从这种意义上说，买保险是对亲人负责任的一种行为。保险理赔，不能阻止意外发生，却能救了家人！

资料来源：梅州电视台 .200 万元！今年梅州交通事故个人单笔最大赔款赔付［EB/OL］. 南方网，2016-10-19［2017-07-13］. http：//mz. southcn. com/content/2016-10/09/content_ 157161480. htm.

三、需要购买的六大类保险产品

图 4-2 和图 4-3 分别显示了我国财产保险和人身保险的分类情况，大家要有所了解，做到心中有数。以孩子为受益人的保险也是依据此分类的。

- 财产保险
  - 有形财产保险
    - 火灾保险（家庭财产保险、企业财产保险、利润损失保险）
    - 运输工具保险（汽车保险、船舶保险、飞机保险）
    - 工程保险（建筑工程一切险、安装工程一切险）
    - 货物运输保险
  - 无形财产保险
    - 责任保险（公众责任、雇主责任、执业责任、产品责任保险）
    - 信用保证保险
      - 保证保险
      - 信用保险

图 4-2　我国财产保险分类

- 人身保险
  - 人寿保险
    - 定期寿险
    - 终身寿险
    - 两全保险
    - 年金保险
  - 健康保险
    - 疾病保险
    - 医疗保险
    - 失能保险
    - 护理保险
  - 意外伤害保险
    - 普通意外伤害险
    - 特定意外伤害险（如旅游意外险和交通交外险）

图 4-3　我国人身保险分类

大多数家庭通常都需要购买六大类保险产品，依次为：

（1）普通医疗健康保险：利用商业保险的报销和补贴功能，配合社会医疗保险，共同解决将来的绝大部分医疗费用（如手术费、住院费等），减轻家庭的经济负担。

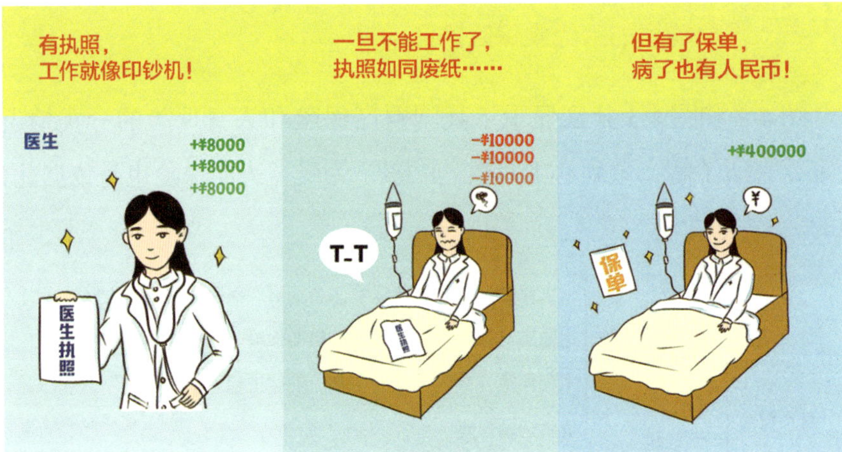

万一生病了，即使不能劳动赚钱，保单还可以照顾家人

（2）重大疾病保险：重大疾病犹如家庭生活中的不定时炸弹，属于未知无底黑洞，一旦出现就会带来肉体、精神和经济的三重打击，所以应该及时足额购买。其与社保报销之间不矛盾，可在 30 万 ~ 150 万元之间选定保额。

（3）意外险定期寿险：提供高额保障，便于匹配突然增加的家庭责任额。只需较低的保费支出，就可得到高额的保障，具有非常好的性价比。此类产品适用于特定的现金流紧张时期，以及责任额突增的时期。

（4）养老保险：每个人的养老资金都如同孩子的教育金那样，开始支出的时间是固定的，支出的期限是固定的，维持最低生活品质的费用是固定的。正因为养老金既没有时间弹性，也没有额度弹性，所以必须保证资金的安全性，其收益率应以求稳为宗旨而不应追高，保险产品就是养老金存放的良好渠道之一。

（5）终生寿险：安排身后事性质的现金财产分配的问题。如果家庭成员既多关系又复杂，并且可继承资产多，就可以把终生寿险作为遗产税的合理规划工具。比如：富有的投保人为每位受益人订立一份保险合同，既可以让每位家庭成员得到该得到的，也保证了受益人之间的隐私，互不知晓，最重要的是免去了他们之间的纷争。

（6）投资理财保险：提供一种增值保值的途径与方法。投资的稳健性和长期性是此类保险的特征，它便于协助我们适应将来的财务安排（如定期旅游、大额支出等）。投资理财保险的分红和收益是增值项目，不应要求其拥有超额高收益率。

实际上，大部分孩子都有一些共同需求，此乃共性问题，可以较为集中地看表4-1。

表4-1 孩子的一生需要购买的保险品种

	◎时间界限 ◆生活特征	△事业特点 ●理财重点	理财细则和步骤	保险类别安排
青少年期	◎0～20岁 ◆自身的学习成长	△正好处在父母家庭的成熟期间 ●理财启蒙期	培养少年的理财意识和投资的见识常识。 有意识地锻炼理财行为能力	保险常识教育。 教育保险。 医疗保险
单身期	◎从参加工作到即将结婚（20来岁） ◆刚接触社会	△积累时期 ●资金少、开销多、“负翁”阶段	强制储蓄。 投资自身的学习。 适当的金融投资（定期定额的基金）。 生活应急金（6个月生活费用的流动资金）	大病保险。 健康保险。 定期寿险。 意外保险。 消费型方案为主
家庭形成期	◎从结婚到生育 ◆事业初成 ◆工作还需努力	△供房供车，开创事业积累发展 ●“上有老，下有小”的“三明治”时期。 ●经济压力最大时期	创业基础阶段。 实业和事业的结合。 为养育小孩准备条件。 生活应急金。 高风险、高收益的金融投资产品	大病保险。 意外保险。 健康保险。 储蓄性定期寿险。 条件允许的可以用养老保险来储备养老金

（续）

	◎时间界限 ◆生活特征	△事业特点 ●理财重点	理财细则和步骤	保险类别安排
家庭成熟期	◎事业小有所成，小孩逐渐长大 ◆事业发达稳定了，可能遭遇瓶颈期	△高原期再上一层楼 ●资金流稳定充足 ●资金需要增值	投资学习，让自己做到终生提升。 关注子女教育。 提升自身生活品质	子女教育保险。 大病保险。 储蓄性定期寿险
子女教育期	◎子女从幼儿园到小学到中学到大学 ◆基础教育阶段	父母的家庭责任最大的时期	子女的基础教育和高等教育。 出国留学和游学等	教育金的准备可以采用保险、存款和证券的组合（3:3:4的比例）
家庭稳定期	◎40～55岁间 ◆事业高峰期一直到退休之前	△事业的高峰保持期 ●增值保值 ●为了下一代	趁身体健康，继续投资。 因为基数大，可抵御风险程度也高	长期健康保险。 养老金保险到了最后的一个准备期。 税务规划，遗产保险的准备
退休养老期	◎退休之后 ◆时间宽裕 ◆资金多，身体亚健康	△保值保本 ●不追求高收益率，甚至不要求收益率	高流动性，低风险性的投资渠道（例如银行和基金等）	税务规划保险和遗产保险

【案例4-6】

2015年年底，福建莆田环卫工人林建（化名）在作业时被撞身亡，他的离去让他家这个低保户家庭的生活变得更加艰难。所幸，林建生前所在单位为其投保了中国人寿保险公司的意外险，其家人获得了综合赔款57.4万元，延续了他对家人的爱。

“城市美容师”被撞身亡，家属获赔57.4万元

2015年12月2日凌晨5:30，正在荔城区黄石镇莆秀公路清扫道路的林建，被一辆无牌号的电动三轮车撞上。因为脑部受伤严重，林建经医院抢救无效身亡。

林建全家五口人，家庭十分贫困，是村里的低保户。家里上有两位上了年纪的老人，下有两个还在上学的女儿，其妻子离家出走十多年了，全家人的经济来源全靠林建当环卫工人的收入。家里的顶梁柱塌了，噩耗传来，全家人处于无比悲痛和慌乱当中。而让人唏嘘的是，负全责的肇事者陈某家里也十分困难，赔偿款一直未处理到位。

所幸林建所在的环卫公司给每位环卫工人都投保了中国人寿莆田分公司的国寿绿洲团体意外伤害保险A型（2013版），身故保险金为56万元。此外，当地民政部门也替低保户投了团体意外伤害保险，保险金1.4万元。2016年2月23日，保险公司结案给付林建家属理赔金57.4万元，让这个贫困的家庭在最无助时重新燃起了生活的希望。

环卫工人死伤多半是因为交通事故

如今，城市快速发展，各类交通工具日益增加，这也给工作在第一线的环卫工人们埋下了诸多安全隐患。近年来，环卫工人死伤多半是因为交通事故。

为了解决一线环卫工人的后顾之忧，让他们的安全、健康得到保障，莆田各地环卫公司均为一线环卫工人投保了人身意外伤害保险。每人一年保费约500元，在作业时万一出现人身意外，均可根据伤残情况获得赔偿，最高赔付56万元。除此之外，部分单位还为环卫工人办理了雇主责任险和工伤保险，其中雇主责任险赔付额最高为60万元，工

伤保险最高可赔一百多万元。

资料来源：李志丽，黄丽丽．莆田“城市美容师”被撞身亡家属获赔 57.4 万元［EB/OL］．中国保险报・中保网，2016-03-24［2017-06-16］http：//chsh. sinoins. com/2016-03/24/content_ 189371. htm.

四、根据一线工作经验，我想分享给大家关于少儿保险重要性的四大忠告

（一）加入保险体系很重要，比购买保险产品更重要的是我们的生活态度

首先，分红型保险很重要，但比分红型保险更加重要的是本金的安全与保值。

孩子的保险当中有很多是带有分红功能（甚至是投资功能）的，往往具有锦上添花的性质。所交总保险费（对应的就是保单现金价值和投资账户价值）与红利就是皮与毛的关系，皮之不存，毛将焉附？保险资金的安全是 100% 的事情，很大；分红就是百分之几的事情，相对于 100% 来说很小。此时，应该保大而舍小，不可本末倒置。

其次，养老保险很重要，但比养老保险更加重要的是拥有可持续赚钱的能力。

年轻时靠体力和智力都可以赚钱，之后靠经验赚钱，再之后靠人脉赚钱，再之后靠钱来赚钱。上述都讲的是赚钱的资源。随着年龄增长，人的体力会自然地下降，如果其他资源（智力、经验、资金等）也相应下降，那就不是最佳结果。所以要做到虽然体力自然地下降了，但其他能力和资源却都自然地增加了，此乃主次顺序。

再次，健康保险很重要，但比健康保险更加重要的是拥有健康的身体。

健康的身体才是革命的本钱，因为健康保险保的是健康的身体，原本健康的身体偶发不健康才能得到保险公司的理赔。倘若一个人一直不健康（甚至是先天性），肯定不会入保险公司法眼，无法进入保险公司的保障范畴，健康生活何处谈起呢？

最后，传承保险很重要，但比保险传承更重要的是家族良好文化的传承。

优秀家族传承的资产除了有形财产、股权、债权之外，更多的是无形资产，比如文化、信誉和信用等。很难想象一个无序混乱的家族能够做到百年老店、基业长青、永续经营，也不能奢望仅仅凭借一个小小的工具类保险产品就能百分之百地完成家族的整体传承。优秀的家族文化的巩固与传承是重中之重。退一万步说，如果家族文化不够优良，就算保险这个基础经济工具暂时帮你做好了资金的传承，最终还是会被无良的家族文化给釜底抽薪，消耗殆尽。

所以只有在其他方面都比较好的基础上，保险体系和保险产品才能够做到“锦上添花，雪中送炭”。

（二）事先的预防比事后的经济补偿（比如保险理赔）更重要

及时购买火灾险很重要，但提前做好防火措施更加重要！

及时购买水灾险很重要，但提前做好防水措施更加重要！

及时买盗抢险很重要，但提前做好防盗、防抢措施更加重要！

儿时，曾看到一个超大的国营粮库的墙上刷了一句让人印象深刻的标语：“要想千日不发火，不可一日不防火”。看来“要想千日不发火”是目的，其方法很简单，就是“不可一日不防火”。看守粮库的队长老大爷说：“一旦粮库烧了，咱们村里粮食就没了，那些没有在火灾中立即烧死的人，就可能会在接下来的几个月里慢慢饿死（当时村里的交通不便，而且其他地方也没有余粮）”。就算放在今日，地球村即如一村庄那样，倘若全球粮库一把火都烧光了，就算有再多的保险理赔款又有何用呢？

同样的，人死了不会复生，失去健康者就算复原了，身体也大多不如以前。出现保险事故后，虽然能够用保险理赔金补贴回来，但是大部分的人、情、物可能就失去了。当然这也是不幸中的万幸，最不幸的莫过于人、情、物都没了，也得不到任何补贴时。

（三）社保很重要，不可滥用

【案例 4-7】

2011 年 9 月，卫生部北京医院的血透室在确认收费单据时，发现自 2008 年以来患者杜女士的收费单在交费系统中没有收费记录，其上交的收费单上的印章也是假章。经医院和检方统计确认，杜某的异常收费单据共计 49 张，高达 17 万余元。杜某的丈夫廖某说这是他一个人干的，与妻子无关。由此 2012 年，廖某被告上北京市东城法院，以诈骗罪被判有期徒刑 3 年，缓刑 4 年，并处罚金 3000 元。

悲惨实情

廖某是北京人，父母离异，自 1997 年下岗后靠低保维持生活，偶尔开摩的拉活赚点生活费。杜某是河北人，生病前在北京打零工，没有北京户口也没有北京医保。杜某自 2007 年 6 月患上尿毒症后肾功能衰竭，每周必须做两次血液透析，否则就撑不过去。

廖某说："每次血透要 420 元，一开始我还可以承担医疗费，但不到半年，我就交不起透析费了。朋友都借遍了，再去借，他们就直接说，'多了你也别张嘴了，几百元钱可以给你，你就不用还了'。"

在不透析就无法生存的无情和无钱付费的窘迫中，廖某左右为难，最终他选择了刻假章骗医院救妻子的无奈之举。廖某利用医院财务收费的漏洞，耍小聪明蒙混过关，结果聪明反被聪明误，他让妻子"免费"透析了 4 年之久，同时也亲手把自己送上了审判台。

在法庭庭审中，廖某低着头眼睛红肿，回答讯问简单干脆，他说：

“我全认。”提起患病的妻子，他不住叹气并落泪，“所做一切只为让妻子能先不死”。他说：“我没什么可辩护的，我承认我犯了错误。”法官问他能否退赔，他说：“赔，但是要17万多元，我只能卖房赔。我住的房子是小产权房，卖起来需要一些时间。”

泪水：“我得救媳妇命啊”

记者：交盖有假章的收费单，不怕被查出来吗？

廖某：怕呀，我要有钱治疗我就不想这招，媳妇有病我又不能不管。第一次拿着盖假章的收费单，我心里也打鼓，工作人员看了看就说行了，我这胆子才越来越大。

记者：这4年来，你就不担心会被发现？

廖某：我哪顾得上想这些，我得救我媳妇的命啊，我一直认为他们没发现。

记者：这4年来，想过放弃治疗吗？

廖某：我没有想过放弃，看她那么痛苦，我不能让她在家等死。之前我下岗那时候家里很困难，是她上班养着我。那时候，她都是骑自行车去，一天来回骑三四个小时。人得讲良心。我觉得自己不能抛下妻子不管。

记者：我们知道你自己有糖尿病和肺结核却从不去医院？

廖某：对的，我自己扛得住。再说也没有相关保障，家里情况不允许同时治疗两个人。

记者：你想过没有，你要是被判刑，就没人照顾你爱人和孩子？

廖某：想什么啊，我也不知道，看法院怎么判吧，后悔也晚了，但我对得起我家人。

一声叹息

杜某说，丈夫被刑拘后，她还以为是因为开黑摩的被拘。她打电话问警察，才得知实情。之前丈夫一直对她说是他借的钱，还说“你就好好看病，什么也别管”。“他为了我做到这份上，我还能埋怨他什么？”杜某抹着眼泪说。她本想去参加开庭，“但他怕我在法院一着急就喘不上气，不让我去。我这一上午紧张得不知道干什么，一会儿起来，一会儿躺下。”杜某说，怕丈夫一去就回不来了，如果丈夫坐牢了，自己和儿子该怎么办。

资料来源：为救病妻　男子骗医院 17 万元透析费［EB/OL］. 四川新闻网－成都商报，2012-07-13［2017-05-08］. http：//cd. qq. com/a/20120713/000271. htm.

【些许思考】

医保有很多种，包括城镇职工医保、城镇居民医保、新农合等。只要有户籍的中国公民，都会有相关的医保政策。但是，社会保险不像商业保险那样拥有大量的业务员、宣传员、讲解员、签单员、理赔员和售后服务员等。大多数普通老百姓对社会医保的细节都不是很清楚，加上对政府部门“脸难看、事难办、话难听”的误解，于是让廖某在“两害相权时取其轻”，铤而走险，走上违法道路。尽管他的遭遇值得同情，但的确是触犯了刑法。

希望相关政府部门能够多宣传社会医保政策，也希望更多商业保险机构能够做好科普宣传解释工作，在销售商业保险的过程中，同时宣传一下社会医保细节。同时我们老百姓也需要尽可能地了解社会医保，用好社会医保，不足部分根据个体情况通过商业保险来弥补。克服一下可能会来回奔波两三次的烦心，省去更多的麻烦。

【现实存在的对社会医保的误解】

廖某说“妻子不是北京户口，不能享受北京市民医保待遇”，而“让妻子回河北老家报销医疗费，身体也经不起来回折腾”。

杜某户口所在地保定易县新型农村合作医疗管理中心人员表示，按照规定杜某可参加易县的“新农合”获得大病报销（尿毒症属于特殊病种大额门诊补偿范围）。每人每年交费 50 元，在所在乡镇或村委会交纳，每年累计补偿封顶线为7万元。杜某如果在北京居住和治疗，只需在新农合医疗管理中心办理异地医疗登记备案。如果是在易县或保定当地定点医疗机构透析，补偿比例高，在北京医院（属省外三级医疗机构）治疗补偿比例低一些。

2006年，杜某弟弟曾打电话说村里申报新农合，让姐姐邮寄照片申报，“我邮寄了照片，直到申报截止日期也没收到。后来觉得太麻烦，就没再申请过。”

在杜某看来，丈夫只有初中文化，平时也不看报看电视，不清楚新农合政策，“都断了好几年了，也不知道人家给不给补办了。”廖某也想过为妻子申请新农合，但跑趟河北对他来说并不容易。

廖某称，妻子嫁到北京后，他一直希望能在北京为她申请社会医保。“每次去，街道办负责人都和我掏心窝子：政策之内的，肯定帮，超出能力的，你也别为难我们。”

【相似案例及司法解释】

2014年，广东博罗县一男子因儿子患白血病没钱医治，刻假公章诈骗获刑8个月。

2017年5月，浙江慈溪的方某为给妻子上海看病，购假发票，骗医保金近18万元，“小聪明”换来3年的牢狱代价。

有关法律规定，以欺诈、伪造证明材料或者其他手段骗取养老、医疗、工伤、失业、生育等社会保险金或者其他社会保险待遇的，属于《中华人民共和国刑法》第二百六十六条规定的诈骗公私财物的行为。

诈骗公私财物，数额较大的，处3年以下有期徒刑、拘役或者管制，并处或单处罚金；数额巨大或者有其他严重情节的，处3年以上10年以下有期徒刑，并处罚金；数额特别巨大或者有其他特别严重情节的，处10年以上有期徒刑或者无期徒刑，并处罚金或者没收财产。

对于骗保行为由人力资源和社会保障部门责令退回骗取的社会养老保险金，处骗取金额2倍以上5倍以下的罚款。构成犯罪的，要追究刑事责任。

（四）具有医保结算功能的医保卡和社保卡不可以外借，否则后果很严重

社保卡医保卡借给他人使用具有可怕影响，后果很严重。一旦被发现，医保管理当局会有所处罚甚至判刑，而且从任何商业保险公司那里也买不到任何保险产品了。因为道德风险比健康风险更具有杀伤力，没有任何一家讲究最大诚信原则的保险公司愿意承受。

【案例4-8】

2015年9月，天津市医保监督所与市药品监督稽查执法大队开展联合执法检查过程中发现，48岁的某单位职工赵某参与药品倒卖，存在涉嫌骗取医保基金行为。执法人员按照执法程序予以立案调查。

执法人员通过实时监控系统发现，赵某使用其母的社保卡在天津市河东区某医院就医，通过普通门诊、糖尿病门特、偏瘫门特三种方式，共购买门冬胰岛素30注射液2盒、复方丹参滴丸2盒、金水宝胶囊2盒、硫酸氢氯吡咯雷片5盒、大活络胶囊6盒、速效救心丸2盒共6种19盒医保药品，并将上述全部药品出售给药贩子。涉及医保基金申报金额840.20元，医保支付726.86元。

对于参保人员赵某的倒卖医保药品的违规行为，依据《中华人民共和国社会保险法》第八十七条、《天津市基本医疗保险规定》第五十二条第四款规定，医保局责令赵某退回骗取的医疗保险金726.86元，并处骗取金额2倍的罚款，共计1453.72元。

【案例4-9】

2014年5月，天津市医保监督所在筛查糖尿病门特费用时，发现

参保人员姚某在1～5月门特取药异常频繁（有时一天两次），且每次取药量超乎寻常。执法人员调取了姚某办理门特登记的病历材料，经与相关医院核实，该病历系他人伪造。但是姚某的社保卡并未进行挂失登记。

后据姚某交代，她将社保卡交给了在医院工作的亲戚使用，当自己的社保卡因涉嫌办理虚假门特，被医保监督检查部门暂停联网结算时，才发现出借社保卡造成的严重后果。姚某深刻认识到自己将社保卡交给他人使用属于违法行为，依据《天津市基本医疗保险规定》第五十二条第一款规定，责令参保人员姚某退回医保基金支付的137846.97元并处罚。

第三节　为孩子购买保险时，如何拿捏最合适的度

保险合同是基于经济原理，在风险概率的基础上界定保险公司和保险消费者之间经济关系的法律合同。每一份保险合同都和金钱息息相关，保费、保额就是见证。

财产保险的保额不会超过该财产的最大价值，而且这个数字很容易用发票或财务报表来衡量。而人身保险关乎自然人的生命、身体和健康，这个数字低则几千元，高达亿万元也不为过，故而人身保险保额具有很大的变化范围。这个数字的大小由将来的经济责任大小以及对保费的负担能力这两大因素综合决定。被保险人出险后，保险公司给予受益人的是经济层面的补偿（保险消费者再通过这笔金钱去购买自己需要的商品和服务）。

所以，在确定人身保险的保额时，应先给被保险人定好位，也就是要弄清楚其在家庭（或单位）中的地位、经济贡献、经济责任等情况。然后，据此估计出其应承担的职责有多大，从而可以确定被保险人的保险需求额度（分为养老费用、医疗费用、生活费用、自身教育费用以

及子女教育费用等几项），再减去被保险人目前已有的保险额度（包含但不限于社会保险、单位提供的保险和其他商业保险等），再减去自己可以承担的额度（包括储蓄、投资所得、亲友捐助等），即可得出应该由商业保险来补充的保险额度。根据人生阶段的不同，此数字会有一些微小的调整。按照这种方式估测出来的保额数字是准确的，也保证了个性化定制的要求。根据这个标准来投保，既可以得到充分的保障，又可以避免资金匹配错位，一举两得。

当然，购买保险应该量力而行，因为保险费的交纳具有连续性和一定的强制性。虽然保险公司不能以诉讼等强制的方式要求投保人交纳保险费，但如果投保人不能在交费期内及时交纳保险费，那么其保单就可能会失效（最多可以延后 2 个月）。不管是出于什么原因，停交保费对保险消费者来说肯定不是最好的安排。所以，孩子父母在给自己和孩子购买保险之前，不但要选择合适的保险品种，还要考虑自己将来的经济承受能力，确保自己能持续履行交纳保费的义务。投保人购买保险后，如果因为各种变故而无力支付保费，可以根据自己的实际情况，考虑用减少保额或缩短交费期限等办法来让自己的保单先渡过眼下的危机。在万不得已时才考虑退保，毕竟退保的损失很大。

下面，逐一分析和探讨 6 类常见保险的额度方面的细节。

一、养老金（生存金保险的一种）

购买商业养老险的朋友都是为了提前锁定将来的高品质养老生活。此时购买者往往是将社会养老保险、个人投资、企业年金和养老年金保险按一定的比例进行有效组合，确保将来过上安乐无忧的晚年生活，同时也要合理确定交费情况，以确保不会影响到目前的生活水平。根据世界银行的标准，要维持退休前的生活水平不下降，养老替代率需不低于 70%，因此，一份好的商业养老保险计划需要让被保险人退休时的养老金替代率不低于这个水平。

一般来说，被保险人退休每月生活所需生活费的金额减去社会保险可提供的每月退休金之间的差额，就是商业养老金的保障目标。这个养老金差额可以用一个生存金保险产品一次性规划好，也可以分几年、几个批次逐步规划好。

比如，经过测算，Liliam 小姐退休时所需的生活金为 9500 元/月，按照目前的社会保险交纳情况，届时社会保险可以为 Liliam 提供的养老金为 4850 元左右/月，那么她的养老金差额就是 4650 元/月。所以，Liliam 小姐购买商业养老金保险时，其合理保额就应该设为 4650 元左右/月。当然也可以分为两步走，比如今年落实每月领 2000 养老金的基础计划，等过一段时间后，再落实每月领 2650 元养老金的升级计划。

从统计规律来说，下列家庭需要重点加强养老金的准备：自由职业者、收入波动较大者、吃青春饭者、高级家政、模特、同声传译者、画家、旅行家、未来生意呈下降趋势的企业主、单亲家庭、丁克家庭、老夫少妻家庭、父母与子女年龄差距较大的家庭以及祖辈抚养孙辈缺少父辈的家庭等。

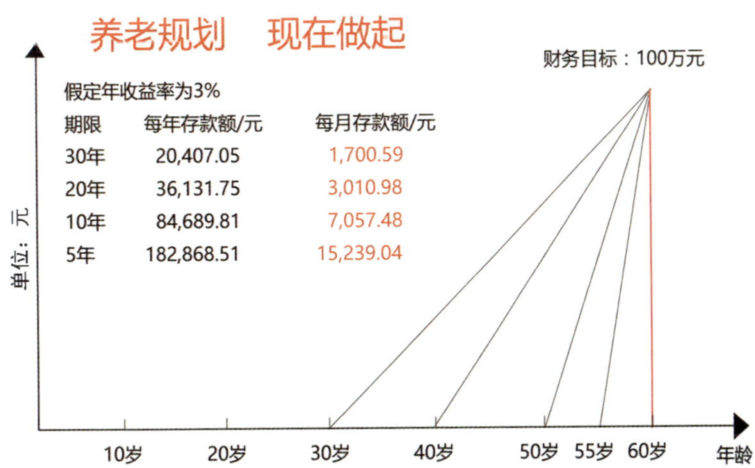

现在交费，约定期限到达时领取生存金进行消费，养老金的目的是退休养老的日常生活补助。养老会在未来的那个时间点准时发生，不会因为个人情况而拖延，有的时候还会提前发生。养老诉求一旦来临，对应的资金要求就摆在那里，没有任何时间弹性；在最低资金数方面也没有任何数量弹性；在安全性和收益性发生冲突时也没有弹性，因为安全压倒一切。唯一有变通的地方，是你准备这笔资金的方式方法可以有所选择，还有开始准备的时间可以自我安排。

二、重大疾病保险

购买重大疾病保险不是因为想要生病，而是即使生了病也要活出品质。很多人都是在生病前相信自己不会那么“幸运”中招，生病后相信自己不会那么不幸没有被治好。重大疾病保险可以拿走消费者本身无法承担也无法消除的风险。

自古以来，任何疾病都是“三分靠治，七分靠养”。通常大家都把治病的钱算入了，但是养病、养身体、养家人、养房贷、养责任、养保姆等的钱没有算进去。

重大疾病保险的额度需要涵盖3个方面：（1）治疗期间医疗费用的有效补充（比如自费药、社保外用药、进口药、特效药、进口器材和自理自费项目部分）；（2）治疗后期费用补偿（比如特定营养费、康复费和护理费用等主观性较强的可浮动性开支）；（3）因病休假产生的损失和开销（如失业、交通费、因陪伴病人而减少的收入，乃至因此增加的家政费、保姆费等）。假如对保险消费者Sam来说，以上3个方面的额度计算下来分别为23万元、9万元、12万元，那么累计起来的44万元，就是Sam所需购买重大疾病保险的最低保额。

重大疾病保险的赔付分定额给付型和限额报销型两种，都涉及理赔额度的问题。所以，重大疾病保险的保额除应该考虑以上几个因素外，

还要根据被保险人的收入状况和费用预算来综合衡量，寻找一个平衡点。可以参照以下公式

重大疾病的最合理保额 = 社会平均重大疾病治疗费 – 社会保险报销额度 × 50% + 康复费 + 营养费 + 48 个月的保姆费 + 36 个月的个人实际工资收入

通常来说，良好的治疗费开销在 20 万 ~ 40 万元之间，适度的康复费在 20 万 ~ 40 万元之间；病患未来 5 年的收入损失是 40 万 ~ 100 万元。

30 万 ~ 150 万元的保额是值得借鉴的数字。如果你的现金流暂时性紧张，或者你非常喜欢消费型的重大疾病保险解决方案，还可以选择抗癌公社等“互助众保组织”。

【案例 4-10】

南方日报_ 南方网在 2016 年 10 月 14 日的《见证 · 纪录》栏目刊登了一篇太平保险公司的保险故事，令人唏嘘不已。

医院的走廊里，排满了等待做胃镜检查的人，如果再去挂号排队，今天估计很难排到我。突然，我看见不远处有张急救运送病人的病床，灵机一动，躺了上去，大喊：“医生，医生！快来，我这里痛得不行了……”

我叫曹映霞，是一个开心简单的江西老表。由于老公的选择，我放弃了老家的旅行社和餐饮店的事业南下来到了深圳。现在是一个经营数码类产品加工的私营企业主，今年是我来深圳的第 14 个年头。

其实不是我不想排队，只是担心厂子里的事情太多，我要在医院在这么耗着，真不是一个办法，还好的是，我这个“善意”的谎言让医生给我开了一个小小的“后门”。

“你那里痛？”

我指着我肚挤眼右上角：“这里，医生我这是什么病？”

“什么病现在我还看不出，但你指的这里是胃，那先就在这里做个胃镜吧。”

“医生，我不是胃癌吧？”

“你可真有意思，别人看病都希望自己没病，你还就先给自己判定自己是胃癌了。”

“我猜的，医生。”

“先去检查吧。”

面对

“真的是胃癌，老公。”

“别吓我老婆，你是不是想休息，明天那个订单我去跟吧!”

“是真的，前两天检查出来了，这是病理报告。”

……

“我现在去厂里拿些钱，明天我们去上海再去检查一下!”

现在厂子刚刚起步，有多少钱我比他清楚，我没有阻挡他回到厂里，其实我只是想留更多的时间整理整理自我。

而我静下心后的第一件事就是拿出一张纸，记录我在每个银行开卡的密码和存储金额。当我整理到一个存折时，突然发现里面夹着的一张保单，重大疾病保险保额 40 万元！我揉了揉眼睛，再仔仔细细地看了一遍保单，没错，40 万元。

天啊！如果保险公司理赔我 40 万元，是不是我可以用这钱治好我的病，又或者说在最后的日子里我给家人就不会造成很大的经济负担了？

于是我改变了之前的计划，立马在深圳别的几家医院确诊我的病情后，在太平人寿办理了理赔手续。在一周不到的时间，40 多万元理赔金就到了我的银行户头上。而当这些办妥后，我觉得我还得做一件疯狂的事情！

带着老公去相亲

疯狂的一周开始了，我决定——给我老公去找老婆！我不知疲惫地和身边的亲朋好友说我的想法，他们都以为我疯了，无法理解我的想法，但这些都无法阻碍我的决定。网上相亲、朋友介绍……我要去寻觅那个可以替代我的人。

最后，我找到的是自己厂里的刘姐。刘姐和我差不多大，是厂里的老员工，丈夫因意外去世，无子女。人很本分，做事踏实，性格又不错。

不知是否是上帝对我开的玩笑，癌细胞的扩散让我切除了 3/4 个胃，但经过1年多的康复治疗后，我现在病情治愈了。

当回想着过往的经历时，我觉得能治愈我最大的功臣是我的心情，我从一开始对病情保持的就是乐观积极的心态。老公告诉我，我拥有这样心态的必要条件是那张40万元的重疾险保单，正是拥有了这40万元的赔付让我能够更加洒然地面对所有发生的事情，哪怕这件事情关乎我的生命。

资料来源：《见证·纪录》保险故事：带着老公去相亲［EB/OL］. 南方网，2016-10-13［2017-06-09］. http：//sz. southcn. com/content/2016-10/13/content_ 157482357. htm.

【点评】

随着医学的高速发展，很多重大疾病已不再是绝症，甚至能够完全康复。有两个因素至关重要：一是在正常生活品质之下，能否承受高额的治疗费用；二是心态是否平和。

试想一下，一个人，明明知道家中没钱，为了给自己治病很可能倾家荡产、债台高筑，甚至人财两空时会安心治疗吗？相反，在他知道即便病了，也有保险公司来买单，不用拖累家人时，会不会很乐观？

三、每日住院补贴金

一旦要住院治疗，就会有很多天不能上班，而“每日住院补贴金”可以弥补被保险人住院期间的部分误工损失。这个数额一般可与其日均收入持平，具体计算方式是用一年的总收入（月薪、福利加年终奖）除以12个月，再除以21. 75天（这是一个非常个性化的参考数额），具体额度可以上下浮动。这笔资金可专门作补贴日常生活之用，亦可涵盖住院期间的饮食费、护工护理费、特别营养费等。让每小时赚200元的爱人代替每天100元的护工来干活，难以说是最经济的安排；相同地，如果躺在病床上的那个他，不能够从单位日赚1000元，那么保险公司能够每天给个八九百元，这个安排可以说很合理。

四、身故身价保险额度

顾名思义，身故身价保险是为了应对突如其来的身故风险。一旦被保险人死亡，受益人将得到一大笔现金用于安心生活。

身故身价保险的保额必须大于下列几项之和：所有负债总额（房贷、车贷、私人借贷等）、老人赡养费（至少保障所有老人到 80 岁，包括生活费、医疗费等）、子女抚养费（最好抚养子女到 25 岁左右，包括学费、生活费、辅导培训费等）、家庭生活开销（以未来 5～10 年为限）。

另外，身故保险保额可以分为因意外而身故的保额和因疾病而身故的保额两大部分，上述计算方法非常准确，可以做到因人而异，量体裁衣。一般来说，保障类保费支出对年收入的占比以 8%～12% 为宜。如果是纯粹的消费型产品，这一比例为 4%～6% 则比较适宜；再加上年金类储蓄返还型功能，该比例可以上升到 10%～30%。

上面的方法稍微有点复杂，如果想“偷懒”的话，可以借鉴著名的“双十定律”来解决：

（1）用年收入 10% 左右的预算作为保费开支，买到相当于被保险人年收入的 10 倍的保障额度。这个方法就是让家庭经济支柱们安心工作，只要给他们充足的时间，他们赚取的收入肯定可以供养家庭。万一他们工作的时间不够，过早去世了，那么他未来 10 年的赚钱能力就可以提前变现成 10 年的纯收入，贡献给他爱的家人。

（2）用年收入 10% 左右的预算作为保费开支，买到相当于家庭年开销的 10 倍的保障额度。这个思路是要锁定未来 10 年内的家庭生活水平，即使家庭经济支柱不在了，目前的家庭生活水平也不会降低，并且最少保持 10 年。这个 10 年可以给家庭休养生息的机会，让家人继续享受被保险人的爱。

（3）如果保费支出小于家庭支出的3%，那么保单就可以忽略不计了，因为不保也没有多大关系；同理，如果身价没有达到家庭总资产的20%以上，说明保险起效了对你们的影响不大，加保的空间很大。

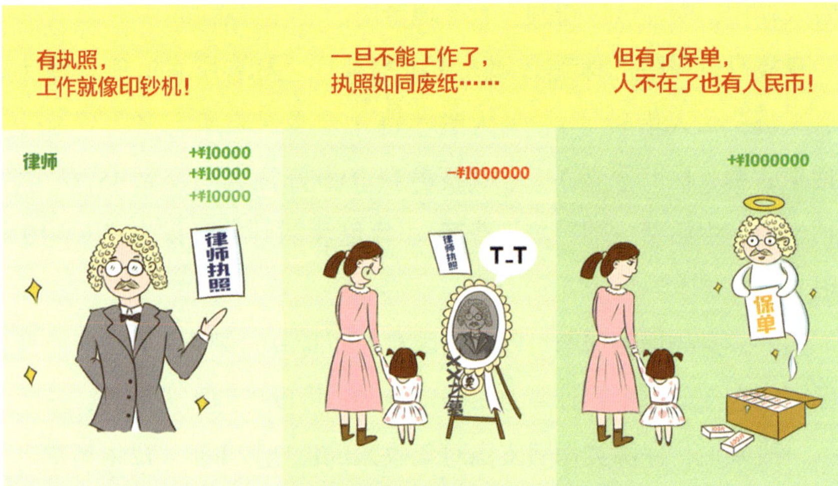

万一去世了，即使不能再劳动赚钱，保单还可以照顾家人

【案例 4-11】

事情发生得太突然，让人措手不及，以至于到现在客户及他家人在一起的温馨画面还印在我的脑海中。好好的一个幸福甜蜜的家庭，就这样被一场突如其来的意外无情地摧毁了，我至今也很难相信这是真的。

认识客户大鹏是在2014年年秋天的一次朋友聚会上，我们是同一地区的老乡。大鹏的女儿2岁不到，60多岁的老母亲没有退休金，住在南京的哥哥家；太太月收入4000元不到。大鹏33岁，目前停薪留职，自己创业，经常出差。原单位分了一套房子，由于工作忙，没有时间装修，家具电器也显得很旧。为了投资，夫妻俩贷款买了一套公寓出租，还贷款买了一辆帕萨特汽车。虽然贷款30多万元，但一家三口日子过得幸福和谐。

我向大鹏推荐了家庭财务保障保险计划，当时他并不认可，但后来也慢慢地接受并认同我们公司这种以客户需求为导向的服务方式。

由于家庭中大部分收入均来源于他本人，我为大鹏的家庭做了需求分析后，从教育费用考虑，设计了 50 万元的终身寿险。从他母亲的角度考虑又设计了 30 万元的附加定期寿险作为孝养金。由于他处于创业初期，又开车，为他设计了 20 万元意外伤害保险和 20 万元重大疾病保险。考虑到他的支付能力，终身寿险采取终身交费的方式，这样每年交费额度不高，却能得到较高的保障额度，放大倍数很高。

这份 2016 年 6 月 20 日承保的保单，最触动他的是家庭保障问题，最打动他的是孩子的未来教育！

2016 年 11 月初，大鹏因公远赴蒙古国做一个工程项目。11 月 8 日下午大鹏给我打了一个电话，问了些建工劳工保险方面的问题，当时他还邀请我去乌兰巴托玩，并告诉我他一周后就回来。可是不幸发生了。

由于事发突然，又是在国外，大鹏的妻子几乎经受不了这突如其来的打击。我赶到他家，看到大使馆开出的死亡证明，才相信这确实是真的！他真的走了，因意外异物堵塞食道造成窒息死亡，活生生地客死异乡！

我协助他们准备材料并拿到了 100 万元理赔款。因受益人写的是法定，所以大鹏的母亲、妻子、女儿各得到 100 万元身故保险金的 1/3，基本上满足了他母亲的晚年生活的需要，他女儿的教育费用也得到了保障，家庭贷款也变得没有那么多。人虽然走了，但是大鹏对家庭的“爱与关怀”却得到了延续。

“真的非常感谢你，如果没有这份保险，也真不知道孩子会怎样。在事故的处理过程中，非常感谢你们保险公司。老公的单位到现在也没个说法，而你们大都会一直在帮忙！”事后，大鹏的妻子发自内心地对我说。虽然现实是残酷的，但对于能给付他家人 100 万元的保险金，真正能帮助到他的家庭，我深感欣慰！

故事讲述者，孙远辉，大都会人寿保险公司保险从业人员。希望通过保险从业人员的努力，让中国老百姓都能拥有保险行业“爱与关怀”的保障，让他们过上真正意义上的“没有恐惧，永远安心”的生活！

保障内容：

终身寿险：50 万元保额　　附加意外伤害保险：20 万元保额

附加定期寿险：30 万元保额　附加重大疾病保险：20 万元保额

五、有投资功能的新型保险

相对于传统产品，分红型保险、万能型保险和投资连结保险等具有投资功能的保险的保费开支要高出不少，适合具有较高收入的群体购买，同时对于追求较长期而稳定投资回报的忙碌群体也是不错的选择，是给孩子、老人的长期经济安排。

但现金周转相对紧张的群体不太适合购买具有投资功能的保险产品，因为他们首先要解决的是保障功能，而非投资功能。相同的经济支出，如果购买投资类保险产品的话，所获得的保障额度肯定较低；如果购买传统产品，所获得的保障额度就会高一些。所以，在很多现金流并不宽裕的家庭当中，如果第一份保单就是具有投资功能的新型保险而不是保障类保险，就会显得另类、异常，不太合时宜。

在可支出的费用不会再增加时，重点购买单一保障功能的保险产品比购买带有多种保障功能的“多合一”保险产品所获得的保险额度肯定要高。单一保障功能的保险产品就像靶向药，指哪儿打哪儿，简单有效；集多种保障功能于一身的保险产品就像万金油，似乎打哪儿都可以，但实际上每一类保障都只能点到为止，有点像隔靴抚痒，感觉是有了，就是不到位、不过瘾。

下列3种人士比较适合长期购买并持有投资连结保险和万能型保险：

一是专注于自己的事业而没有时间顾及投资的精英人士。作为一种新的投资渠道，投资连结保险既能让保险消费者安心保障，又能帮助保险消费者投资理财，安全性较高，而长期的收益率也同样不容小视。至于万能型保险，不仅可以享受投资带来的收益，而且还有一个保底的回报率，比投资连结保险的风险要小很多。

二是父母为孩子投保。用投资连结保险代替传统教育金保险，为孩子储备教育金、婚嫁金是一种不错的选择，可以和银行储蓄、基金投资相媲美，因为为孩子投保的保险的储备期长，增值空间比较大。当然要是在父母亲的重大疾病保险、定期寿险、意外保险和医疗保障类保险已经准备充足，并且孩子的保障类险种也落实好的前提下。

三是事业和家庭的顶梁柱式的关键人物。利用投资连结保险和万能型保险可以持续调整保额的特性，在经济压力较大的状况和家庭责任高企的阶段，可以提高保险消费者的保额；等高压状况减轻之后、养老需求提高之时，可以降低保额，减少风险保费的消耗，提高投资比例，享受它们的投资收益。

六、资产传承类保险

此类保险非常具有个性化特征，因为每个家庭都有不同的特点和需求，不是几句话就能够阐述清楚的。

总结来看，资产传承类保险上有下列特征：（1）较高的资产额；（2）家族传承属性；（3）沟通和方案上的保密性；（4）对资金安排的安全性。

资产传承类保险的相关内容在第三章第八节已有介绍，不再赘述。

需要私密性沟通的朋友可找你身边的优秀保险服务员，沟通你的家族和家人所适合的额度，并按需定制。

七、保险消费者在保险的“度和量”方面的五大常见误区

（一）不甘心当名安安静静的投保人，而喜欢兼职当风险预测大师甚至精算师

这类朋友非常可爱，具有强烈的好奇心，也非常有义务兼职的热心。他们非常喜欢测算风险发生在自己身上的可能性与概率大小。但风险预测都是基于一个群体的，至于某个体会不会遇到意外事件，会遇到多少意外事件，什么时候发生，还真不是能够算得出来的！

与其去预测和评估某个人身上将来的经济风险，还不如在买好保险之后就卸下“包袱”，让它随风而去吧。一个群体发生保险事故的概率是精算师在得到方方面面的大数据和各项参数后才能算出来的。而现在的精算师往往可拿到年薪数百万元甚至上千万元，人家往往是花了数年乃至数十年工夫，经过无数次专业训练才修成正果的。如果普通人寄希望于花几个小时就想达到人家数十年的效果，预测自己的风险，那是绝不可能做到的。而且群体性的出险概率根本就无法代表个体的出险概率，实际上就连精算师都无法推算出某具体个体的出险概率。估计也就算命先生才能只收取几十元钱，便把一个人的前世今生还原得神乎其神吧。

（二）把保险当投资，计算其获利性，忽略了保障性

保险并不是一个短期就能够获利的赚钱工具，因为它是一个长期的风险管理工具，是一个现金管理工具。

相对于看起来“高大上”的银行、证券业、信托业等投资业态，目前保险业处理的是隐性的、或然性的风险，只有在风险来临时才能看到它的作用。而在风险不来时，它才能够帮助保险公司得到“利

润”，所以保险产品绝不是一个获利的赚钱工具，更不能够短期内快速获利。

相反，如果在短期之内让资金在保险公司的账户里进进出出的话，保险一定会变成一个“快速贬值”的工具，这会打乱保险资金的长期计划安排。几乎所有保险品种在短期退保时，损失率都会很高，其主要原因就在这里。保险的保障属性要求保险公司的资金计划必须长期、稳健地操作，绝对不能短、平、快地操作。

（三）不考虑保额相对于保费所具有的上百倍的放大效果，却纠结于“利润”相对现金价值只有几个百分点的波动

保险不是一个赚钱工具，不会让人一夜暴富，而是个弥补人身损失的管理现金的工具。

如果一定要用投资回报率来衡量的话，一旦保险事件发生，其“数学回报率”可高达几十倍甚至上百倍，比在证券市场上赚那十几个或几十个点高得多。这个点数是相对于现金价值而言的。很显然，现金价值小于所交纳的保费，是保费减去纯风险保费、运营费、销售费、管理费和其他费用之后得到的数字。

举例来说，如果被保险人 A 非常不幸，只交了几百元的首月保费就意外死亡，但他的家人却可以领到数百万元的综合理赔款，投入产出比高达 5000～1 万倍，这可以理解为人类在管理风险时的一个“意外收益”。由于风险本身不受人控制，相应的“保险收益”也就难以受人掌控，但潜在的“数学回报率”却真的可能这么高！

所以，要想评价保险这个特殊的金融产品，往往不能用投资回报率来衡量，而应该用应对风险的能力和反应时间来衡量。

（四）因担心未来出现通货膨胀（或通货紧缩）而担心商业保险的未来

货币的购买力取决于时间价值及通货膨胀（或者通货紧缩）。有很

多保险消费者特别强调通货膨胀率，甚至过分夸大通货膨胀率的作用，因而往往担心未来保额的购买力会降低。岂不知，货币的时间价值及通货膨胀等都属于宏观经济范畴，并非是一个普通人、一家公司、一个省份甚至一个国家所能控制和影响的。通货膨胀（或通货紧缩）也不是保险行业特有的风险，而涉及所有行业所有领域。这是一种经济波动规律，是客观存在的，不以任何人的主观意志为转移。

（五）凡是保险产品，购买后一定要有回报，哪怕是一点点

不难看出，一旦发生保险事故，普通保险的保障功能所产生的“数学回报率”远远大于投资型保险产品所带来的投资收益率。在购买保险时，保险消费者需要在这两个功能之间找到一个平衡点来兼顾保障和收益。很多欧美人士非常看重保险的保障功能，往往选择纯消费型的保险品种，也就是说只有出事时才赔钱，一切太平、顺利即无须赔款；但很多中国人在购买保险时往往要考虑投资收益属性，希望在纯消费型和返还型之间实现平衡，最好是“没事当存钱，有事不缺钱；受益免税钱，投资稳赚钱，破产保住钱；出事领大钱，养老不愁钱”。具体应如何投保，需要投保人根据自己的经济承受能力、家庭状况以及风险偏好来确定。

实际上越来越多的保险消费者已经脱离了“买不买”“为什么要买”“哪里值得买”等问题的范畴，而开始考虑多少预算、多少额度、多大比例等细节。愿保险消费者拿捏好“度”，把握好“量”，让保险产品为自己的工作、学习、生活服好务。

【案例 4-12】

河北吕先生经营一家胶合板厂，生活忙碌而充实。2014 年 8 月 8 日，吕先生投保太平洋保险公司的个人人身意外伤害保险（99），保额 50 万元。一个月后的 9 月 9 日，吕先生与友人驾驶小轿车在高速入口与一停在路边货车相撞，经医院抢救无效死亡。吕先生的妻子及一双儿

女对这突如其来的变故不知所措。太平洋保险公司得知事故后积极展开调查核实工作，主动服务客户，完备理赔资料后当天即支付了 50 万元保险金。高效、主动的理赔服务让客户充分体会到了“平时注入一滴水，难时拥有太平洋”。

2014 年 10 月，贾先生购买一份“安行宝”两全保险，保险金额 100 万元。2015 年 1 月 24 日被保险人贾某车祸当场死亡。事发后，其家人拨打 95500 报案，太平洋保险公司迅速成立高额案件工作小组，进行前置调查，迅速确认事故情况，2 月 26 日，启动理赔处理程序，3 月 2 日（受理到结案 4 天时间）将 100 万元赔款打入了受益人的账户。

贾的父母逢人便说，太平洋保险公司救了他们一家人，随后他又为两个孙子各购买了意外及重大疾病保险。灾难总是在一个人不经意的时候突然到来，而事后却让人追悔莫及。我们必须提前做好意外、医疗、养老规划，给孩子规划一个幸福美好的未来，给父母留下一个安枕无忧的晚年！

资料来源：太平洋寿险 2014 十大经典理赔案例［EB/OL］. 2014-12-10［2017-06-13］. http：//article. haoxiana. com/87985. html.

第四节 等到要拿钱时才发现保单像天书，看不懂，还能够愉快地领钱吗

俗话说，意外无处不在。保险事故可能会出乎意料地发生。理赔时，不少孩子的父母会发现以前就没搞懂的保险条款再次像“天书”那样出现在自己的面前。其中专业而复杂的描述会让保险消费者再次产生似是而非、模棱两可的感觉，不知道自己到底有哪些权益。

其实，保险条款都有细致的规则。只要静下心来，分以下 4 个步骤进行分析和整理，父母们就可以提纲挈领、一目了然地看懂理赔条款，办理理赔手续时就可以顺风顺水。

一、注意保单的期限和承保范围

在这个阶段，关键要判断保单是否有效以及发生的保险事故是否属于保险范围！只要有一个答案是否定的，就没必要往下走理赔流程了。

另外，还需确认：保险责任期是否开始了？疾病的等待期是否已经过了？交费期是否已经过了？如果没交保费的话，是否还在宽限期内？

只有在保险事故发生在合同有效期内，且保险责任期已开始，且过了疾病等待期，且保单交费状况正常的大前提下，才有必要进入下一步的理赔流程。

二、确定保险事故在保险责任范围内且在责任免除范围外

关于是否在这两个特定范围内，可以将保险事故分成 4 种排列组合，只有“既在责任免除的范围外，又在保险责任范围内”的保险事故才能得到顺利理赔，其他 3 种情况都可能得不到理赔，甚至无法提交理赔申请。

被保险人入院治疗、遭遇自然灾害、发生第三者责任事故、意外死

亡等情况都属于保险责任的范畴。这点非常重要，需要重点把握。只有当保险事故发生在保险责任范围内时，才能从保险公司获得赔付款项（当然不同情况下需要的材料各不相同）。

责任免除和保险责任是相对的。这两项内容是所有父母们需要关注的重点中的重点，是极易出现理赔纠纷的地方，更被很多人认为是理赔难、理赔烦的最主要原因。请父母们找身边的保险行家咨询、解决。

三、及时、完整地准备和补充相应材料和单证

每一个理赔项目的申请，都离不开各种各样的书面材料。只有材料足够齐备，才能清晰明了地展现或重现理赔项目的细节。而这些材料、单证和证明都需要孩子的父母亲自收集准备、补充，是父母们的义务。除了极少数的材料可由保险公司方面主动去调取外，绝大多数情况下保险公司都不会主动去替父母们承担这些义务。下面特将各种理赔项目进行分类，同时列明所需的理赔材料，让你一览无余（见表4-2）。

表4-2　各类理赔项目所需材料一览表

理赔申请项目大类	通用材料	其他材料
养老金、满期金、贺寿金、生存金、年金、教育金	1. 投保单。 2. 保险合同书。 3. 保单号。 4. 最后一期交费发票。 5. 索赔申请表。 6. 被保险人身份证明文件。 7. 其他与确认保险事故的性质、原因、损失程度等有关的证明材料	1. 被保险人年龄证明。 2. 被保险人生存证明
住院医疗、手术医疗、住院给付收入保障		1. 完整的门诊/急诊病历卡、病历本、诊断证明报告、出院小结书（如曾住院）。 2. 收据发票、费用明细单、住院费用清单等
意外门诊/急诊医疗		1. 病历卡/本、诊断证明。 2. 门诊/急诊医疗费用收据、处方、检查检验报告。 3. 事故证明（如警察开具的报案回执、责任认定书等）

（续）

<table>
<tr><th>理赔申请项目大类</th><th>通用材料</th><th>其他材料</th></tr>
<tr><td>重大疾病理赔金（待定）</td><td rowspan="6">1. 投保单。
2. 保险合同书。
3. 保单号。
4. 最后一期交费发票。
5. 索赔申请表。
6. 被保险人身份证明文件。
7. 其他与确认保险事故的性质、原因、损失程度等有关的证明材料</td><td>1. 病历卡/本、诊断证明。
2. 出院小结（如有住院）、诊断术、手术证明（如接受手术治疗）。
3. 病理检验、血液检查、影像等化验、检查报告，切片活检报告等重疾确诊书</td></tr>
<tr><td>补贴类理赔款（比如特定疾病一次性补贴、住院每日津贴等）</td><td>1. 病历卡/本、诊断证明。
2. 出院小结（如有住院）、诊断书、手术证明（如接受手术治疗）</td></tr>
<tr><td>分红、投资收益的领取</td><td>申请表</td></tr>
<tr><td>借款贷款的办理</td><td>申请表</td></tr>
<tr><td>残疾赔偿金、全残赔偿金</td><td>1. 伤残等级鉴定书，全残鉴定书。
2. 意外事故证明（意外事故导致残疾）。
3. 病历卡、诊断证明、出院小结（如果经过了医院治疗）</td></tr>
<tr><td>身故理赔金</td><td>1. 被保险人、受益人、继承人身份证明，相互关系证明文件。
2. 病历卡/本、死亡证明、验尸证明或宣告死亡判决书、户籍注销证明、丧葬证明、火化证（殡葬证）。
3. 遗产继承法律文件（如公证书，在未指定受益人时）。
4. 意外事故证明（意外事故导致身故）</td></tr>
</table>

虽然聪明的你可以猜个八九不离十，甚至可以大致准备一些必需的材料，但还是需要注意不同保单所需准备材料的细微差别，争取一次性准备好所有的材料，因为材料不齐全保险公司是不会启动理赔流程的。

普通百姓或许弄不清楚表4-2中涉及的各种材料分别应从什么部门取得，因此会感到特别麻烦。如果你搞不清楚社保局和医保局的区别，搞不懂公安局户政科和民政局的差别，这是很正常的，不用担心。就像很多人搞不清楚公章与合同章的差异，但是合同一样签；很多朋友搞不懂护照与签证的区别，但是他们到过几十个国家。其实，只要遵照相关部门的工作流程和办事规则，需要的相关材料都可以轻松搞定（见表4-3）。

表4-3　常见材料、单据、证明文件获取途径一览

材料、单据或费用发票	获取途径
诊断证明/病假证明	接诊医生可以开具诊断证明或病假证明（需护士台盖章验证）
门急诊病历、处方	医生会提供有签名盖章和日期的门诊手册或社保门诊病历和处方
出院小结	出院时，医院会提供出院小结，且有主管医生签字和医院盖章
门急诊医疗费用收据	门急诊医生会提供门、急诊费用收据及明细
住院收据和费用明细单	出院结算时，医院出院处会提供住院发票和费用明细单，少数医院出示的缺少公章，甚至只是内部收据，不是发票，请注意。当然很多境外医院出示的 receipt/invoice 长得和国内发票完全不同，但只要是当地国家的正规凭证就行
病理、血液、影像等化验检查报告	在检查后及时向医生索要检查报告。在住院治疗情况下，可到医务部进行复印并加盖医院公章，原件一般拿不出来
伤残鉴定书	客户带身份证明、病历资料、诊断证明及检查结果到保险公司认可的专业鉴定机构进行鉴定（如大型医院或者公安局）
意外事故证明	如为交通事故，交管部门会提供“交通事故责任认定书”
	如为工伤事故则由相关单位开具工伤证明
	如为治安事故应提供公安机关出具的事故证明
死亡证明书	如为非正常死亡，公安机关出具死亡证明、法医鉴定报告
	在医院内身故，医院会出具“居民医学死亡证明书”
	如果是宣告死亡，应提供法院出具的宣告死亡判决书
丧葬火化证明	身故后火化，殡仪馆会出具火化证明
	身故后土葬，当地民政部门或派出所会出具证明
户口注销证明	在身故注销户口时，当地派出所会出具户口注销证明
身份证明	身份证、出生证、户口本、护照，公安机关的证明，法院文书、公证处的证明等

四、确认相关信息是最新、最准确的信息

保险消费者的信息如有变动，需要及时向保险公司报备，请工作人员进行更新，并给出相应书面文件作为回执。因为这和顺利理赔有直接相关性。比如：

（1）更换工种后，危险等级可能会改变，应及时告知并取得保险公司的书面确认。

（2）乔迁之时，要将最新的联络信息登记在保险公司的系统里面。

（3）更换雇主时，要将自己的最新邮箱地址和手机号码告知保险公司，最好是个人邮箱而不要公司邮箱，除非你自己就是股东。

（4）家庭结构、人口、婚姻状况改变时，应及时调整指定受益人信息。

（5）尤其是在投保人和被保险人出现了离异或者身故、受益人亡故以及添丁进口生二胎等情形时，务必向保险公司说明情况。

保单上列明的相关理赔条款非常专业，而且也非常枯燥、乏味，不易理解。而保险营销员和保险中介机构给出的解释会各有偏重，如果水平不高可能有纰漏甚至误解。如果把握不好，往往容易让保险消费者产生误解，甚至在无法理赔时引发心理落差和二次伤害。一个比较接地气的建议是：保险消费者要多和保险公司的热线服务人员沟通。因为在保险服务体系中，热线服务人员属于中后台，和前台的业务条线没有直接关系，他们的解答会比较客观、公正。

【案例 4-13】

彭先生，36 岁，有个幸福的家庭，妻子温柔、儿女可爱、父母健康，凭着自己的努力，生活渐渐有了起色。2013 年 9 月 24 日，彭先生通过银保渠道主动为自己投保国华人寿两全保险，基本保险金额 20 万元。

然而天有不测风云，2015 年 8 月 9 日凌晨，彭先生在车顶拉雨布盖

货物时，不慎从车上摔下当场死亡。留下了没有工作的妻子、尚未成年的一双儿女以及没有还清的货车贷款和需要赡养的老人，家庭一下子失去了生活来源，像一叶孤舟在狂风暴雨中飘摇。

国华人寿接到报案后，立即派出理赔服务人员到达事故现场，调查取证，了解事发经过。经调查，该事故事实清楚，属于保险责任。同时积极与受害人家属进行接触，代表公司进行慰问，详细告知了其索赔所需全部材料。经过积极努力，2 个工作日内便完成赔付保险金 20 万元。在得到赔付款后，彭某的家人泣不成声，连声感谢国华一诺千金，这么快就给赔付，为这个不幸的家庭带来了希望。

资料来源：国华人寿 2015 年度十大理赔案例 [EB/OL]. 2016-03-14 [2017-07-03]. http://insurance. hexun. com/2016-03-14/182741492. html.

第五节　让保险为新婚夫妻浪漫婚姻终生保鲜

一、家庭基本情况

Jacky 先生：30 周岁，在一家 BAT 公司任职 PB 经理，日常工作繁忙，需要经常出差，喜欢参加聚会，年薪 48 万元。

Shirley 女士：26 周岁，一家药品公司的助理经理，研究生毕业，月薪 2. 5 万元。

二人经人介绍相识，然后相知、相爱，结婚不久，很快就要迎来小宝宝。他们希望给全家设计一个完美的保险组合，能够让他们俩白头偕老，让甜蜜的婚姻生活终生保鲜，过上电视剧《金婚》里的甜美日子。同时给将来的宝宝以及二宝起到表率的作用，养护好美满幸福的原生家庭生态。

目前，双方父母身体健康，均已退休，没有给晚辈造成太大的经济负担，在小夫妻购买婚房时，反而还赞助了部分首付款。并且四位老人都希望早日抱孙子，帮小两口带孩子。虽然夫妻俩的收入比较高，但是他们的开支也很大，没有多少储蓄。当然，结婚以后，某些单独生活的费用（如房租）的确减少了，很多应酬也减少了。

二、保险方案设计

婚姻专家都说：“爱情需要激情和浪漫，而婚姻需要承诺和责任，家庭则需要相互提携包容，天伦之乐需要运营。”浪漫和承诺有了财力的支撑，就是一张随时兑现的通用支票，即使浸润于平凡的生活之中也毫不褪色。经过精心规划和经营的婚姻，大多数都可以长久保持浪漫，能够抵挡时间的消磨和岁月的洗礼，更能够接受柴米油盐的考验，以及大吵小闹的消耗磨损。

保险服务员特地为 Jacky 和 Shirley 夫妇设计了全面的保险规划（见表 4-4 和 4-5），制定了终生浪漫婚庆基金，见表 4-6。落实好保险方案后，小家庭便拥有了 392 万元（相当于 5 倍的年收入）的家庭责任准备金。其中，Jacky 承担 220 万元的家庭责任，Shirley 承担 172 万元的家庭责任。他们用高额的保障将山盟海誓和白头偕老的意愿承诺好、保护好。

表 4-4 Jacky（30 周岁）的庆典基金方案

序号	险种名称	首年保费	交费年限	消费性质	保障期限	保额	保险利益简述
A	5 年领取一次的生存金保险（分红型）		20 年	分红型主险	到 88 周岁	20 万元	88 岁之内的最低寿险身价 20 万元。 每 5 年，产生 3 万元庆典基金。 每年都有红利，用于增加寿险身价
B	储蓄返还型两全保险（分红型，到 80 岁）		20 年		到 80 周岁	20 万元	80 岁前的最低寿险身价是 20 万元。 每年都有红利，用于增加寿险身价

（续）

序号	险种名称	首年保费	交费年限	消费性质	保障期限	保额	保险利益简述
C	10 年定期寿险		10 年	附加险	10 年	60 万元	在婚姻前十年的期间，用很低的代价为其他家人的保障再增加 60 万元
D	ADD 意外保障保险		年交	消费型	可每年续保	60 万元	增加工作中经常出差，外出以及生活过程中的意外险的身价
总计	日常生活中的寿险身价：100 万元。 日常生活中的意外险身价：160 万元。 成为公共交通工具的乘客时身价：220 万元						

表 4-5 Shirley（26 周岁）的庆典基金方案

序号	险种名称	首年保费	交费年限	消费性质	保障期限	保额	保险利益简述
甲	储蓄返还型两全险（20 年期，分红型）		20 年	分红型主险	20 年	6 万元	20 年内的最低寿险身价是 6 万元。 每年都有红利，用于增加寿险身价。 20 年时，一次性领取超过 6 万元红利
乙	储蓄返还型两全险（25 年期，分红型）		25 年		25 年	10 万元	25 年内的最低寿险身价是 10 万元。 每年都有红利，用于增加寿险身价。 25 年时，一次性领取超过 10 万元红利
丙	储蓄返还型两全险（55 岁，分红型）		到 54 岁，共 29 年		到 55 周岁	16 万元	55 岁前的最低寿险身价是 16 万元。 每年都有红利，用于增加寿险身价。 55 岁时，一次性领取超过 16 万元红利

（续）

	险种名称	首年保费	交费年限	消费性质	保障期限	保额	保险利益简述
丁	10 年定期寿险		10 年	附加险	10 年	60 万元	在婚姻前十年的巩固期间，用很低的代价为家人的保障身价增加 60 万元
戊	ADD 意外保障保险		年交	消费型	可每年续保	40 万元	增加工作中经常出差、外出以及生活过程中的意外部分的身价
总计	日常生活中的寿险身价：92 万元。 日常生活中的意外险身价：132 万元。 成为公共交通工具的乘客时身价：172 万元						

表 4-6　Jacky 和 Shirley 夫妇终生浪漫婚庆基金

Jacky 年龄	Shirley 年龄	结婚周年	纪念日名称	庆典基金
30	26	0	新婚	付保费
35	31	5	木婚	3 万元
40	36	10	锡婚	3 万元
45	41	15	水晶婚	3 万元
50	46	20	搪瓷婚	9 万元加红利
55	51	25	银婚	13 万元加红利
60	56	30	珍珠婚	19 万元加红利
65	61	35	珊瑚婚	3 万元
70	66	40	红宝石婚	3 万元
75	71	45	蓝宝石婚	3 万元
80	76	50	金婚	23 万元加红利
85	81	55	翡翠婚	3 万元
90	86	60	钻石婚	20 万元加红利

这款方案生效后，小夫妻就可以在相应的结婚纪念日得到 12 笔婚庆基金贺礼，为终身婚姻保鲜打下了坚实的经济基础，并且专款专用，不会被其他事情影响。

（一）木婚（结婚5周年）庆典基金：3万元

新婚5周年，乃木婚。前面经过了纸婚（结合薄如纸）、杨婚（如杨树叶子般飘动）、皮婚（有了皮革的韧性）、丝婚（相互缠绕在一起的丝网）。这5年的婚姻生活里有这样那样的磕磕碰碰，但生活基石此时已逐渐夯实，如坚硬的木材，爱情的结晶也茁壮地成长。可借孩子健康成长的名义用这笔3万元的庆典基金宴请双方父母和亲属，交换礼物（特殊的同心结、木头雕刻的家庭合影、水晶玫瑰花、家庭五年精彩瞬间剪辑、一把木梳等），借以化解结婚5年之内的摩擦（磨合是为了更长期的结合），也可以作为旅游基金，顺便拍组纪念照，或将其转换为宝宝的教育金。

【木婚纪念感言】

木婚是第一个重大的纪念日，新婚夫妻必定感慨良多，这里插入一篇“她”写给“他”的木婚故事，给大家体会感受一下。这似乎和钱无关，但又和钱离不开关系。

还否记得相识时的青涩、相恋时的甜蜜、婚前的忐忑、婚后的磨合？转眼，婚龄已5年。

一千八百多个日日夜夜，婚姻仿佛嫁接植树，时光已在这棵嫁接树上铭刻了深深的5道年轮。在生命的长河里，爱情与婚姻历经5年的风风雨雨，已将另一个生命活生生融入了我的生命。他已成为我的亲人，我深爱的亲人。

婚姻如同饺子，每一个光滑表皮的里面都包裹着一些支离破碎的馅。婚后第一年，当两个人的爱情变成了两个家庭的磨合，生活经历、思维习惯、处事风格、脾气秉性等不同导致我们爆发了婚后第一次争吵，突然悲哀地发现我们的思维根本不在一个频道。第二次争吵发生在大女儿七八个月的时候，每次争吵后的彻夜畅谈都让我们更了解对方的想法以及底线。生气时看对方面目可憎，真希望从来没有认识过这样可恶的人。

事过境迁，再回首，细思量，婚后第一年，产后第一年，是啊，我们两次大的吵架也落入了这个俗套，是预言还是预料。

好在，吵了，好了，不再吵了！我们从好到吵，再到好，我们螺旋式地上升了。

结婚5年，他的“臭”脾气改了很多，现在的他学着控制自己的情绪，努力不再惹我生气。他学着用“怕老婆”的假象做“真男人”，他学着用“爱”去温暖、去俘获我的内心。

经常，会想起他大冬天用冻红的手递给我捂在手套里的烤串，会想起那杯桌子上飘着浓香的奶茶，会想起寂静的街道上他背着我

时重重的鼻息，会想起他帮我梳头发时笨拙的样子，会想起他经常勾着我左手小指入睡时如婴儿般的单纯依赖，会想起他在我耳旁轻声说“老婆，我越来越觉得你好。”

任何幸福都不可能从天而降，争吵磨合会伤害彼此的心，但这也是婚姻的必经阶段。

现在，我们将迎来我们的木婚纪念日，如木般结实的婚姻，让我们永远记住两次争吵带给彼此的伤害，因为痛过才懂得避让。愿未来的婚姻之路引以为戒，永远平坦。

婚后5年，我们习惯用感情代替爱情，没有了轰轰烈烈的激情，取而代之的是举手投足间彼此默契关心的亲情，激情已趋平淡感情却越发浓烈。一生一世执子手，不离不弃共白头。

婚后5年，我们有了两个可爱的宝贝，因为孩子我们收获了更多的幸福感和归属感，因为孩子我们尝试去成熟去成长。养育孩子的忙碌与艰辛让我们更加明白彼此的不易。

婚后5年，我们都努力成为更好的自己，希望自己成为对方心里更优秀的配偶。愿丘比特的箭沧海桑田不变，愿月老的线海枯石烂不断。我们要一起努力，为未来努力！

婚后5年，我们升拔异地，做无奈的周末夫妻，50分钟的车程虽不算远但毕竟不像以前方便，我开始学着照顾自己照顾孩子，在婚姻里我开始了又一轮的成长。

婚姻就像一杯白开水，你加了糖它就甜，你加了盐它就咸，你加了胆它就苦，你加了醋它就酸。如果你加入了爱，收获的就肯定是幸福。

享受被爱，努力去爱，风雨齐闯，苦乐同享。

木婚憧憬金婚，5年到50年，即使两鬓都苍苍，与你十指紧扣看斜阳！

（二）锡婚（结婚 10 周年）庆典基金：3 万元

经过铁婚（感情牢如铁）、铜婚（坚韧不被腐蚀）、陶婚（如陶器般的美丽）、柳婚（如春风中的杨柳摇摆不定），Jacky 和 Shirley 走到结婚 10 周年，乃锡婚。俗话说，一日夫妻百日恩，百日夫妻似海深。经过 10 年的共同生活，小孩也有七八岁了，双方已经相互融合，从爱情融化为亲情。就像锡器那样，常温不破，高温融合。全家三口可用这笔基金享受东南亚 5 日游，一则可以放松休闲；二则可以带领宝宝增长关于热带地区的见识；三则可以让孩子领略一下英语环境，将学到的英语知识灵活运用一下。也可作为大宝、二宝的成长礼物，毕竟夫妻俩安然渡过了传说中的七年之痒，婚姻甜蜜依旧。

（三）水晶婚（结婚 15 周年）庆典基金：3 万元

结婚 15 周年，乃水晶婚。这个时候，双方达成了很高的默契度，长期的共同生活让二人在生活习惯、文化熏陶甚至饮食喜好上形成了默契，以至于逐渐形成了夫妻相。这时他们的婚姻生活透明、清澈而光彩夺目。同时，双方父母也到了 70 岁高龄左右，建议利用庆典基金 3 万元为父母做寿：一则用行动表达孝心，让父母乐和乐和；二则给孩子树立一个好榜样，教育他/她要做尊老爱幼的好孩子。

（四）搪瓷婚（结婚 20 周年）庆典基金：9 万元 + 红利

结婚 20 周年，乃搪瓷婚。这个时候，Jacky 先生已经 50 周岁，Shirley 女士也 46 岁了，都处于事业的鼎盛时期，感情世界达到了光滑无瑕的程度。由于事业的需要，彼此照顾可能有些分心，所以爱情生活中更加需要相互呵护、避免裂缝，否则就可能像搪瓷那样有裂痕。

这个时期，双方的身体机能也出现了一定的变化，需要进行适当的调养和生息。同时，孩子正好处于高中的关键学习阶段，所以建议用庆典基金优先购买健康服务，落实大家庭全体周年体检制度，因为健康的身体才是革命的本钱。同时，为孩子的教育基金添砖加瓦，打好长期的基础。

（五）银婚（结婚25周年）庆典基金：13万元+红利

结婚25周年，乃银婚。银婚是夫妻俩婚后第一个大庆典的时机。25年，足以让一份爱情融成浓浓的亲情。从懵懂到成熟，从一无所有到事业有成，从两人的爱情到有儿有女的家庭……若人生是一袭锦袍，那么25年的时间，人生中最华美的一段，已轻裁、缝进了对方的生命中。风风雨雨甜蜜蜜，平平淡淡真奇奇。中年时看爱情、看婚姻，应是：看名利银钱如粪土，贤妻良母胜稀珍。银婚将为今后的生活更上一个层次奠定良好的基础，有恒久的价值；为大名鼎鼎的50周年金婚起到承前启后的作用。此时，孩子也应该顺利地大学毕业、踏上工作岗位了，是举行双喜临门大庆典的好时机；同时，父母也快80周岁了，毕竟每给父母过一次大寿，就少一次这样的机会了。所以，如果赶得巧，还可以举行三喜临门的大庆典。

借孩子的名义举行自己的银婚庆典是一个不错的选择，同时也可以给孩子一个毕业大礼包，如创业基金或者房屋首付款等。

【银婚纪念感言一】

和老公整整25年的相依相伴，现在感觉我们之间不仅仅是爱情的结合，更感觉有一种亲情的维系。

回想25年来的婚姻生活似乎漫长又近乎短暂：漫长的是生活中经历过那么多的酸、甜、苦、辣都能一起分担着过来了；短暂的是和老公一起生活的非常轻松得意，有一种安全感，这种感觉至今没变。

我是个脾气暴、个性强、爱挑剔的女人，老公是个外表宁静、谈吐温顺的老实人，听人说这样的婚姻是美满的婚姻。我不信教条，那时，只是感觉自己脾气暴躁找丈夫一定找一个能容量我的人。可是婚后又感觉丈夫太没个性了，凡事总是让着我，我想发脾气也不忍心和一个老实人较劲。时间一长才感觉老公不是没有脾气，而是大丈夫气概，根本不和我这个小女人一般见识。我只要不翻天他就感觉我是在撒娇，但我要是真做错了事，他一句话就够我思虑半天，最后还是我改变初衷。

风风雨雨25年，生活是平淡的，又是有滋有味的。如今我们已经步入中年，我庆幸有这样的伴侣给我一生的安宁。我想说：老公，谢谢你给我的爱，谢谢你给我的温柔，我是欢乐幸运的女人。

也许没有华服美食，没有钻石香包，这样的结婚纪念日显得有些简单，不够完美，可真正的生活不就是这样的吗？在简单平淡中享受点滴感动，享受家的温暖，享受我们自己的幸福生活。

【银婚纪念感言二】

我们的婚姻既没有遭受磨难，也没有遇到危机。和大多数家庭一样，我们曾经有过浪漫情怀，有过激情澎湃，当然也有过斗嘴争吵，但更多的是平平淡淡。回顾25年的婚姻，我们携手走来，共同营造了温馨和谐的家，养育了聪慧可爱的女儿，孝敬着双方父母，呵护着血亲姻亲，工作上独当一面，闲暇里呼朋唤友，这样的生活可算得上幸福美满。

常言道“百年修得同船渡，千年修得共枕眠”，能够结为夫妻是一种难得的缘分，值得我们格外珍惜。

婚礼上说一句“我愿意”很简单，但是当激情褪去，生活归于平淡甚至陷于困顿，仍然能够无怨无悔地坚持“我愿意”，并不十分容易。

爱情是两个人之间的事情，但婚姻却涉及两个家庭乃至两个家族。前15年，每年春节，或节前或节后，丈夫都会陪我回交通不太方便、条件也有些艰苦的农村老家探望父母；后来我们专门买了房子，接我年迈的父母来廊坊生活，给了没有儿子的父母极大的慰藉和照顾。因为从小生活在农村，我除了学习还算不错外，其他方面几乎是一无所长，为此我一直有些遗憾甚至还有些自卑，是多才多艺、宽厚豁达的丈夫给了我自信，向我展现了另外一个世界，给了我不一样的人生！

亲爱的，谢谢你！感谢我的生命里有你！

因为对丈夫的爱和感激，也因为公婆的和善，兄弟妯娌们的友善，我与这个和睦的大家庭多年来相亲相爱，至今仍然保持着每周聚会的习惯，获得诸多朋友的艳羡。

爱，无须多言。

情，历久弥坚。

心，气定神闲。

愿，幸福长伴！

（六）珍珠婚（结婚30周年）庆典基金：19万元+红利

结婚30周年，乃珍珠婚。30年来的美满生活就像珍珠般浑圆、美丽和珍贵。这时，Jacky和Shirley都双双退休在家，从此可以开始享受退休生活、颐养天年。这时，迫切需要的是加强健康和保健品的投入，同时老年大学的学习也是良好的锻炼和陶冶情操的好方法，练练书法、弹弹钢琴、打打拳，以便弥补年轻时候的遗憾。

退休的时候是既有钱又有闲的日子，带上老伴，聚齐老友们进行欧洲10日深度游正是好时机。当然，这个时候也到了子女结婚的良好时机，记得给他们做好经验的分享和经济的安排。

（七）珊瑚婚（结婚35周年）庆典基金：3万元

结婚35周年，乃珊瑚婚。此时的婚姻生活应该是嫣红而宝贵，更为生动多彩。建议挑选国内的短途风景旅游作为夫妻两人35年以来的放松游，以便弥补事业和生活上的遗憾。

当然，这个时候孙子辈已经健康成长了，可以作为隔代亲的资金准备和奖励基金，也可以当作挑选养老院的费用的补贴。退休养老的场所在养老院可能会更好，而不一定是在家里：一方面，子女肯定都比较忙，可能无暇照顾；另一方面，两代人的作息时间和文化观念都不同，在一起生活反而不便。

（八）红宝石婚（结婚40周年）庆典基金：3万元

结婚40周年，乃红宝石婚，如此难得的庆典需要有非常的创意。随着时间的推移，轰轰烈烈的感情变得平淡和朴实，家人般的亲情占据了整个家庭生活的色彩，婚姻家庭需要不间断的庆祝来得到弥补，所以一个3万元的婚姻庆典是非常不错的选择。

这个时候，孩子应该也已经将近不惑之年了，处于事业的鼎盛时期；孙子辈大概也是读小学的光景。一家三代应该可以欢聚一堂，其乐融融。

（九）蓝宝石婚（结婚45周年）庆典基金：3万元

结婚45周年，乃蓝宝石婚，必然是极其珍贵、璀璨的。伴随着45年的共同生活，儿子辈的生活也正在步步高升，压力也逐渐地显现，所以给儿子和孙子辈的后代们一些适当的补助，正好可以体现自己的能力和关心之情。

因为30年前的自己，也是处在这么一个双重压力的状况。那时，Jacky夫妇的4位老人从没给他们添负担，有条件的时候还给了他们一些补贴，甚至房产的首付当中也有他们的赞助。所以，Jacky夫妇也可以像自己的父母那样，给儿孙一些必要的资助。

当然，这两口子对健康的投资也让他们奠定了良好的身体的基础，老年生活安详愉快，没有压力。

（十）金婚（结婚50周年）庆典基金：23万元+红利

结婚50周年，乃大名鼎鼎的金婚。金婚是婚后第二大重要而隆重的庆典，是非常难得的，因为50年时间足够长，有些人的生命还没有这么长，何况是夫妻俩一起共同度过50年！

这个时候，孙子辈正在茁壮成长，儿子辈正是压力和责任重大的时期，上有老、下有小。所以，为孩子们分担一些重担也不失为一种人生乐趣。当然，金婚的纪念活动是必须举办的，因为这样的庆典有的时候不是为了自己，而是为了让儿女、孙子和其他的亲朋好友们了解到金婚的珍贵和隆重，从而把各自的家庭生活也安排得妥妥当当。

【金婚纪念日感言】

难忘那没有婚纱、没有鲜花的集体婚礼，难忘那一室无厅无卫的婚房，难忘那同志亲友声声祝福，从新婚到金婚，从红颜到白发，难忘1965—2015！

50个春夏秋冬，50回花开花落，没有感天动地的山盟海誓，没有浪漫旖旎的月下花前，只有生儿育女、柴米油盐，实实在在，平淡无奇。风霜雨雪在脸上留下无情印记，漫漫时光见证我们不变的情意。

当政治风暴袭来时，我们依偎取暖，抵御彻骨严寒；在缺衣少食的年月，我们咬紧牙关艰难前行。夜灯下我们共解工作的难题，争论中统一教育孩子的分歧。我们共享成功的欢乐，同担失败的痛苦。我们用行动诠释风雨同舟，相濡以沫。

50年，婚姻词典里，没有猜疑分手，只有信任尊重；没有争吵家暴，只有理解宽容。

50年，没有骄人的业绩，没有耀眼的光环，唯执教鞭兢兢业业，诲人不倦，在学生的记忆里留有一席之地，是我们最大的安慰。

50年，三分之二清贫，三分之一小康，没有积累足够的财富，没给孩子创造“拼爹”的条件，但我们可以骄傲地对孩子说：你们在充满爱的家庭成长，父母为你们做出了榜样！

50年，用心经营的围城，用情呵护的港湾，如今更幸福，更温暖。

往事如梦，往事如烟！我们忘忧愁，忘苦难；我们忆光荣，忆甜蜜。我们不是高干，没有高薪；我们有老窝，有老本，有老友，有快乐。我们知足常乐，自得其乐。

如今儿女长大成人，自力更生，我们无虑无忧，无挂无牵。莫道桑榆晚，为霞尚满天。执手偕老，相伴相依，金婚是起点，在夕阳余晖中我们笑着走向永远。

（十一）翡翠婚（结婚55周年）庆典基金：3万元

结婚55周年，乃翡翠婚。能够共同度过55年的夫妻，必然水乳交融、真情无价。这时候更加需要夫妻俩互相配合、风雨同舟，同时注意不要给晚辈增加过多的负担。

这个时候，Jacky已经85周岁，Shirley刚好81周岁。两人应积极锻炼身体，适当做做养生保健，为领取为钻石婚的“20万元+红利”做好准备。

（十二）钻石婚（结婚60周年）庆典基金：珍奇罕有，是最隆重的庆典

结婚年满60年，乃钻石婚。根据人均寿命统计数据，女性的寿命比男性平均长4~5年，也就是说Shirley可能要在没有Jacky陪伴的情况下，单独度过人生中的最后几年时间。这个时候，Jacky留下来的20万元节节高本金和高达几十万元的红利将有力地支持Shirley的美满晚年生活。

三、保险方案点评

这是一份比较常见的生存金保险的组合方案，其主要的保险利益是每过 5 年就能够领取一份生存金，且每年都会有红利，最后到期满日（85～90 岁，根据保险品种不同而不同）一次性领取满期金加红利。

另外，在一个特别的起始日，配上适当间隔，就可以给所有情侣和婚姻增加美满和浪漫。仅仅是 12 个结婚纪念日的安排，就可谓是用心和创意，是专业和情怀的体现，这将保险合同的定时给付的特点一览无遗。

由于该保险方案是为婚姻纪念日庆典设计的，所以建议在保险服务员的指导下，在结婚领证（或者结婚仪式）的前几天投保，争取在生存金和红利的领取放在结婚仪式领证日附近，以起到锦上添花、双喜临门的效果，这样以后每 5 年都是双喜临门、锦上添花、好事成双了。

第六节　宝爸宝妈，寿险如房，有时“租”比买好

把人寿保险直接比喻成房地产，或许并不很恰当，但从长期投资和

一次性消费这样的角度来考虑，两者就有了经济属性上面的可比性：买返还型保险就好比买房子，零首付，按揭20年，之后该保险完全属于你；而买消费型保险就好比租房子，每年付一次租金，有效期内完全可以满足你的要求。

一、家庭基本情况

24岁的Amy和25岁的Andy是一对年轻夫妇，刚添了一个宝宝。他们是典型的从草窝里面飞出的金凤凰，在一线大城市里面成家。在收入方面不算丰厚。他们毕业后参加工作不到一年，在社会保障范畴中属于新人，实际可享受的社会保险和单位福利都比较少。两人担心，在目前的经济状况下，万一遇到什么乱七八糟的不幸，还需要支持大量的资金，恐怕会让现在的生活雪上加霜。

二、保险方案设计

结合Amy和Andy的家庭情况，保险咨询师为他们设计了一套重大疾病保险保障计划和一套定期寿险保障计划，保障额度均为10万元（分别见表4-7、表4-8）。这两套保障计划都参考了一家同时拥有相关险种的某大型保险公司的报价。

表 4-7 Andy 先生和 Amy 小姐的重大疾病保险保障计划

	首年费用		每年保费上调幅度
	Andy（25 岁）	Amy（24 岁）	
附加型消费性大病险	160 元	130 元	一般
主险型消费性大病险	290 元	260 元	较大
主险型储蓄性大病险	3190 元	2840 元	较少甚至没有

表 4-8 Andy 先生和 Amy 小姐的定期寿险保障计划

	保险费用		每年保费上调幅度
	Andy（25 岁）	Amy（24 岁）	
附加型消费型定期寿险	210 元/年	140 元/年	一般
主险型消费型定期寿险	280 元/年	180 元/年	较大
主险型储蓄型定期寿险	5045 元/年	5005 元/年	较少甚至没有

三、保险方案点评

如果把眼光放得长远一些，自然会觉得投资买房是理性的选择。买了房子，不仅满足了居住使用的日常需求，若干年后房产还会增值，卖出后会有不菲的投资收益。这一点跟返还型保险比较像，特别是一些带有现金返还功能的保险，在有效的保险期间不仅能够获得保障，还可以兼具储蓄甚至是投资的功能。而租房时支付的租金就不同了，和消费型保险的保费一样，属于纯粹的消费，消费完毕之后，相关服务也结束了。最终，所租房屋的所有权不在手，所购买的消费型保险也没有任何返还。

但在某些特定阶段，选择短期租房也许是明智之举，对于某些特定的人群（比如经济压力大、消费能力有限、工作状态不稳定、工作地点不固定的人士，特别是国际人甚至“空中飞人”等）来说尤为如此。这个时候，投保人寿保险真是“租”比买好。

（一）谁适合"租"保险

到底应该买保险还是"租"保险？这个问题，不仅刚养育子女的宝爸宝妈会遇到，刚刚贷款买了房的"百万负翁"、刚刚毕业的大学生、把资金全部投资出去的老板等都可能遇到。因为他们有一个共同特点：手中缺少流动资金，而这和他们的总资产是高是低没有直接关系。在一些特定的情况下，个人或家庭很可能会出现经济紧张的状况。此时，他们自身所能抵御的风险有限，非常惧怕突如其来的意外风险，也就更加需要保障功能强大的保险产品。但是，如何挑选充足、必需、适合现状、暂时性的保险是一个非常复杂的问题，属于技术活儿。大多数保险服务员都不太愿意承接这样的保单，原因是这类投保人可以支出的保费比较少，所以佣金收入也较低，而愿意承担此类险种的保险公司也比较少。

说到底，在特殊经济状态下，需要解决的问题集中在两个层面：（1）如何调整"廉价"的消费型保险和"昂贵"的返还型保险之间的购买比例关系；（2）了解有哪些保险公司提供了此类产品；（3）这么低的佣金下，如何让保险服务员安心做好服务。

（二）哪些保险可以"租"

与返还型保险相比，消费型保险的优点是：获取同样的保障额度，只需支付很少的保费；每年交费一次，第二年不交费也可以，不用担心被强制长期交费（当然已交的保费不可以返还）。

保障类人身保险主要分为意外保险、重大疾病保险和定期寿险。

1. 意外险

几乎所有保险公司的意外险都是消费型的（也有储蓄返还型的意外保险，但价格贵了不少），同时也是可以单独购买的。

挑选此类保险的要点是多看、多比较：看保险公司的实力、信誉、口碑，产品是否可以覆盖100%的意外状况，然后再看价格。但总的来讲，此类保险定价的差异性很小，几乎趋于相同。一般而言，在室内从事低风险职业的标准健康者如需购买意外保险，每1万元保额对应的参考保费是年交5~30元。

2. 重大疾病保险

有很多保险服务员喜欢采用恐吓法劝导人们购买重大疾病保险，他们宣称“人的一生中罹患重大疾病去世的概率高达72.18%以上”。而现实中的环境污染和医疗知识也证明，随着年龄的增加，患病（特别是罹患重大疾病）的概率会越来越高，有的人群的患病率确实超过了72.18%。

对于20~30岁的投保人而言，返还型重大疾病保险和消费型重大疾病保险的价格相差非常大，投保后者的保费很低廉。年纪尚轻、收入稍低、开支较大、事业处于成长期的人群，应该加大消费型重大疾病保险的比例，可以将该比例控制在95%，甚至100%。

对于31~45岁的投保人而言，消费型重大疾病保险在保费方面相对于返还型重大疾病保险不占优势。尤其是过了40岁后，人的身体素质开始下降，大多数保险公司的消费型重大疾病保险的保费会大幅提升，但返还型重大疾病保险的保费的增幅却相对不高。这个阶段可以逐渐降低消费型重大疾病保险的比例，同时增加在返还型重大疾病保险上的投入。

对于过了45周岁的投保人而言，返还型重大疾病保险的比例需要逐步提高到80%以上，甚至100%（特殊人群除外，如收入较低但却属于强体力工作者、危险环境工作者、待移民人士以及不会在国内定居的外籍人士等）。

当然还有一类特别人群，由于阶段性的生活节奏和工作压力以及生活环境变化，他们感觉罹患大病的概率会临时性增加，此时会在原有的储蓄型重大疾病保险的基础上再额外购买消费型重大疾病保险，以满足阶段性的保障。

3. 定期寿险

现代生活节奏越来越快，一些莫名其妙的意外事件总是突如其来，带来一系列的伤害甚至死亡。单统计数据表明：我国每年因意外事故死亡的人数只占 22% 左右，而因疾病死亡和自然死亡的人数约占 78%。所以，单纯购买意外伤害险是不完备的，需要提高定期寿险的额度，加大定期寿险的比例。

定期寿险也分返还型和消费型两种。返还型的定期寿险具有储蓄返还功能，甚至还可以分红，保费比较高；消费型定期寿险的保费较低，且该险种的保费随年龄变化提高的额度比返还型保险小得多。

对于 20～45 岁的投保人而言，消费型定期寿险的保费比较低，所以可以购买一定额度的消费型定期寿险（比如 30 万～100 万元）。至于返还型定期寿险的额度，可以根据自己的消费能力灵活安排。对于年纪尚轻、收入较低、开支较大、事业处于成长期的人来说，可以将该比例控制在 50% 以下，甚至为零。

过了 45 岁之后，主要的个人责任和家庭责任都已实现，所以返还型定期寿险的比例需要由前期的较低水平逐步提高到 80% 以上，甚至 100%（当然，特殊情况除外）。

还有一类特别人群，由于阶段性的生活节奏和工作压力以及生活环境变化，他们感觉身故概率会临时性增加，此时他们会在原有的储蓄型定期寿险的基础上再额外购买消费型定期寿险，以满足阶段性的保障。

愿所有需要"租"保险的朋友都能"租"到称心如意的产品，幸福生活。等经济情况缓解了，现金流充裕了，可以适当调低消费型保险的比例，少"租"保险，多买保险。

第七节　保险公司挑得对，有惊无险不遭罪；保险服务员挑得好，服务方便麻烦少

在“酒香更要勤吆喝”的商业社会，一切经营活动都是以市场需求和客户满意度为导向的。没有哪家公司会花钱做广告主动突出自己的缺点，保险公司亦是如此。

在保险公司和保险中介公司越来越多的今天，投保的父母们必须主动出击。首先，找一家适合自己的可靠知名的保险公司（或中介公司）；其次，在该公司的保险服务员队伍里选择一位让自己满意的专业保险服务员；最后，在该保险服务员的辅助下，挑选适当的产品组合进行落实，享受贴心的保险服务。

下面我给大家讲讲如何挑到更适合的保险公司。人们购买保险时希望做好风险预防及资金安排，作为战略储备，以期在危难之际得到及时的资金赔付，获得安全、可靠的现金流，避免生活被风险搅得乱七八糟。这样的人身保险将陪伴你我长期的消费过程。

所以，找到一家令人安心、服务便捷的保险公司和一位满意贴心专业的保险服务员就显得尤为重要。

一、靠谱保险公司的五大特征

（一）资本实力雄厚

雄厚的资本是偿付能力的信用背书，也是实力的象征。横跨西风带时，小舢板分分钟遇险，更多人愿意把命运捆绑在“万吨巨轮”上，因此大家都想找到让人安心放心的保险公司，而不是那些还不到行业平均水平万分之一的小公司。如果不幸发生一个近百亿元的偿付事件，很难想象一家只有几亿元净资产的保险公司在完全兑现其应当承担的保险

赔付责任后还能不破产（几亿元扣去100亿元，还倒欠90多亿元债务），这一差额都够这家公司倒闭十多回了。

（二）长期持续经营

相对而言，一家长期持续经营的公司处理风险的经验会更丰富、更稳健，不易出现急功近利的短视行为，既不会激进、冒进，也不会惊慌失措、手忙脚乱。

（三）投资回报率高、盈利能力强、分保水平优

如果一家保险公司的投资经验丰富、投资回报率高、盈利能力强，其总偿付力会很强，增长速度很快，保障力度也就更大。如此良性循环下去，该公司就会越发稳健、可信。及时分保，把握分保率、分保额，会分散风险，让保险公司在赚取利润时，也降低了风险

（四）信誉评级高、口碑良好、偿付能力强

综合考察保险公司的理赔速度、信誉度和公众口碑，会让消费者在出现保险事故时，从保险公司那里足额、快速领到救急用的理赔金和急用现金。否则就会搅乱其资金安排，让他们在被改变了的生活里尴尬着。

衡量这项指标，可以参考信用评级机构的信用评级，比如：标准普尔（Standard & Poor）、穆迪（Moody）、惠誉（Fitch）以及中诚信、大公、联合等。AAA表示最高的偿付能力，C就很一般了。

（五）服务系统高效

意外总是发生在意料之外，届时消费者亟须保险公司的紧急援助。如果被保险消费者寄予厚望的保险公司在危急时刻靠不住，虽然最先崩溃的是保险消费者，但最终崩塌的肯定是这家保险公司！保险公司的服务系统是否快速、强大而又易沟通、易接触是非常重要的考量要素。

二、靠谱保险公司的四大测试方法

上文从理论上分析了如何评价一家保险公司是否适合自己，以及能

否提供好的服务。下面我们推荐四大接地气的测试方法帮你挑选好的保险公司和机构。

（一）保险公司服务系统三步快速检测法

首先，通过114或百度查保险公司的热线电话、官网等。如果一家商业保险公司的联络方式无法查到，那么发生紧急情况后，保险消费者将面临什么样的凌乱和无助呢？

其次，工作日工作时间用IC卡电话机、投币电话机上在不付费的情况下拨打对方的服务热线。如果可以接通，那么该公司的服务不会太差；如果电话无法接通，那么该公司的服务还是有很大的改进空间。当保险消费者发生保险事故时，不完全排除会出现手机没电且身无分文的窘迫情况。

最后，在午夜两三点钟拨打服务热线。如果有人工接听电话，那么该公司肯定是提供7×24小时服务的，服务质量总体不会差；你也可以请一位在境外的朋友同时进行午夜电话拨打测试，就能体验到在紧急情况下拨打国际长途电话（对方付费）的优势。如果是答录机的声音"对不起，下班了！请明天9点到17点打来"，就可以知道这家公司的服务还有很大的提升空间，应急服务不会太好，车险、财产险公司更是如此。如果保险公司的微信公众号可以媲美淘宝"店小二"的在线服务，这家保险公司应该就错不了。

所有专业的服务公司和金融企业都知道：产品很容易被人抄袭、复制、山寨，但一个顶级团队的服务经验、服务心态和职业素养是不可能轻易被复制的，因为要走心、用心、上心。

（二）利用负面新闻快速分辨保险公司的实力与行业排名

潮水褪去时就知道谁在裸泳。出现危机和困境时，我们可以轻松地从负面新闻报道中快速得知究竟哪家公司才是业内领袖。因为主流记者一定会找领袖企业了解业界的主流反应，以吸引更多眼球。

（三）利用投诉率和纠纷率等统计资料得知保险公司的口碑和信誉

首先，在各级法院、消费者协会、保监会、保险同业公会等纠纷处理单位的网站公告及统计年鉴中寻找相应的投诉记录和纠纷处理的最后结果。显然，纠纷频度最小的保险公司的信誉是比较好的。

纠纷频度是纠纷次数与客户总量的除数，比如拥有 1 万名客户、1 亿元保费规模、已确认纠纷 100 例的公司，其纠纷频度就远高于拥有 1000 万名客户、2000 亿元保费规模、已确认纠纷 2000 起的保险公司。后者的信誉度比前者要高，首选后者的服务。

其次，在同类朋友圈中寻求口碑和信誉的评价，比如在你的微信群和朋友圈中发起投票、点赞和点评活动等

（四）查证保险公司商业运作时间的长短

可以查看保险公司官网、保险行业统计年鉴、工商注册信息等，得到保险公司的发展历史。在这里需要提醒的是：对于合资公司，所有出资（母）公司的背景资料和运作时间只能作为参考。因为从公司法角度来看，子公司（合资公司）能够承担的责任额仅以母公司（股东公司）的出资额（注册资本的一部分）为限，而不是以股东公司自身的资产总额为限。

需要提醒的是，上述五大特征、四大方法同样适合挑选中间渠道商，比如专属保险代理公司、保险经纪公司、保险代理公司、保险公估公司、保险服务公司、邮政理财、第三方财富管理公司、投资管理公司以及网络销售、电话销售等保险中介公司等。

三、优秀保险服务员挑选原则之三大问题

上面两小节，我们了解了如何挑选合适的保险公司。接下来我们看看如何挑选专业保险服务员。与其花上几年时间、几万元学费成为保险专家，不如结交保险专家，让保险专家从朋友的角度对你进行投保指

导，这样时间成本和经济成本最低，挑选效率最高。

保险服务员是投保人和保险公司之间的桥梁，他们的服务是个专业技术活儿，不妨问他们如下 3 个问题。

（一）你凭什么来提供长期、稳定且可持续的优质服务？

这是父母们最应该关注，也最容易忽略的问题。优质服务加上长期、稳定、可持续才是真正的优质服务！所以，就必须排除那些会突然失去服务资格的保险服务员。这是因为原始保险服务员离职后留下的保单被称为“孤儿保单”，将由后续保险服务员跟进，从某个角度上来说，相当于把“孤儿”交给了“继父”“继母”，很难有好的后果。可能突然失去服务资格的保险服务员群体特征见表 4-9。

表 4-9　可能突然失去服务资格的保险服务员群体特征一览表

群体特征	重点关照和防范措施
违规、违纪、违法者	所有主动提出可以给予保费打折、返佣及代签字等违规、违纪行为的保险服务员，随时都有可能被保险公司解除保险服务合同（就算侥幸逃脱一两次，但随时会有被举报、被开除的可能）。此乃行业禁忌，属雷区

（续）

群体特征	重点关照和防范措施
业绩过差，受制于营生者	在任何公司中，在一定时间内业绩过差的业务员必定会被淘汰。如果保险客人选择经常乞求别人帮忙买人情单的保险服务员为自己服务，无疑是不当之举。最终，要么他的保单变成“孤儿保单”，要么他的客户们面临“天天被催促加保”的遭遇
家庭不稳定因素过多者	一个连自己的家庭关系都处理不好、连自己的切身利益都照顾不到的人（尤其是有家暴倾向者、家庭关系紧张者等），我们怎能奢望他足够优秀呢？怎能期盼他能照顾好保险客人的利益呢？
急功近利者	这类人往往急于求成，无法承受保险推销工作的巨大压力，很难提供优质的服务。一些保险服务员软磨硬泡的“缠功”胜过基本功，他们更关注马上签单，而忽略了保险服务过程中的专业服务（此乃客人投保之根本），他们更喜欢用保险利益意外的各种利益来吸引、诱惑消费者
喜爱跳槽者	一般来说，个性不稳定、事业没定型的人很容易被各种外在诱惑吸引而跳槽，而一个人一旦跳槽，就很难兑现之前向客户做出的长期服务承诺。长期而稳定的服务亦是一种特质
身体健康欠佳者	很难想象一个身体虚弱甚至罹患重病的人能够给我们及时反馈所需信息，更不能奢求他能提供长期的优质服务。虽然这样的朋友非常值得你我敬佩和学习，但却不太适合做需要长期服务的保险服务员。当然也有特例，香港保险界就有一位高度弱视（几近失明）的代理人，在当地保险服务市场具有良好口碑
可服务时间过短者	显然我们不可能苛求一位保险服务员过了 80 岁还不退休而一直为客户服务，但如果要购买一款中长期的保险产品，那么二三十多岁的保险服务员在体力上明显优于七八十岁的保险服务员。当然也有特例，例如 80 岁的终身 MDRT 会员 Lulu 女士和 94 岁仍不退休的保险教父梅第等
所在团队过差者	如果一家保险公司的保险服务员团队整体素质都很差，那么一旦你的原始保险服务员跳槽走人，使你的保单成为“孤儿保单”，其接替者的服务一般也不会好，甚至会比之前的服务还要大打折扣，继而会让你的保单第二次、第三次甚至第 N 次成为“孤儿保单”

（二）你觉得自己哪些方面的专业素质是具有竞争力的？

优秀的保险服务员必定具备四大特征：（1）正直诚实守信；（2）精通保险专业知识，了解客户的需求；（3）知道应该何时张嘴、更明白应何时收声；（4）被消费者喜欢。

保险专业领域越来越细，专业知识越来越深，产品线越来越丰富，对保险消费者来说，保险越来越“枯燥难懂”了。

精通专业的保险服务员往往会针对保险消费者的个体情况量身定做保险计划，助其利益最大化，以避免好心办坏事，以致于主观上想帮，在客观上却误导了保险消费者。专业的保险服务员能让保险消费者感到舒服，而不会用保险去束缚保险消费者。

实际上，准确的表达和沟通是一项基本功，而知道及时收声、闭嘴更是保险服务员的一种素养和能力。保险服务员需要适时“留白”，给保险消费者留下一定的空间，给双方多一些从容和淡定；保险服务员对于客户的隐私要守口如瓶，做貔貅而不做大嘴巴。

（三）你觉得你的保险服务和口碑好在哪里？

考查完 IQ 问题，我们再来看看 EQ 问题。精通专业知识、涉猎热点信息是保险服务员的安身立命之本，而好的服务和口碑对他们则像是锦上添花，这就需要他们善于换位思考，处于保险消费者的位置上考虑问题。

通常来讲，深厚的阅历让人具有丰富的生活经验，同时熟悉人情世故。保险消费者应该多听取谨慎、保守的咨询师的意见，因为他们已经有了相关的阅历和预见性，不会让保险消费者犯明显的错误。反之，口若悬河、随便许诺的咨询师开出的往往是空头支票，他们奉行的是“三拍”模式（拍脑袋做决定，拍胸脯下保证，拍屁股走人）。

四、优秀保险服务员挑选原则之四大要素

保险服务员的服务费是包含在保费里的，不用额外支付。目前保险

公司（以及保险中介公司）向不同级别的保险服务员支付的服务费标准是一样的，暂时和他们个人的专业程度无关。在这种情况下，当然要挑选好的服务员（而不是一般的服务员），不用多花钱，却能享受到好的服务。

（一）核查保险服务员的展业证件

包括展业证、资格证等。相关信息可通过热线电话和行业协会网站进行确认，核实其合法性。如果保险服务员不能出示随身证件，就要高度警惕，因为这有点像开车时不带驾照的情形。

（二）签名时务必小心谨慎，杜绝代签

当保险服务员请保险消费者在投保意向书、知情同意书、授权书、投资风险偏好确认表等文件上签字时要注意：涂改之件不签，没有项目的白纸不签，空白的格式文件不签，签错的文件要收回并自行销毁，尤其是不能让保险服务员帮你代签，冒名顶替签字。

（三）只向合适的建议者和第三方专业人士提出咨询

遇到难题，保险消费者要向那些精通保险知识的朋友请教，也可以付费向第三方专业人士请教，千万不可问错对象，就像不能向体育老师请教物理问题那样。

不涉及交易佣金并具备相关专业素养的人士可以咨询，比如无法在上海展业的归属于长沙某地的保险服务员，无法在中国展业的美国保险服务员，或者只收取固定咨询费而不从交易中提取佣金的专业咨询师。

（四）明确自己的经济现状、未来要求、购买预算以及时间

明确了这些信息，保险服务员就可以更好地了解保险消费者的情况和要求，便于有的放矢地为保险消费者提供有针对性的服务。这些细节和想法为个性化私隐信息，一般人不清楚。

下面给你参照一个鉴别正规医生以及江湖医生的段子，虽然有一点

点自嘲自黑的成分，但里面的精神都在里面，读者可以参考领会。

正规医生：说话十分谨慎，很多话模棱两可，不检查过病人和看到完整的病人资料从不下结论，不敢给你保证疗效的医生一般是正规医生。

非正规医生：夸夸其谈，还没见病人就已经口若悬河，动不动就给你说这是美国最新技术，服务态度好得一塌糊涂，就差跪式服务，拍着胸脯保证能把你的病治好的医生一般都是江湖游医。

五、保险服务员喜欢的保险消费者类型

保险服务员大多数都是趋利避害的普通人，也会喜欢为某类客户服务，而不愿为其他一类保险消费者服务，保险消费者需要清楚。

（一）有明确的购买目的且身体健康、具有可保利益的保险消费者

优秀的保险服务员都很忙，他们的单位时间成本很高，但是却不会因此额外收费。所以，他们喜欢有明确的购买目的且身体健康、具有可保利益

保利益的保险消费者，而大多数都不喜欢下列保险消费者：（1）为毫无保险利益、非亲非故的他人咨询保险事宜的保险消费者；（2）身体不好甚至已经生了重病的保险消费者；（3）对家人生死持无所谓态度的保险消费者；（4）没有足够资金支付保费的保险消费者。因为这几类保险消费者就算咨询了半天并最终满意了，也没有投保的意愿和资格，保险服务员无法取得佣金。当然普通消费者需要纯粹科普的话，可以来看保险类科普系列丛书，因为关于该不该买保险、要不要买保险的问题，书中都已充分解答了。对于特殊人士如何买舌头保险等奇异问题，不妨扫描本书后勒口上的“好险”微信订阅号二维码，与我们进行互动。

（二）准备的问题充分、详细，能够准确描述自己的真实情况和要求的保险消费者

优秀的服务员非常喜欢事先有所准备，并且有针对性地询问“如何办”“如何达到特定目标”等细节的保险消费者。目标要求高一些甚至高很多并不可怕，可怕的是没有目标。只有充分交流，保险服务员才能基于保险消费者的需求快速地定制保险方案，从而避免误解。例如，对于经常出国的“空中飞人”，保险服务员肯定不会向其推荐只保本省、本国区域的产品（除非由于交流不充分，导致保险服务员不知道保险消费者的这个情况）。

（三）购买期限和购买预算都比较明确的保险消费者

任何商业机构都喜欢购买力强的 VIP，那代表付出同样的时间，却能拿到几倍甚至几百倍的佣金。保险服务员倾向于抓大放小，这无可厚非，只是不要过于极端，损害消费者的利益。

那么，为了得到更好的服务，普通的保险消费者可以做到以下三点：(1) 直接向保险服务员表明预算；（2）表现出配合的态度，和保险服务员换位思考，得到公正的意见从而落实好保险方案；（3）预算多，就可以多占用他们的时间。

经过上述交流，保险消费者就可以找到适合的保险服务员，享受满

意的服务了。

六、常见保险采购销售渠道的对比

普通代理人/销售员：相当于个体户，保险公司一般对其实行低底薪（甚至是零底薪）、高佣金的管理模式。和机构相比，他们的客户资源少、开发压力大。保险专业素质强、服务意识好的，得到的资源相对多一些，因此会做得比较开心。这个渠道往往良莠不齐，流动性大。

专属代理人：可销售某家保险公司的几乎所有产品。如达到绩优水平，获取的奖励也相应多一些。

员工制销售员：销售范围与专属代理人类似，但福利待遇高于代理人，收入更平稳，整体稳定性更强。

经纪代理公司：理论上可以销售多家保险公司的诸多产品，但限于管理成本、运营成本、销售成本、与销量挂钩的销售利润以及协议管理等因素，通常只可以销售多家保险公司的一小部分产品，甚至只销售几家保险公司的某一类产品。其中的经纪公司的客户多为大型组织公司机构，几乎不服务个人消费者。

网销/电销/直邮：所销售的保险产品标准化、简洁化，以短期交费产品为主（甚至是趸交），没有量身定做的可能。该渠道所售险种只是保险公司所有产品的“冰山一角”。

兼业代理商：主要是有自营主业的营利性机构（比如邮局、银行、4S 店、电商平台、旅行社、劳务公司和猎头公司等）。它们在主业经营中积聚了较好的公信力，有客户基础，代理销售保险相当于增加了一个副业，用于满足自有的消费者的多样性需求（也叫“交叉销售”）。所以，其产品性质比较简洁、单一，易说、易懂、易操作，且只负责前期销售阶段的客户服务，后期所有的保险服务往往交给保险公司处理。

其他保险中间渠道商：指兼业代理商以外的其他渠道商，其主要业务收入就是保险的销售业务，主营企事业单位的团体大单，以专业性见长。

本章总结

(1) 不买保险的理由有千千万，而拥有保险的理由只有一个：为了对家人和自己无限的爱和责任。

(2) 财富既可以造就我们美好生活，让生活愉悦幸福；也可以毁灭掉美好生活，产生抑郁愤恨。

(3) 终身保险不是给子女留遗产，就是减轻晚辈的负担。

(4) 没有哪个家庭因为买保险而倾家荡产；很多发生意外的家庭，却因没有保险而陷水深火热之中。

(5) 没有人是财富的最终拥有者，我们最多是一个中短期的管理员而已，所以我们要学习如何用好财富，做财富的主人而不是财富的奴隶。

(6) 就算没有太多的保险预算，我们也有方法让优秀保险服务员来帮我们。

(7) 在流动资金紧张时，我们可以“租”保险，既有保障，开支又能负担得起。

(8) 理赔时，不知道具体条款规定并不重要，只要你保存好足够的证明材料。

(9) 孩子为受益人的保单要先于孩子为被保险人的保单落实。

Chapter 5

第五章　家长为投保人、孩子为被保险人的保险安排

问保险，
理在何处？
直教人挠腮抓耳。
天南地北流离客，
携子几回寒暑。
欢乐趣，秉烛苦，
此中更有痴父母。
君应有语，
看万里长路，
千帆征途，

儿朝哪方去？

作者：怿斓。誊写者：上海华师大附小四（1）班　张馨蕊本章所讨论保险产品的被保险人是孩子，投保人都是其监护人（父母、爷爷、奶奶、姥姥、姥爷，甚至是叔父、伯父、姨妈、舅舅等）。这就是我们日常交流过程中说得最多的典型的少儿保险，Children's Insurance。

这里的所有保险都略去了具体商品的名称，只列出保险的品种类别，与具体某家保险公司没有关系。换句话说，绝大多数优秀保险公司都会有此类优秀保险产品在销售，一旦某家公司无货，那就意味着这家保险公司可能存在问题。

阅读中思考的问题

（1）你知道少儿保险和大人保险的关键区别在哪里吗？

（2）少儿保险在购买过程中有哪十个必须注意的关键点？

（3）现在孩子的压岁钱和红包越来越多，该如何处理，才会让好事好上加好？

（4）少儿保险遇到可买的额度上限限制时，该如何处理？

（5）孩子的健康医疗保险当中必须要注意什么？

（6）孩子的教育金类保险为什么是必需的？

（7）为什么说交保费看上去很多，但是就像骑摩托车戴安全帽，流汗总比流血好？

（8）为什么有钱人买了很多保险，他通常会更加有钱；没钱人不买保险，他可能更加没钱？

（9）有些少儿保险是一时冲动购买，该如何才能够在退出时做到无损（或少损）呢？

（10）少儿保险何时交、交多少、如何交才最好？

（11）孩子的保险，投保人可以是爷爷、奶奶、姥爷、姥姥吗？

（12）到境外去买少儿保险有什么利弊？

第一节 少儿保险投保的一般流程

对于孩子父母来说，孩子的保险开始于需求信息的收集，开始于保险产品的分析，开始于与保险服务员的交流沟通。但对于保险保障体系来说，整个保单的流程是从签约日（也就是孩子父母填写投保申请书的那一天）开始的。之后，保险流程进入了不同步骤，在不同的阶段有不同的时间期限，需要履行不同的义务，同时也享有不同的权利。为了让孩子父母们能清晰地明确自己的义务和相关权利，我们对投保流程中与保险效力有关的十大关键节点进行图示说明，如图 5-1 所示。

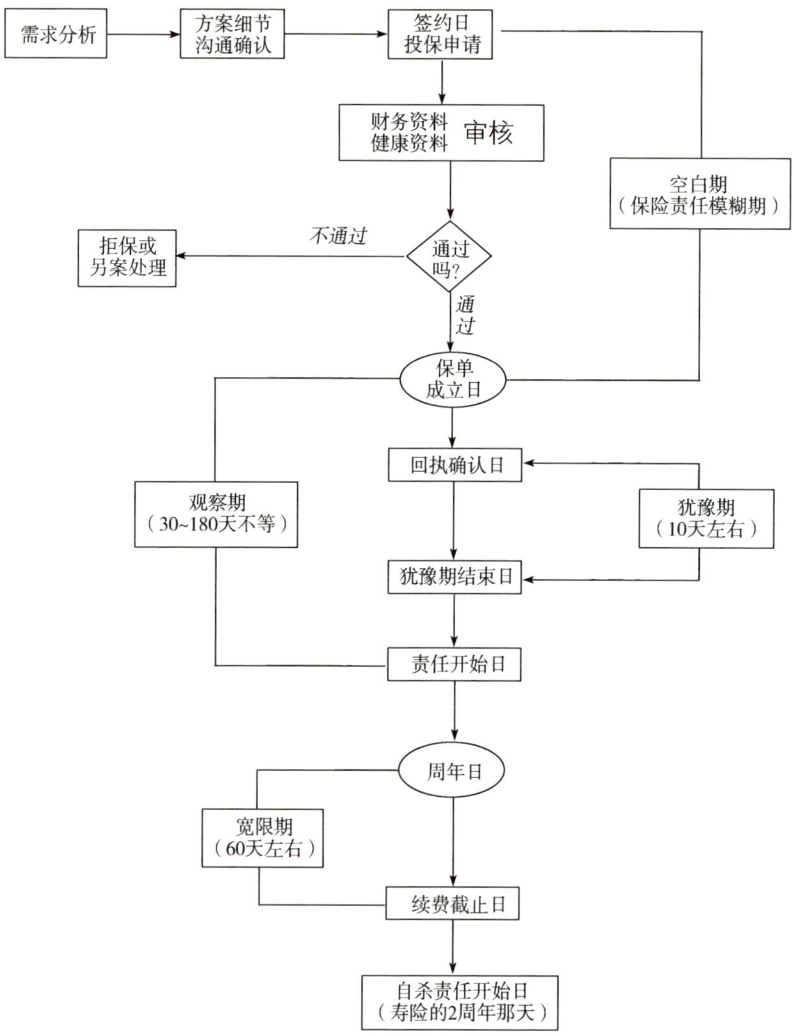

图 5-1　投保流程中的十大关键节点

签约日： 父母们填写投保书（电子渠道或纸质形式），向保险公司申请保险合约的日子（是“申请”，不保证一定承保）。审核之前，孩子和监护人的信息都要提前完整地进入审核系统，同时还要辅以健康信息、证件信息和资金付款信息（绝大多数保单要在成立前先行交费）。需要补充的两点是：（1）除少数简单保险产品外，大多数保险都要由保险服务员事先进行需求分析、产品说明、方案沟通，确认所有细节之后才能完成签约动作；（2）保险消费者发出的投保申请需要经过保险公司审批通过之后，才能成立为保单。保险公司拥有最终承保与否的权利（主要是针对一些非常特别的、不符合保险公司承保标准的个案）。

体检日： 如果父母对自己和孩子的身体健康状况描述得不清晰（当然也会存在随机抽样体检的情况），则保险公司有权要求进行体检，体检会在第三方体检机构由专业医师进行（比较小的孩子，可以用定期体检卡来变通代替）。在体检日之前，尤其是体检审核通过之前，保

单尚未成立；在体检审核通过之后且其他材料均已通过之后，保险合同择日成立，但有等待期的要度过等待期后才生效

保单成立日：保险审核系统对没有异议的投保申请同意之后，保单正式成立，这一天就是保单成立日。在保单成立日当天，也许无法立即打印出纸质保单保险凭证，但丝毫不影响其成立。也就是说，在这种情况下，无论保险消费者是否获得了纸质合同，都不影响保单的成立，因为电子版的保单具有同等的法律效力。对于所有正常的投保申请来说，这个审核时间一般在 1 ~7 天，有些甚至短至几分钟。

空白期：并不是每个投保申请都会被立刻接受或通过的，从父母们交纳保费到保险公司出具正式保单之间的这段时间就叫作“空白期”，这是一段比较尴尬的时光。无论对于保险公司还是对孩子父母来说，目前的相关法律法规并没明确说明这个时期内的保险责任是否有效。也就是说，这段时间的保险责任模糊，如果此时发生保险事故，就算是完全符合理赔范围，保险公司也有权不予理赔！孩子父母所能做的，就是积极配合提交必要的材料，及时交付初期保费，并且催促保险公司及时审批通过。同时，也要保护好自己和孩子，减少与潜在风险接触的机会，避免让自己的受益人处于尴尬的局面。

犹豫期：犹豫期又称“冷静期”，是指投保人收到保单并书面签收之日起的一段时期（一般为 10 个自然日）。如果投保人在此期间提出退保，将全额得到所交纳的保费（最多会扣印刷费、装订费、快递费、体检费等费用），所以一定要重视这个时间段。保险合同是先收费再给出服务的特殊金融产品，所以保险公司给出犹豫期。犹豫期的开始以书面回执被签回时为准（只有一小部分保单没有任何犹豫期，从签订起就不可撤销，甚至是在合同签订之前的若干天就不可以撤销，比如海上财产保险合同）。一般来讲，保险期间在一年期以上的寿险产品是有犹

豫期的，一年期以下的保险产品及意外险是没有犹豫期的。至于具体规定和细节，还需要孩子父母认真查看自己的保单，然后再确定。切记：在犹豫期内提出退保申请意味着保单自从填写投保单之日起就不曾成立过，更不用说生效过。

等待期：等待期又称“观察期”，指在保单成立后的一定时期之内，保单尚未生效，即使被保险人（此中为孩子）发生保险责任范围内的保险事故，保险公司也不承担理赔责任；只有顺利地经过这段时间之后，保险责任才生效，这段特殊的时期就叫作“等待期”。大部分与疾病、医疗等相关的保单都有等待期的规定。等待期一般是从保单成立之日起计算的，一般为30~180天不等，而生育类保险的等待期可能长达10个月甚至2年。但是以意外伤害或者死亡为赔付条件的保单，往往没有关于等待期的规定，投保人需要注意。

责任开始日：责任开始日是指保险责任开始的日期。对于所有没有等待期规定的保单来说，责任开始日从保单成立之日起开始（此时，责任开始日与保单成立日是同步的）；对于有等待期规定的保单来说，等待期结束的第二天才是责任开始日（此时，责任开始日晚于保单成立日）；不过，也有一部分特别的保单的责任开始日时间早于保单成立日，甚至比保单签署日还要早（比如海上财产保险合同。此时，责任开始日早于保单成立日）。

宽限期：这是一个非常人性化的设计，很像信用卡的“免息还款期”。在分期交纳保费的保单中，如果投保人在各分期到期交款日之后还没有交纳保费，保险公司将给予投保人60天的宽限期用于补交保费。只要在宽限期内，即使没有交费，保单仍然是生效的，出现保险事故的时候亦能正常赔付（一个非常特别的情形是在保费为月交的情况下，投保人交纳了一笔月交的费用后，即使3个月内不交费，保单仍然有

效）。但是，如果投保人在宽限期期满之后还是没有足额交纳保险费，保险公司有权中止保单。如果投保人的资金状况一直得不到缓解，有 3 种应对方法：（1）缓交保费，在 2 年内补齐（但在交齐保费之前，保单无效）；（2）减额交清，保单继续有效，今后也不用再交费了，但新的保额会比原有保额少；（3）直接退保，投保人可以获得保单中相应的现金价值，保单效力终止。

周年日：周年日就是保单每一年的“生日”，如 8 月 8 日成立的保单，其周年日就是每年的 8 月 8 日（比较特别的是 2 月 29 日这天成立的保单，其周年日是闰年的 2 月 29 日以及平年的 2 月 28 日）。

自杀条款生效期：在大多数意外保险当中，自杀往往属于责任免除的范围，也就是说任何时候的自杀行为都无法得到理赔。而对大多数的人寿保险而言，保单成立 2 年之内的自杀行为，保险公司都是不承担保险责任的，当年愚人节“哥哥”张国荣事件就是很典型的案例。

第二节 少儿保险的度，如何拿捏

一、以死亡为给付保险金条件的人身保险的额度问题

为了有效保护少年儿童（尤其是无民事行为能力人和限制民事行为能力人）的合法权利，防范道德风险和保险的逆向选择问题，保监会规定自从2016年1月1日开始，对父母为其未成年子女投保的产品做了一个最大额度的限制，对以死亡为给付保险金条件的人身保险的最高限额规定如下：不到10周岁者不超过20万元，已满10周岁但未满18周岁者不超过50万元。

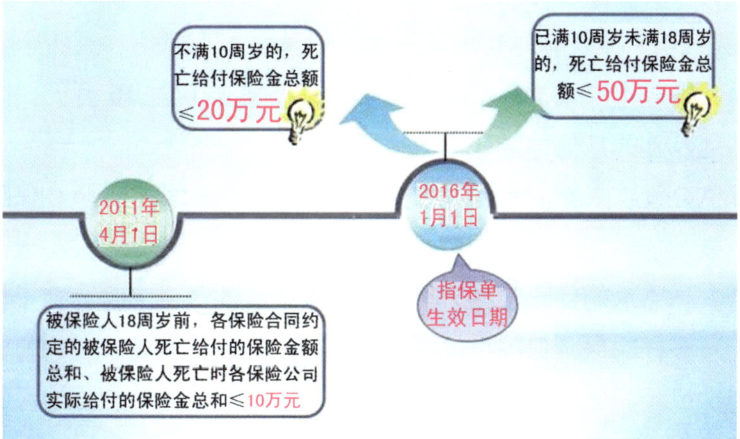

在上述20万元和50万元限额的规定下，以下3种情况可以不（请注意是“可以不”，不是“不可以”）计算在内：

（1）投保人已交保险费或被保险人死亡时合同的现金价值；对于投资连结保险合同、万能型保险合同，该项为投保人已交保险费或被保险人死亡时合同的账户价值。

（2）合同约定的航空意外死亡保险金额。此处航空意外死亡保险金额是指航空意外伤害保险合同约定的死亡保险金额，或其他人身保险

合同中约定的附加航空意外身故责任对应的死亡保险金额。

(3) 合同约定的重大自然灾害意外死亡保险金额。此处重大自然灾害意外死亡保险金额是指重大自然灾害意外伤害保险合同约定的死亡保险金额，或其他人身保险合同约定的重大自然灾害意外身故责任对应的死亡保险金额。

此外，保监会出台的这个规定限定的是以死亡为给付条件的保险，这意味着家长为未成年子女投保的医疗险、教育金保障等不受影响。举例来讲，家长为其 8 岁的孩子购买保额 60 万元的重大疾病保险以及 200 万元的教育金保险，如果该未成年子女患合同所列的重大疾病，则保险公司一次性赔付 60 万元，相应的教育金也可以领到 200 万元，与新规约定的 20 万元限额并不冲突。但如果上述孩子万一因意外身故，保险公司就此项责任最多可赔付 20 万元。

而在 2015 年之前的老规定更加严格：北、上、广、深四个经济发达地区，未成年人累加在一起的保险额度不能够超过 10 万元，而除了以上四地以外的其他地区这个保险额度的上限是 5 万元。

保监会设置限额的目的是引导大家树立科学的保险保障和保险消费理念，鼓励孩子父母在注重自身保险保障的基础上，为未成年人购买更加符合实际需求的保险产品。在防范道德风险的基础上，为孩子们购买更加丰富多样的保险保障提供更多的空间和额度。而这一切的前提是要防范道德风险，保护未成年人，避免恶性事件，尤其是特殊地区特殊儿童的特定风险，保护未成年人（无民事行为能力人和限制民事行为能力人）的合法权益。

道德风险问题在 18 世纪的美国和英国就有过非常激烈的讨论和纠纷，而美国的马萨诸塞州甚至已经立法禁止销售儿童保险了（尽管每月每周的开销只有几美分），之后引起英、美举国重视和立法保护。今天我们国家设置相应的限额也是为了保护青少年儿童们，因为孩子的家庭属性和社会属性同等重要。

当然，随着我国经济社会的不断发展，人民生活水平不断提高，子女抚养成本同步攀升，将原来的最低 5 万元提高到最高 50 万元，属于与时俱进。说不定在不远的将来，这个限额还是会提升的。

【特例分析与学术讨论】

（1）外籍儿童、无国籍儿童受此限制吗？

（2）投保时未成年，理赔时已经成年者是否还受 50 万元的限制？

（3）一旦某些保险公司把保费、现金价值以及账户价值计入 50 万元（或者 20 万元）的限额里面，作为被保孩子父母的你如何看？该如何办？

（4）如果不如实告知细节，可能有什么不良后果？

二、教育金类的生存金保险的额度问题

为孩子购买商业教育金保险的父母，都是为了提前锁定将来的学习教育水平。此时购买者往往是将银行存款、实业投资、股票基金和教育金保险按一定的比例进行有效组合，确保将来孩子得到良好的学习教育水平，同时也要客观确定现在的交费情况，以确保不会影响家庭的生活水平。一份好的教育金保险计划可以让孩子在各个教育阶段都得到充足的奖学金，甚至是教育金。当然这个教育金费用可以用一个生存金保险产品一次性规划好，也可以分几年、分几个批次逐步规划好。

比如，经过测算，姑娘小美所需的教育金总共为 50 万元，15 年交纳的话，每年只要交 3 万元即可。当然也可以先每年交 1 万元，过 2 年后再购买第二个教育金保险。

从统计规律来说，下列家庭需要重点加强教育金的准备：自由职业者、收入波动较大者、同声传译者、画家、未来生意呈下降趋势的企业主、单亲家庭等。

同样，父母们给孩子购买教育金保险的初衷应该是和养老金一样一样的，都是生存金保险，都是现在交费，到达约定年限后开始领取生存金进行消费，教育金的目的是孩子读书补贴。

教育会在未来的那个时间点准时发生，不会因为个人情况而拖延，有的时候还会提前发生。当教育诉求一旦来临，对应的资金要求就摆在那里，没有任何时间弹性，在最低资金数方面没有任何的数量弹性，在安全性和收益性发生冲突时也没有任何弹性，因为安全压倒一切。唯一有变通的地方，是你准备这笔资金的方式方法和开始准备的时间。开始准备的时间可以自我安排，并且越早越好！

三、重大疾病保险的额度

重大疾病犹如家庭生活中的不定时炸弹，属于未知无底黑洞，一旦出现就会带来肉体、精神和经济的三重打击，所以应该足额购买，需要足以涵盖手续费、住院费、进口药费、营养费、看护费、休假收入损失等项目，以50万元以上保额为宜。

【案例5-1】

王女士是在东莞打拼的湖北人，有一个幸福的小家庭，有不到一岁的孩子在老家由老人照顾。

不幸降临，仿佛没有明天

那是个寻常的早上，王女士如常和老家老人通话，听完孩子的咿呀学语后，家里老人突然略带伤感地叹息："孩子白细胞异常升高，医生说有可能是白血病，你看咋办?"

听到这个消息，王女士感觉如同晴天霹雳，等她把孩子接回东莞康华医院确诊后，王女士只能沉重地接受这残酷的事实。

巨额治疗费让人身心疲惫

白血病并不是绝症，并且孩子刚刚生病，王女士就开始四处咨询专家，积极为孩子寻求最优治疗方案。对于才7个月的小生命，骨髓移植手术是不二选择，但仅仅手术费就要40万元甚至更多，后续还得加上康复费用！

王女士的事业刚刚站稳脚跟，要一下子拿出40多万元现金，真是一点儿办法都没有！一边是孩子的健康，一边是经济上的巨大压力，王女士夫妇左右为难。王女士每晚都睡不好觉，精神恍惚，总是在孩子因为病痛大声啼哭的梦中惊醒。

感谢提前做好准备的自己

天无绝人之路，孩子 3 个月大的时候，在代理人的协助下，王女士为孩子投保了平安人寿的“少儿平安福”，包含人寿保险主险 41 万元保额，附加少儿重疾 40 万元保额（基本 + 可选 10 份）、少儿定期及豁免险等。

少儿平安福，解燃眉之急

王女士通过保险服务人员立即向保险公司报了案。孩子的病情不仅符合重大疾病约定，而且符合重疾双倍赔付的条件，平安人寿累计赔付给孩子 104 万元（包括 84 万元的一次性赔出，以及 20 万元的分期赔付）。王女士说，84 万元赔付款包括少儿重大疾病保险金 40 万元、少儿特定重疾保险金 40 万元、重大疾病陪护金 2 万元和少儿特定重疾陪护金 2 万元。后续 5 个月每月给付的 4 万元是重大疾病和少儿特定重疾陪护金，并且今后再也不用交纳以后的保险费了。

看着雪中送炭的 104 万元救命钱，王女士看到了希望，这是不幸中的万幸。有了资金的支持，他们全家感到淡定从容了，能够和孩子一起积极面对，这也是当初未雨绸缪的结果。王女士庆幸自己当初有了保险意识，非常感谢真诚提醒她的专业保险代理人。

资料来源：平安人寿：2016 年大额未成年人重疾赔案在莞完成赔付［EB/OL］. 中保网，2017-3-13［2017-07-09］. http：//insurance. cngold. org/c/2017-03-13/c4863995. html.

【点评】

白血病在少儿罹患的重疾中占比很高，且治疗费用高昂，一般家庭较难承担，故很多保险公司会人性化地推出双倍甚至多倍赔付政策。

“天有不测风云，人有旦夕祸福”，这说明风险无处不在，也说明损失的不确定性。在很多时候，人们无法承受和逃避风险，但可以在一定程度上转移风险，保险就是转移风险的一种方式。保险承保的不是风险不发生，而是在保险事故发生时让被保险人从经济上得到保险保障。从这个角度来看，用保险的手段做好风险管理对一个家庭生活的稳定是非常必要的，上述案例正说明了这个道理。该案例的启示在于：一是平时要注意运用保险进行风险管理；二是保险产品尤其是保障型产品能有效从经济上转嫁风险，保障人们生活的稳定。

【案例 5-2】

华夏人寿河南分公司运营大厅迎来了一位特殊的投保人和先生，他对华夏公司灵活快速理赔表示感谢。看着锦旗上“华夏人寿，人间大爱；用心服务，值得信赖”十六个大字，理赔人员既感到自豪，也感受到传递华夏大爱的使命感。

和先生夫妇都是建行员工，日常接触保险比较多，对保险也非常认可。和先生作为投保人为4个月大的儿子投保是在2016年的4月8日，品种是华夏常青树重疾保险2016款，保额50万元。

2016年11月19日，和先生的小孩突然哭闹不止，第二天到郑州市儿童医院检查，诊断为睾丸扭转，需急诊手术治疗。此乃常见小儿科毛病，手术后即可痊愈。但当天急诊全麻手术后，孩子却一直未苏醒。这一突发状况让所有家人和医生都非常揪心，虽然经过省人民医院、省妇幼的专家联合会诊，但孩子还是处于昏迷状态住进ICU，甚至于11月23日发病危通知。

接到消息后，理赔员和渠道同事非常关注，立即安排看望，关注病情的发展。在ICU治疗期间先后多次与主治医生沟通患儿病情，了解恢复情况，同时了解到高额的医疗费用使和先生原本较为充裕的家庭也逐渐变得拮据。经过ICU的多方治疗，患儿仍处于无意识状态，而和先生家里已经支付了将近40万元的抢救医疗费用，无奈的他向保险公司咨询提前申请理赔的事宜。得知该案情后，华夏人寿高度重视，表示一定要保护客户权益，让保险的保障功能得以体现。华夏人寿总部做出快速理赔的决定。理赔人员上门与和先生共同收集理赔资料，当天即结案，赔付给和先生保险金50万元。

和先生夫妇非常感动："华夏真情，保障真行！"雪中送炭的理赔款，解决了后续的医疗费用，使他悬着的心放了下来。他对华夏人寿工作人员的热心、华夏人寿理赔诚信快速的服务表示非常满意，他表示等孩子病情稳定一定登门感谢，于是出现了开头那一幕。

资料来源：华夏人寿河南客户：孩子病危，50万保险金雪中送炭［EB/OL］. 中国保险网，2017-04-28［2017-08-09］. http：//www. china-insurance. com/news-center/newslist. asp? id =276052.

第三节　详析少儿保险的“三包”政策与“退改签”细节

众所周知，根据不同的“退改签”政策，同一航班的机票可以卖出不同的价格。这一理念已经得到越来越多乘客的认可，因为有人为了能够享受高品质服务以及方便随时退改签手中的机票，愿意承受更高的价格；也有人为了享受低价，而放弃了任何可以退改签的机会。

类似的“退改签”政策在孩子的人身保单当中也有应用和体现。在某些情况下，退保是不收费的，更改、转换成其他险种也是不收费的。相应的，在特定情况之外，如要办理“退改签”就要扣除一些费用甚至于会损失很多。因此，投保人在购买保险，尤其是变更保单细节时，需要了解不同情况下的“退改签”政策。

一、在犹豫期内退保，孩子父母基本没有损失

在犹豫期内退保，最多会被扣除极少的运营费用。过了犹豫期再退保，就会有很大一笔损失。所以要看好犹豫期，看是从哪一天开始计算，大概有多长时间，最后一天是到什么时候。

【案例 5-3】

投保人靳女士为满周岁的女儿（女儿是被保险人）在银行购买了 2 份保险，各花了 5 万元，且于购买当月的 10 日拿到了合同，并签署了回执。后来，靳女士经过与家人商量，感觉其中的分红型保险不是非常适合，就于当月 19 日提出退保，拿回了 5 万元。当月 25 日，因家中急需用钱，靳女士又向保险公司提出退掉另外一份保险。保险公司核算之后，扣除了 1.2 万元，仅退给靳女士 3.8 万元。

温馨提示

同样是花了 5 万元购买保险，同样是拿到保单后退保，为什么差距这么大呢？

这是因为，保险不同于普通的银行储蓄，更不同于简单的证券投资，保险不鼓励客户随时随地支取资金。所以，如果保险消费者中途随意退保，必定会产生利益损失（因为这会打乱保险公司的资金长期使用计划，同时增加保险公司的运营成本）。

只有在犹豫期内退保，才不会扣除费用。比如第一次退保是在第 9 天，尚在犹豫期之内。而靳女士第二次退保时，已经拿到保单 15 天，超过了 10 天的犹豫期，此时提出退保，就必须交纳不菲的退保费用。

犹豫期的设置源于保险界“投保即付款”“见费出单”的国际惯例，也算一种“对价”待遇。这既可以防范保险服务员（包括其他销售渠道）的夸大误导，也可以防止保险消费者因为冲动而购买保险，对买卖双方都是一个很好的中间缓冲期。对于保险消费者来说，犹豫期起到了缓冲器的作用；对于保险服务员来说，犹豫期则起到了警示器的作用。

需要注意的是，与观察期一样，犹豫期并不是依据法律的硬性规定来确定的，而是依据具体保单的约定来确定的。许多保险公司在保单中都有犹豫期的规定（少数保险品种没有犹豫期，例如纯粹的意外险）。犹豫期一般为 10 天，在此期间，投保人可以撤销保单，保费将无条件足额退还给投保人，不过也可能会扣除某些合理的运营费用（比如印刷费、递送费、体检费等）。

需要明确的是，在犹豫期之外的其他任何时间里，孩子的父母都有提出退保的权利，但保险公司也有扣除初始费用的权利，然后才会把剩余的现金价值退给投保人。此时，退回的现金价值可能远远低于总保费，投保人的损失会比较大。

当然，如果最终是要退保的，那么晚退不如早退。越早退出，所交纳的保费总额就越少，损失总额就越小。

因此，父母们必须充分利用犹豫期保障好自己的权利。保险服务员需要提醒父母（以及其他监护人性质的投保人）注意以下几点：

（1）必须认真阅读保单条款，确定保单中有无关于犹豫期的约定。

如果没有犹豫期，可以要求保险公司先行将保单交付保险消费者查看。在犹豫期内，父母们应仔细研读保单条款是否与保险服务员之前的描述一致，冷静考虑所购买的保险险种、保障功能、交费期间、交费形式、产品组合等信息是否适合自己的需求。如果发现有不了解、不理解或不完全理解的模糊之处，孩子父母可向保险服务员或保险公司咨询。对于不妥之处，应尽快在犹豫期内与保险公司协商进行变更，或先行退保再认真考虑是否需要再次投保。

（2）收到保单后，一定要先认真阅读保单条款，然后让保险服务员给予适当、合理的解释。最后一个步骤就是亲自填写保单回执，因为人寿保险公司对犹豫期的认定是以回执日期为起始日进行计算的，而不是以其他任何日期为起始日。

（3）一旦需要在犹豫期内退保，孩子父母就必须以书面形式向保险公司提出申请（口头请求是没有有效证据的）。因为这里所说的 10 天是指自然日，而不是工作日，所以需要抓紧时间处理。遇到比较长的节假日（如长达 7 天的黄金周、春节等），无法及时办理书面请求时，投保人可以向保险公司的服务热线进行电话登记和退保预约，也可以通过传真甚至挂号信的形式来操作。

二、用好保证转换条款，免费转换所需的保险品种

【案例 5-4】

2011 年 8 月，王先生为自己购买了重大疾病保险 40 万元附加 10 年期定期寿险 60 万元。2016 年，王先生查出罹患肺癌，保险公司给王先生做了理赔，之后建议王先生使用保证转换条款。

经过与家人的沟通以及保险服务员的推荐，王先生最终把保单成功转换为 60 万元的保障性寿险产品，使得自己的保障继续延续，而不是随着重大疾病保险的理赔而终止。

【点评】

保证转换条款是指在保单的有效期内，如果保险消费者希望将已经购买的原险种转换为另外一个新险种，只要该新险种在售且保险金额不高于原有保额，保险公司就应无条件地接受保险消费者的转换申请，其保险费将根据被保险人申请转换时的年龄所对应的该险种的费率来计算。转换后的寿险主合同的生效日就是转换日。

有的保险消费者在最初购买保险的时候，身体挺好，但是资金有点紧张，所以就花小钱购买了较高额度的定期寿险。等到资金充裕之时，身体却亚健康了，而亚健康体往往没有资格买到新的保险产品。这时就可以使用保证转换条款，用足身体健康时带来的足够保险额度，得到一个相对高保额的保险品种（新保额不高于原保额），为今后的生活做好安排。

这种保证转换条款往往不是保单的主要条款，大多数情况下很难用上，保险服务员也不会重点推荐。这类条款往往藏在保单的“深闺”中，不易被发现，需要保险消费者在研读保单时标注出来，以备不时之需。

三、退出某些投资类保险时不再收费

某些情况下，当保险消费者需要退出投资类保险时，不用再支付各种费用。

具有投资功能的万能型保险和投资连结保险的收费模式类似于基金，大体分为3种基本类型：（1）前端收费型（资金进入投资账户时收费，其他情况都不收费）；（2）后端收费型（从投资账户中提取款项时才收费，其他情况不收费）；（3）两端收费型（前端收完，后端也要收）。对于前端收费型的品种来说，当保险消费者退出投资类保险时（无论是全部退出还是部分退出），不用再支付各种费用。这是保险消费者本应享受的一个权利，虽然可以不行使这项权利，但是不能不了解。

当需要高位结利、落袋为安，或者急需用钱、止损割肉的时候，保险消费者都可以利用这个条款轻松自如地退出此类保险，将资金划转到自己的账户中，而不用额外支付任何费用。当然后端收费型及两端收费型的保险产品在退出时，需要扣除部分费用，保险消费者需知悉。

四、用好“保本条款”，谋求最大投资回报率

在某些投资类保险中有一个非常特殊的“保本条款”：假如这项投资在某一时间段内赚了钱，那么利润的大部分（甚至是全部）都会归保险消费者所有；如果这项投资亏了本，保险公司会将本金（保险消费者已经交纳的所有保费）百分之百地退给保险消费者。利用这一保本条款，保险消费者一定要狠狠地“折腾”，什么利润高就投什么。一旦运气超好，赚到的高额利润就是自己的；如果运气不佳，风险就是保险公司的，自己的本金却不亏。

孩子的父母们需要全面了解保险条款中的各种“退改签”政策并好好利用这些政策。灵活运用保单，造福自己和孩子，尽享“退改签”的福利，而不是被它们束缚。

第四节　在售前咨询和售后服务过程中，感觉不满意怎么办

只要有人的地方，就有高矮胖瘦之分，其素养、颜值、涵养、观念、文化背景、价值观、容忍度及切身利益等都不相同。这样就有了比较、纠纷和矛盾，也可能因此产生爱与恨，这就会直接影响一个人对另一个人（或者事物）的满意度的高低。

父母在为购买孩子的保险享受服务时，肯定是为了孩子的美好前程来的。但是一旦对保险服务员或者保险公司产生了不满甚至愤怒的情绪，产生了不舒服甚至被哄、被骗的感觉，那么要怎么办？能怎么办？

该怎么办呢？

一、售前阶段

下面我们先分析一下售前咨询阶段，孩子的父母表达不满诉求的六大主要形式和途径。这些方法结合了部分理论，更多是来自一线实践经验。至于售后理赔服务过程中的不满，我们将在后面讲解应对之道。

（一）内部投诉

向该保险公司内部的客服部/品控部/投诉部等反映客观情况，表达主观感受，甚至投诉相关业务员。这是目前已知的效率最高的途径，因为这些部门都是比“县官”更管用的“现管”。他们很容易接触，效率高，是某些纠纷的最终调查和调节部门甚至是最终解决部门。所以，无论是从效率还是从节省自己的精力、财力的角度来讲，内部投诉的方法是最高效、最省时的。适用于标的小，事实简单、清晰的个案，可以治病救人，亦可惩前毖后。

（二）消费者协会

保险消费者还可以通过 12315 消协投诉热线表达对保险公司销售服务体系的意见，只要打电话就行。只不过，消协的工作人员在保险专业方面也许不是特别清楚，所以可能要移交相关部门，会影响时效。

（三）保险同业公会/保险行业协会

这是比 12315 更加贴近保险行业的意见反馈渠道，既可以反馈对从业人员的意见，也可以反馈对保险公司的看法。因为他们对于保险的专业知识更加熟悉、更加了解，所以在沟通效率上要高很多。尤其是当你担心保险公司内部相互包庇的时候很好用。

（四）保监会

保监会是对整体保险行业进行监管的行政管理部门，也是处理保险重大问题的最有效机构，隶属于国务院。保监会在各地都有派驻机构，也就是保监局，保监局在处理重大问题方面效果很好（保监会设立的保险消费者投诉维权热线是 12378）。对某些小问题的处理，保监会往往会转交给具体事务部门来负责，比如上面所说的当事保险公司的内部投诉部门。

（五）法院

这是几乎所有百姓都能接受的公平调节裁定的机构。由于是两审终审制，所以每个案件最多有 2 次诉讼机会。一旦法院审理的案件被媒体报道或符合相关要求，也可以公开审理，所以这种方式具有震慑作用。当事人也不用去理会过多的法律条条框框，只需拥有清晰的法律事实（并非清晰的生活事实）、强大的证据链和充足的精力即可。

（六）仲裁

这是一个只有一次沟通机会的第三方渠道，实行一裁终裁制。此种方式是投保人和保险公司双方在签约时约定好的，仲裁往往是与诉讼相排斥的，需要二选一。

当然，在售前咨询阶段，保险服务员提供的往往是不收费的咨询服务，也就是说交易双方还没有进入实质性的权利、义务交换阶段。除了不满的情绪、不舒服的感受和白费了几小时甚至是十几小时的时间外，保险消费者在此时也没有什么实质性的经济损失。所以，上面列举的方式一和方式三是表达不满诉求的较为有效形式。对于那些具有公共危害性质的重大问题（比如返佣、误导和诋毁），就可以直接使用方式四，引发全行业的警示，整治少数害群之马。

当然，最重要的是看你是否有空闲时间，是否有惩恶扬善的情怀和惩前毖后的公德心。如果上面 3 个问题的答案都是“有”，那么你就可以像 38 元青岛大虾、哈尔滨万元天价鱼等事件的事主那样，将真实的感受和经历配上图片甚至是视频发布在自己的微信、微博等朋友圈中，让你的朋友们吸取你的教训。让别人不再上当受骗，让他人不再有像你那样的不愉快经历。同时须谨记，要以事实为依据，千万不要夸大其辞甚至捏造事实。

一旦有不满意的情况，最有效和实用的办法就是用脚投票，华丽丽地转身，跟不愉快说“拜拜”，既潇洒又不影响亮丽的心情。尽快寻找下一位既专业又让你感到舒服的保险服务员，协助你落实保障计划方为上上策。因为对大多数父母而言，自己和孩子的幸福生活不被改变，相应的保障尽早得到落实更为重要。

上述六种表达不满诉求的途径仅仅针对个别的违规违纪现象，既要及时纠正，也要防止矫枉过正，因噎废食，一棍子打翻一船人。毕竟从整体来说，在机遇与危机并存的时代，保险行业的保障作用是很明显的，也是非常重要的，不存在大规模的欺骗问题。

二、售后阶段

在售后的理赔过程中有不满意的情况，就不能那么任性地放弃了。

否则，如果自己都能轻易地放弃属于自己的利益，那么你还梦想谁来替你伸张与奔波呢？

在售后理赔服务阶段，父母们至少会经历这些流程：

（1）已经支付了最近一次的保费，甚至是交清了全部保费。

（2）遇到了“看起来”可以理赔的保险事故，比如经济损失或人身伤害。

（3）保险公司赔付的款项少于孩子父母的心理预期，被认为是没有弥补到位，这对保险消费者来说属于二次伤害（经济伤害）甚至三次伤害（精神伤害）。

保单的实质就是一旦出现事先约定的事故，就应按照相关的标准进行付款。既然合同条款中对这些细节都表述得非常清晰，而且保险事故也真实地发生在身边，孩子的父母们就应当为自己的利益去申诉、奔波。

最好咨询一下专业律师和第三方保险理赔专家的意见，因为他们会是强有力的帮手，你只要花钱买省心，他们就会帮你少走弯路，少受气。

让保险消费者不满意的理赔结果一般可以分为4类：

（1）理赔标准不对。

（2）事实认定不对。

（3）遗漏相关重要细节。

（4）对于关键事实的解释偏向于强者（保险公司）而欺负了弱者（保险消费者）。

此时可以进行投诉，具体途径也可见上面售前六大途径。如果遇到上述情况，请咨询身边的专业人员，或关注微信公众号“好险”（Goodluck-2u，或者扫描本书后勒口的二维码）。

【案例5-5】

2013年3月20日，王某在某保险公司业务员的推荐下，为其4岁的孙女妞妞投保了一份分红型保险，交费期限是5年，年交保费10万元，保险期限为10年，保险金额为100万元，保险合同自2013年3月21日零时生效。2015年5月，王某经过与同期银行存款利率对比，发现保险收益并没有达到自己的预期，于是向保险公司提出退保申请，并要求退还两年所交保费共20万元。与保险公司协商无果后，王某向法院提起诉讼，要求保险公司退还所交保费和相应利息损失共计21.14万元。理由是被保险人妞妞无民事行为能力，自己也并不是妞妞的法定监护人，双方签订的分红型人身保险合同包含死亡给付保险条款，所以该合同无效。

保险公司辩称：王某所购买的保险为理财类保险产品，其合同并非单纯的死亡给付保险合同，不应适用《保险法》关于死亡给付保险的规定，该合同应为有效。即便合同无效，因本案是保险合同纠纷，不涉及利息损失，因此原告王某的诉求没有事实和法律依据，请求法院驳回原告诉讼请求。

法院经审理查明：王某投保情况属实，其在××保险公司购买的分红型保险身故保险金和意外伤害身故保险金均为100万元，既有投资理财性质，也有保险保障性质。被保险人妞妞无民事行为能力，王某并非妞妞的法定监护人，在投保时妞妞父母并不知情。

法院于2015年8月21日做出民事判决：投保人王某对被保险人妞妞无保险利益，保险合同订立时无效，被告××保险公司应于本判决生效后10日内退还原告王某保险费20万元，相应的利息损失由王某承担。宣判后，原被告均未上诉，判决已发生法律效力。

资料来源：梁东，高永飞．保险隔代投保的有效认定［EB/OL］．中国保险报·中保网，2017-03-09［2017-05-13］．http：//chsh. sinoins. com/2017-03/09/content_225022. htm.

【点评】

在保险日常业务中，把祖辈作为投保人为孙辈购买保险的现象称为隔代投保。出于对孙辈的疼爱或者其他种种原因，隔代投保现象比较常见。在保险市场上，对于风险的预防、发生和可能造成的损失，投保人往往比未成年的被保险人了解得更多，保险金额和保费的巨大差异极易诱发道德风险。因此，在保险合同订立时，投保人应对被保险人具有保险利益。《保险法》第三十一条规定：“投保人对下列人员具有保险利益：（一）本人；（二）配偶、子女、父母；（三）前项以外与投保人有抚养、赡养或者扶养关系的家庭其他成员、近亲属；（四）与投保人有劳动关系的劳动者。除前款规定外，被保险人同意投保人为其订立合同的，视为投保人对被保险人具有保险利益。订立合同时，投保人对被保险人不具有保险利益的，合同无效。”由此可见，祖辈对孙辈不具有保险利益，其订立的保险合同无效。

此外，保险法对以被保险人死亡为给付保险金条件的保险规定了更为严格的条件，同样也是为了防范道德风险。《保险法》第三十三条规定："投保人不得为无民事行为能力人投保以死亡为给付保险金条件的人身保险，保险人也不得承保。父母为其未成年子女投保的人身保险，不受前款规定限制。但是，因被保险人死亡给付的保险金总和不得超过国务院保险监督管理机构规定的限额。"第三十四条规定："以死亡为给付保险金条件的合同，未经被保险人同意并认可保险金额的，合同无效。按照以死亡为给付保险金条件的合同所签发的保险单，未经被保险人书面同意，不得转让或者质押。父母为其未成年子女投保的人身保险，不受本条第一款规定限制。"由此可见，祖辈为无民事行为能力的孙辈投保时，须经得其法定监护人的同意，否则保险合同同样无效。

因此，在一般情况下，祖辈对无民事行为能力孙辈不具备法律承认的保险利益，在其法定监护人不知情或不同意的情况下，其保险合同无效。但也并非绝对，在保险实务中，祖辈为无民事行为能力的孙辈成功投保须满足如下条件：一是投保人须符合投保寿险产品的年龄要求；二是投保人须经得被保险人法定监护人（父母）的书面同意，或者被保险人的法定监护人为投保人本人。此外，对于隔代投保，部分寿险公司对被保险人的年龄也有所要求（一般要求被保险人在 10 周岁以上），其目的同样是为了最大限度地防范道德风险。

第五节 孩子的保险，最好什么时候交费，要交多长时间

很多人都纠结保险的投保签约日是在近日，还是生日之前。面对这个重要的投保时间的问题，让我们看看买卖双方站在不同角度上的考虑。

（一）投保交费是越快越好吗

对于保险服务员来说，最好的节奏就是"现在、立刻、马上"签约、成立、签回书面回执，通过犹豫期，拿到佣金，通过疾病等待期，

等保单全部生效。这样就可以帮保险消费者早日拿到可以抵御风险的生效保单，保险服务员也可以进入售中和售后服务的进程了。

对于保险消费者来说，最好的安排节奏则是事先谈好方案细节、签字付费交材料、拿到保单、完全理解保险条款、在拿到保单后 10 天内放弃反悔的权利、安全通过疾病等待期、保险效力开始全部生效，最好太平无事花钱消灾，但万一出事，也有保险公司在旁边帮着，不用过度担心。

上面两种时间节点并不是对立的。当然，这一切要以双方对于保险的认识、财务的安排、共同的时间、预约一致为基础。

在售前解释分析完成后，在投保签单阶段当中，除了签字和当面见证这样的基本工作职责之外，保险服务员基本上没有什么需要作为的事务和义务。但保险消费者则要尽很多义务，比如准备好所有证明文件、流动资金以及预留相应的签约时间等。但在某些特定情况下，也会出现一些意外状况，如手边没有有效身份证（可能涉及办理签证、办理移民期间、办理抵押手续、注册公司、快递到异地办事、身份证件失效或遗失补办等情况）、流动资金不足（可能涉及应付款过多、应收款过多、流动资金紧张、突然急需资金等情况）、缺少机动时间（比如连续加班、项目最后期限到来之际、家人就医、复习备考、红白喜事等情况）、信息不方便披露（公司上市静默期、法律诉讼期间、公务员报告期、晋级公示期间、尽职调查期间、申请廉价房等特殊待遇期间）。在这些情况下，保险消费者很可能心急气躁，没有条件也不适合立即签约。过了这些特殊的时间段，其他时间就可以来办理签约、投保手续了。投保的第一步是通过填写投保单递交投保申请。如果连投保单都没有签署，那么投保的所有信息和资金就都没办法进入审核流程（更不用说什么生效与否了），做好的保险方案就只能停留在保险建议书阶段。此时，所有的保障功能肯定没有生效，如果发生保险事故，保险公司肯定不会负任何责任。毕竟有些时候成立了的保险合同都没有完全生效，更不用说是建议书、方案书了，它们根本就没有效力。

如果要购买的保险是锦上添花型的，是为了保障将来的生活水准不降低的，你只要有支付能力，就可以下单购买。当然你完全可以挑选一个良辰吉日或有意义的纪念日（比如结婚纪念日、生日和情人节、5 月 20 日、6 月 18 日、8 月 8 日、8 月 18 日、8 月 28 日、11 月 8 日、11 月第四个周四、11 月 11 日、12 月 21 日）下单，也可以挑选毕业季和开学季等（比如 6 月 1 日、6 月 7 日、6 月 8 日、7 月 1 日、9 月 1 日）购买教育金、成长基金，既应景也便利。

但是，如果购买的是以小博大、具有保障功能的保险品种，其保障功能是在合同成立之后才能生效的。对于某些具有等待期的保险产品来说，其滞后效应可能将会让保障功能生效期延至保单成立的 3 个月甚至

24 个月之后。换句话说，在保单没有完全成立的法律空白期，其保障功能并不能马上生效。从这个角度来说，“现在、立刻、马上”就签约投保手续，是明确之举，也是理性、专业的体现。因为这类保险就是在和风险赛跑，而风险是无法预料的，既然不知道它会什么时候发生，那么就现在提前预备好。

所以，如果投保这类保障型保险产品，最好尽快完成投保申请，让保单合同及时生效。这是关键中的关键，原因有以下三个：

第一，影响保费的一个因素是年龄，也就是周岁。从今日起到下一个生日到来之间，保险消费者的周岁年龄都不会变大。也就是说，即使放到明年生日之前一两天投保，也不会让保费便宜一分钱，而今日投保也不会让保费贵上一分钱。

第二，今日（近日）投保，保单就会早一点成立，保障效力也会早一点生效，相当于没有多花一分钱，就能早大半年享受到保障。如果要熬到明年生日前投保，那么不仅没有少花一分钱，而且还少享受了大半年的保险保障。

第三，如果届时健康状况发生了改变（特指变坏的改变），就可能面临不仅没有等到更便宜的保费，反而等来了加费和除外责任（甚至会拒保），非常不值。一旦在这段时间内发生保险事故，那么投保人可获得一大笔急用资金来解决自己的顾虑，保护好家人；而投保者拖延则无法获得保障，只能自行解决面临的问题。

保障类保险都和身体状况有关，加上还有 3～6 个月的等待期，我们就要在身体好的时候来买。所以如果感觉 10 年之后身体不太好，就要在九年半之内买好；如果感觉一年后身体会不好，那么就在半年之内买好；如果不知道什么时候会身体不好，就需要现在马上买。因为今天就是你接下来的生命中最年轻的一天，所以今天投保最便宜。

【案例 5-6】

阿美刚满月的时候，亲戚朋友都来看她，粉嘟嘟的笑脸真是惹人喜爱啊，每位长辈都摸摸头、捏捏脸的。当时一位在银行工作的同学提醒阿美的妈妈小丽说："现在小朋友的保险，在满月后基本上都有资格购买了，哪天空下来及时下单，落实各项保险！如果你不懂，我可以帮你参谋参谋。"那时因为阿美的奶奶和外婆因故都没来帮忙，家里除了一位家政阿姨，就是阿美的爸妈了，但是阿美爸爸单位的工作非常忙，甚至要加班，而小丽单位的工作也不轻松，所以拖来拖去四五个月都过去了，小美的父母还没有把保险的事情提到议事日程上。

结果，阿美都快 1 岁时，因为咳嗽发烧一周都没好，就去县里住院治疗。一开始医生也是怀疑简单的着凉感冒，但是随着检查的深入，发现她居然伴有呼吸急促，有时喘不过气来。后来转去市里儿科医院，在对多项指标综合分析后，专家排除了其他病症的可能，确诊了哮喘，但是一时半刻也找不到引发哮喘的病因。后来对症下药后，治疗非常见效，半个月后阿美就康复回家了。

这时阿美爸妈立刻想起了保险的急迫性，马上联系保险公司，精心对比了 3 家公司和产品，挑中了一款办理了投保手续。当小丽认真填写阿美的健康状况既往病史时，保险代理人严肃地说："这样的情况不一定能够顺利承保，虽然拒保的可能性不大，但是你们要有个心理准备。"怀着忐忑不安的心情，经过"漫长"的等待，3 天后保险公司的核保结果来了："目前暂时无法正常承保，需要延期承保，延期期间是36 个月。"

看到这样的核保结果，小丽夫妻俩都不甘心，又去其他两家保险公司投保，都是一样的结果。他们俩非常后悔，如果当时听从了银行同学的建议，及时投保，就不会有这样的麻烦了，说不定这次的住院医疗费（2.6 万元）也可以报销大部分了，今后的医药费也就不用提心吊胆了。小丽后悔道："那时及早投保，我们还可以挑挑保险公司，现在是保险公司来挑我们了。"

当然小丽夫妇也表示，今后时间要精心照顾，并且积极查体，留下健康数据，以更好的身体健康状况去挑保险产品。

【小知识】

刚刚出生的婴孩（除极少数遗传性先天性疾病外），都是非常健康的，此时投保几乎没有任何不利因素。但是孩子一旦出现过症状后再去投保，就属于非标准体了，保险公司会根据评测标准分别给出下列七大种处理可能：

1. 加费承保

这是在身体异常的情况下保险公司所能给出的比较好的承保条件和结果。虽然加费了，但所有具有相对较高风险的保险项目完全承保。也就是说所有的保障项目和效力没有变化，都能够得到保障，日后一旦发生保险事故，都将得到完全正常的理赔服务，在这些所有后端服务里，什么都不变化。只是目前保险费用比标准体的客人要高一些，高的比例视个体情况在5%～50%之间浮动。当然投保客人有不接受这个承保条件的权利，通俗来说，就是保险公司可以这样那样地约束客人，但是投保客人也可以选择不投保并且完整拿回所交纳的保费。只不过孩子父母需要知道孩子的风险已高于常人，且保险公司尚可接受，若继续恶化，将可能无险可保。

这个不接受保险公司开出的附条件承保承诺并完整退回保费的权利，也适用于后面其他状况。

2. 部分责任免除

这个承保结果的好处就是保费没有变化，有所区别的是某些特定部位、某些疾病、某些系统增加了责任免除。比如今后心脏病以及相关的并发疾病予以责任免除，其他所有部位的疾病保障和意外损害保障依旧。建议保险客人及时接受这样的承保结果，日后结果好转时再做申请。当然父母也有权不接受。

3. 部分责任免除后再加费

这个承保结果相当于把上述两种附加条件同时叠加在孩子身上。这种情况下保险公司认为某个部位（疾病或系统）的风险比较大，或者无法预估该部分的准确风险度，故而先将该部分的风险列入保险责任除外范围，随后再将整体费用上浮一个比例。这是身体异常程度到了一定级别的应对措施，不过风险还在保险公司可承受的范围内，此时投保客人虽不符合正常承保条件，但会归为“次标准体”进行加费、减责的承保。

4. 将最高可承保保额调至某个安全额度内

保险公司对于某些异常的身体状况，无法做到准确评估，比如第一次遇到，没有历史数据，比如没有可供统计的大数据，比如没有理赔数据，比如无法承担过高的风险，比如团体单位的其他个体都挺好，但某几个个体非常异常，比如某些形象工程等。在这些特殊情况下，保险公司会把该项目的最高可承保额降低至某个安全额度内。在此额度内，保险公司认为此风险是可控的、可承担的，即使风险真的发生了，保险公司的损失也在预算范围之内。

5. 转换保险品种

就同一个保险公司而言，品种 A 对于身体健康状况要求严格，投保客人的身体可能有点差，品种 A 无法提供很好的解决方案给投保客人。但是品种 B 对于身体健康状况的要求不高，可以确保现金流的顺畅。所以在一些情况下，保险公司会建议投保客人在每年保费开销不变的情况下，转换为另一个保险品种，这样客人就拥有保险了，而不用太纠结于不太良好的身体状况。

6. 延期承保

有一类投保客人的身体健康状况异常到很不清晰，仅凭借最近的体检报告，还真的搞不清楚状况，无法了解其危险程度，更不知道其趋势。当然目前也不至于直接拒绝投保，所以保险公司就给出了延期承保的建议，需要投保客人今后连续几年的健康体检报告的支持，以证明其情况是持续清晰的、可知可控的，就可以日后安排承保了。

7. 直接拒保

这个结果是父母们和保险公司都不喜欢的，这意味着孩子无险可保，而保险公司前期付出了和标准体投保审核同样的运营成本，甚至是更多的运营成本（比如体检、单据录入、材料审核以及调看体检报告等），却少了一份营业额，少赚了一份利润。当然这个结论更是投保客人不愿意看到的，满怀欣喜地准备好了资金和各种材料，却得到这样简单粗暴而又清晰的结果。这意味着保险公司认为这样的身体健康状况有较大的问题，以至于不敢承担相应的风险。

有少数人可能会想到耍点小聪明，认为不把异常状况告诉保险公司，不告诉保险服务员，就可以按照标准体来正常承保，而不用接受这七种“不平等对待”。岂不知，由于保险合同秉承了“最大诚信”原则，所以为了维护投保客人自身的长期权利，客人在投保前需要如实告知保险公司“既往症”等异常状况。否则如果消费者不如实告知的话，日后会产生解约及理赔障碍。再说了即使你不说，通过各项检查手段，也会完全还原各种异常状况的。同时这些“耍小聪明”的朋友一旦成功拿到钱，今后就会坐实骗保的事实，面临被刑事追责。

经过上述客观分析，强烈建议年轻的父母们一定要趁着现在，趁着年轻，身体又好，及早为孩子投保，将孩子纳入标准体承保的行列中。否则一旦成为非标准体甚至是次标准体，投保客人就失去了与保险公司的谈判底牌，由原来的非弱势群体变为弱势群体，也不再是保险公司重点关照的常规客户群了。之前还可以左挑右选的商业保险，现在是非常想买却不一定能买得到了。

当然，还是有一些方法，能让身体情况异常的亚健康的朋友们得到相对强一些的权益，得到好一些的待遇。但是此类情形都不同程度地涉及个人隐私甚至是个人缺陷，所以为了保密起见，请单独咨询我们的专业咨询顾问。

（二）投保交费是越长越好，还是越短越好

首先，从极端情况来说，交费期再短，也短不过投保时一次性交完（专业术语是“趸交”）；交费期再长，也长不过投保人的有生之年（即终生交费）。

其次，保障功能属性稍弱但投资储蓄属性强大的保险产品，交费期越短，总交费额越少。相对于后面固定的“回报额”来说，当然是总交费额越少，“数学回报率”（等于回报额除以总交费额）就越高，也就越合适。

再次，保障功能属性强大的保险产品，交费期越长，每期交纳的保费就越少，相对应的保障放大倍数（可以理赔到的最大金额除以每期保费）就越大，也就越合适。并且多数此类保险产品还有豁免保费的功能，一旦交费期间发生某些约定的保险事故（比如全残、死亡、大病等），保险公司就会免去投保人的交费义务，后面所有该交的保险费就统统不用交了。在这种情况下，交费期越长，被豁免的剩余保费就越多，也就越合适。如果选择短期交清，甚至是一次性交费，则豁免保费的功能就无法享受了。当然，终身交费的保险产品有一个缺陷，就是即使在投保人退休之后，也要在没有固定收入的情况下交纳保费。所以，投保人一般既不会选择趸交保费，也不会选择终身交费。

最后，大多数保险产品的交费期间为 6 ~ 30 年。如果交费能力强，就选择交费年限短的（比如 6 ~ 10 年），争取交的总保费少一些；如果经济压力大，就选择交费年限长的（比如 15 ~ 30 年），让每年的交费压力小一些。

综上所述，如果购买“雪中送炭型”的保险产品，最好在今日（近日）投保、备查、督促通过审核、生效，并且交费年限偏向于长期；如果购买“锦上添花型”的保险产品，则可以适当择某一吉日投保，交费年限偏向于短期。要想交费总额少一些，可选 1 ~ 10 年的交费期；要想减轻每年的交费压力，则可选择 15 ~ 30 年的交费期。

以孩子为被保险人购买的保障类保险，那是越早购买越好，满月后的健康孩子肯定可以顺利承保（市面上最小的承保“年龄”从出生 5 天起），而教育金类保险，投资类保险早一天晚一天就没多大关系了。至于交费期间则需要注意：投资类和教育金类的保险可以控制在 5 ~ 10 年，甚至是可以一次性交纳完毕，这样数学回报率可以更高一些；那些保障类的保险，即使保障期间是终身，交费期间也不能够过长，控制在 15 ~ 30 年是比较合适的范围，这样可以得到更大的保障放大倍数；而有些保障类保险是消费型的，就得一年一买，像汽车保险那样，不断续费。

第六节　千方百计定期检视，维持保单的有效性和即时性

孩子父母购买保障型保险的目的是以防万一，以确定的保费来克服

不确定的风险。对我们每个人来说，最大的幸运就是有保险却可以一辈子不用（孩子一生平安），最大的万幸是在遭遇保险事故时有保险这把保护伞，而最大的不幸则是在发生事故最需要保险的时候，保单刚刚失效无法理赔，这真是不幸中的不幸！为了避免这种情况的发生，最重要、最基本的就是持续保持保单的有效性和即时性。

实际上，要想让一个长期交费的保单在长达730天的时间里彻底失效，还真不是一件容易的事情。因为导致保单最终失效的条件是连续2年都不交保险费，而在这期间，保险公司至少会发出9次书面提醒，保险服务员也会通过各种渠道和方式提醒父母们。判断保单是否彻底失效，必须验证下列几点：

第一，在连续730天里，投保人和被保险人一直处于失联状态。典型表现就是毫无预兆地搬家、辞职、出国、换手机号、停用电话甚至是离家出走，同时这2年中也从来不登录电子邮箱，从来不上微信、微博和QQ，也从来不和邻居、亲戚、同事、同学、朋友们联系，从来不网购、不剁手、不收快递、不叫外卖等。

第二，在连续730天里，投保人和被保险人从来不看新闻、不上网、不读书看报、不聊天交流，生活在美好的童话世界里，根本看不到各种各样的交通事故、刑事案件、着火报道、重大案件和意外事件等天灾人祸，从来没发生一件能让他们联想到保险的事件。

第三，在连续730天里，投保人和被保险人银行卡里面一分多余的钱都没有，信用卡被刷爆，里面可用的透支额度都没有了。

一、维持保单有效性和即时性的细节和要点

（一）按时交纳保费

虽然及时提醒保险消费者交费是保险公司的责任所在，但按时足额交费是保险消费者的义务。积极、主动地提醒自己交费是很简单的，有

很多技术手段可以用，最常见的就是在手机上设置日程安排。你可以把手机设置为每年提醒一次交费（然后设置为永不结束地重复下去），并将这些信息共享到云端。这样一来，你终生都能收到自动提醒。当然，也可以将提醒邮件的自动发送时间填写为1年后的交费周年日。

关于按时交费的义务说明，后面有一个非常特殊的案例，可以让每一位消费者理解其严肃性。义务是责任，是必须去履行的，没有自己放弃的份，除非对方同意你不履行。它不像权利，可以享受也可以不享受。

【案例 5-7】

张先生有一笔8000元的应付未付保费马上要过60天的宽限期（保险公司已通过书面和电话的形式告知过张先生交费的义务以及不交的严肃性），而保险公司正好有一笔要赔给张先生的9000元理赔款正在打款中，张先生认为收入大于支出，就没有特别理会。谁知道，又过了20天，张先生就遇到了重大事故身故了，保险公司却不予理赔这笔200万元的理赔金。因为保险公司扣款的账号是张太太的A账号，而张先生接受保险公司理赔款的账号却是张先生B账号，这导致张先生的保费过了60天的宽限期却没有交付成功。张先生不遭遇保险事故的时间是扣款日之后的第80天，因为张先生保单在交费期过后的60天宽限期之后还没有交纳保费，所以已经处于中止的状态，此时的保单已经无法提供正常的保障，最后法院的判决结果是：保险公司拒绝理赔依法有效。

【点评】

最好将收入和支出看作两件独立事情，分别处理。虽然张先生的权利和义务本来是可以联系在一起的，但因为一个极其简单的原因致使张先生没有尽到交费义务，从而失去了在出险后享受权利的机会。

（二）保持通信畅通

一旦出现更换单位、单位搬家、住址有变、移民出国等情况，一定要通知保险公司，最少要经常看下老信箱里面的信件（可以拜托旧地址的朋友，帮忙代为查看一下）。同样，一旦需要更换新的电子邮箱或更改最常用的电子邮箱，一定要将老的电子邮箱和不常用的电子邮箱设置为把来信转移到新的电子邮箱中，中间保留大约半年的过渡期，以便顺利通知大多数的朋友。如果更换了新的手机（座机）号码，还应给老号码办理一个将通话无条件转移到新号码的业务，并且保证至少6个月的过渡期间，让过往的老同事、老朋友及保险服务员能正常联络到。上述技术手段可能会经常性地更改变化，但是目的意图不变，那就是要和过去的老关系保持顺畅的联系，腾出专门的时间用于平稳过渡。

（三）交费银行卡应相对固定

首先要做的是授权保险公司到保险消费者名下的银行卡中自动转账，而不要想每年去保险公司现场刷卡交费，一则不方便，二则也不可能保证每年的那天有空（甚至不在国内都有可能）。

接下来就是确保扣除保险费用的银行卡是一张常用卡，里面要有足够的活期余额，最好开通网上银行、手机银行。这样，即使银行卡不在身边，也可以随时查看动态、调配资金，不至于忘记了存款和交费。若可以的话，最好将此卡设置为家庭统一支出卡，和家里的水电煤气等费用交纳绑定在一起就忘不了，这样就能够顺利地安排好家中的开支，毕竟保险费用只是家庭所有开支中的一部分，一个正常运转的家庭一定有很多的费用要交纳和处理。

最后关于卡中余额的事情，既可以严格控制其额度，做到不多不少，刚刚好，也可以稍微多放一些，避免其他关联方先扣款项后，导致活期余额不足以被保险公司扣除保费，产生不必要的麻烦。当然要注意这个余额一定是可以随时扣除的活期余额，而不是定期存款余额。

（四）用好60天的宽限期

对于应付未付的保费，可以先享受长达60天的交费宽限期，然后再交费。60 天之后，交费还有困难时，再去合理利用保费垫交功能，甚至可以暂时不交费。在接下来的两年时间里，再择时补交保费，让中止（中间停止）的保单恢复效力。总而言之，一切都是为了让保险保持有效状态而努力，莫让保单轻易失效。

（五）合理利用信用卡

在现金流出现暂时性紧张的时候，可以使用信用卡的透支和借款功能来暂渡困境（最长有 56 天的免息还款期）。由于信用卡的消费以及借款可以分期偿还，投保人还可以进行分期还款，比如分 12 期或 24 期的话，大约每期只要还款 5% ~10%，大大减轻自己的资金压力。当然市场上众多的信用贷款（甚至是 P2P）也是非常方便的，只要之前的信用记录良好，没有任何不良记录就非常方便，对于短期融资是一个特快、特有效的方法。

（六）务必亲笔签名

不管是出于主观还是客观、有意还是无意的理由，投保人和被保险人都不要让家人、保险服务员代自己签名。如果已经发生这种情况，必须将所有非亲笔签名的名字立刻更改过来，并得到保险公司的书面反馈。因为代签的字迹再像也是代签的（假的真不了），在几百万元甚至是数万元赔付款面前，在司法纠纷当中，肯定无法通过司法鉴定。保险消费者千万不要在这样的低级错误上跌倒。

（七）维护好个人信息

保险消费者必须把个人信息维护好（尤其是个人的健康状况、工作危险等级、体重、家族史等信息），确保所有的信息都是真实、完整、准确、最新的，否则，一旦因为这些关键信息更新不及时，导致保险公司的老合同不承保，进而就可能导致保险合同在之后的保险理赔申请中遭遇被拒赔的尴尬。

（八）理顺特殊情况下没有可保利益的关系人

对于没有可保利益的关系人，一定要处理好、变更好，理顺关系，才不会乱。如果投保人给男朋友（女朋友）买了一份保险，那么现在要么“持证上岗”，要么尽快将投保人变更为被保险人本人。同理，对于因婚姻关系变化而产生的前夫、前妻、前婆媳、再婚再离家庭带来的子女这样的特殊关系，也需要及时变更投保人，避免产生法律纠纷。

二、保单有效性和即时性失效案例

（一）宽限期后，保单的中止与复效

【案例 5-8】

周先生曾经投保了某长期重大疾病保险，共需交费 20 年。后来，他搬了新家、换了新手机，但都没有通知保险公司，所以一直没有收到保险公司的催交信和催交电话。2015 年年初，周先生盘点小金库时才发现这份保单过了交费宽限期（此时，该保单已交费 5 年，还应交费 15 年）。周先生连忙提出了恢复保单效力的申请，在补办所有手续时，保险公司要求周先生重新体检。

体检结果表明，周先生甘油三酯升高，并有长期吸烟史。因此，保险公司开出了“加收保险费通知书”，告知周先生在今后 15 年里，每年需要多交 2000 余元的保费。

【点评】

需要长期交费的险种，如果在扣款日之前没有用现金价值垫交保费，也没有做减额交清等申请，那么在过了扣款日的 60 天之后还没交费的话，保单就将自动失效而处于“中止”状态，但在最后一次应交费却未交的保单周年日 2 年内还可办理复效手续。2 年后还没有向保险公司申请复效的，保单就将彻底失效而终止。这就会造成前期投入的保障资金没有得到有效利用，同时个人的保障也出现了缺失和空白，对家庭的财务规划来说既缺少了保障，又有了大的浪费。

周先生的事例还提醒广大保险消费者，保单一旦失效，即使保险公

司同意恢复其效力，保险消费者也可能面对一定限制和不必要的麻烦，如重新体检、重新审核经济状况等。如果体检结果显示被保险人的身体状况达不到规定标准，则可能遭遇加费、责任除外甚至拒保。对一些短期附加险而言，过了交费有效期就会自动失效。

因此，保险消费者在投保后，应定期检视个人情况，让家庭的财务保障体系稳定地发挥作用，免受这么大的波折。

（二）即使保险服务员失联，消费者也要更新个人信息

【案例 5-9】

崔小姐在家收拾房间时，无意中发现了压在箱底的家人的保单。她在翻阅中察觉，由于搬家、换工作等原因，很多保单信息都过时了。她联系了保险代理人，但当时的那位代理人已经离开了崔小姐投保的那家保险公司。这时候，崔小姐该怎么办呢？

【点评】

在这种情况下，崔小姐仍然应该及时联系保险公司，更新家人的个人信息，以免保险公司无法与她的家人及时联系。

问题一：联系方式变化。这会导致保险公司后续的相关服务无法跟上，一些通知也无法送达。因此，一旦发现保单上填写的联系方式有变化，保险消费者（或其家人）就应尽快更新留在保险公司的联系方式（拨打客户服务热线，用微信联络官方公众号，甚至写信、传真，都是较为有效的方式）。

问题二：保险服务员离职。投保人不妨经常随手拨个电话，和自己的保险服务员联系一下，看看他的联系方法是否变了或者验证一下他是否已经离职。如果当时的保险服务员已经离职，可以拨打保险公司的热线电话，要求对方重新委派其他保险服务员为自己服务，让自己的保单随时有一位有效的保险服务员服务，有条件的互加微信号经常交流，互通消息。

问题三：生存金的领取。如果错过了领取部分生存金或返本金的机会，不要紧张。大部分保单会将投保人未领取的生存金存放在保险公司特定账户中，日后可以一并领取（当然，投保人也可以查看合同或拨打保险公司的客服热线咨询）。

另外，可以借保单年检的机会再次回顾保单的内容，弄清楚保单的保障范围。不妨花点时间，将家人所有的保单都整理到电脑文档中，将签单时间、基本保额、保障期间、每年的应交保费、具体的保险利益等一一列明。对于一些定期返本、满期给付年金的保险，还应该写一些备注作为提醒（亦可加入电脑/手机中的行事历和日程提醒）。

（三）正确指定受益人且应注意更新

【案例 5-10】

“富姐”王女士的丈夫发生了婚外情，之后主动提出与王女士离婚，并净身出户。之后，王女士把大部分财富通过保险形式安排在女儿名下。因女儿尚小，故受益人写了“法定”，而没有指定受益人。女儿长大后，顺利地结婚了，且在婚后育有一对双胞胎。不幸的是，女婿也发生了婚外情。但女儿为了一双儿女的平静，选择了隐忍，而没有离婚。在一场交通事故中，女儿突然离世，结果女儿的所有保险理赔金被分成了 5 份（王女士及其前夫、一对双胞胎和女婿每人一份）。对于王女士来说，对不起女儿的那个男人拿了 3 份，对不起自己的那个男人拿了 1 份。王女士忙碌一辈子，赚来的财富有 80% 都送给了 2 个对不起自己和女儿的男人！最后，自己只拿到了 20%！

【点评】

王女士不幸遭遇的起因是没有正确指定受益人，过后又没有及时更新。需要指出的是，当保险金作为遗产留给继承人时，还要履行一定的义务，比如说，清偿死者生前债务、税金等。而单纯的保险金则是不用履行这些义务的。所以，广大消费者在购买保险，填写保单时，一定要

认真填写“受益人”一栏，清楚明确的指定受益人，以免日后出现纠纷和麻烦

每一位投保人都有指定并且修改受益人的权利，所以，如果家庭结构发生重大变化，投保人可以及时更新受益人，并将其登记到保险公司的系统中，避免保险金没有给自己选定的受益人而落入其他人手中，造成事与愿违的结果。尤其是遇到下列几大变故之后：

（1）婚姻变更（离婚、再婚、再婚又再离婚等）。

（2）家人离世（父母、子女或者配偶过世）。

（3）家庭添丁进口，生了新婴儿。

（4）特殊子女（养子女、继子女、非婚生子女等）。

（5）受益人先于被保险人死亡。

（6）受益人依法丧失受益权或者放弃受益权。

总之，确保保单的有效性和即时性是基本要求，之后才能享受到保单上载明的相应服务。

第七节　红包的处理的故事

对孩子来说，过年过节庆祝之时拿到红包是特美的事，可能是时间点很吉祥（年节之际），也可能是有好事发生（比如成功升学，拿到某奖项，得到什么表彰等）。协助他们打理好拿到的红包，把好事办好，将会三有利：有利于从小培养孩子对钱的看法，有利于孩子们学会用钱当好钱的主人，有利于父母早日放手。处理好红包是父母需要做好的应景之事，让好事成双。

对于家长来说，可以分三大步骤来带着孩子完成对钱的体会，做钱的主人，让钱为我们服务。

第一，体会钱的流动性。可以陪同孩子去银行，让孩子亲自办下人

生的第一张银行卡，顺便介绍银行这种特殊企业的用处，认识到现金的作用。然后在孩子名下的银行卡上存上五六千元的活期存款，通过日常小开销的灵活支取和支付，体会钱的流动性、便捷性。当然如果挂靠了支付宝、微信等，还可以体会通过手机支付所做的与银行卡的关联操作，了解手机小额支付的用处，以及网络银行转账、收账的便利，尤其是产生相关手续费的原因以及替代方法。

第二，了解钱的增值性。每隔一两个月，陪同孩子去 ATM 机器上向孩子的银行卡存入一笔定期存款，这样大半年后，就会出现每个月收到利息的现象。届时借由解释利息的由来以及利息额度的计算方法，让孩子了解钱的增值性、钱的时间价值、借贷成本等。随着孩子理解能力的逐步加强，也可以告诉孩子活期存款利率与定期存款利率之间的差别及由来，还可以告诉孩子存款利率与贷款利率的差别由来，同时了解银行这种特殊公司利润来源的要点。

$$利息 = 本金 \times (1 + 月利率) \times 月数/12$$

$$年度总利息 = 各个月的利息之和$$

第三，了解钱的安全性。为孩子购买一款强制储蓄性质的教育金保险，来固化每年的红包收益。每年的开销额度就是孩子所收到的红包总额，交费到 18 周岁即可

可以了解钱在安全保障上面的用处，也搞点高大上的“人人为我，

我为人人”的教育。保险可以帮助别人去看医生，去生宝宝，去读书，去防范意外伤害，去保护汽车，去保护房子，去防护家庭，去应对将来可能的各种困难。

孩子小小的红包可能做不了多大的事情，也许只够他们的零花钱，但是通过管理好、使用好红包，给孩子们所带来的好处远远大于金钱本身。让孩子们学会使用钱，做好钱的主人，而不能够被钱所奴役。

第八节　紧急突发情况下，如何从保险公司快速拿到钱

作为普通消费者，很多父母面对严谨而专业的保单，往往感觉枯燥、繁杂、看不懂。所以，针对孩子的大部分人寿保单都有10天的犹豫期，在此期间退保，父母可拿回全部保费。

那么孩子保单的犹豫期过后、保险满期日之前，一旦遇到紧急状况，父母可否从保险公司拿到相关款项呢？

下面就来看看哪些情况下，父母们可以通过什么名义和方法，拿到什么样的款项。

一、投保人领取款项的10种情况

《保险法》不仅赋予了投保人提前解除合同、得到相应款项的权利，同时也赋予了投保人如期按照保单领取相应保险金的权利。但是，在不同情况下，能够领取的保险款项不尽不同。

在以下十大情况，父母可以中途解除保单领回部分现金：（1）犹豫期无损失退保；（2）正常退保；（3）减额交清；（4）保费垫交；（5）保单借款；（6）生存现金领取；（7）养老金领取；（8）教育金领取；（9）现金红利领取；（10）投资收益领取。

前面讲过，在犹豫期内申请退保孩子的保险，父母可以完全拿回保

费，没有多少实质性损失。父母们要用好这个时间段。

在交费期间停止继续交费，并且需要领回现金的话，就属于正常退保，此时能够领取的现金额度所参考的是现金价值表格。退保申请会导致保险消费者的经济损失和保障终止，所以应该事先向保险服务员及保险公司（客户服务热线、在线、柜台或微信等均可）咨询，对退保的后果做到心中有数。在正式递交退保申请时（或者之前）书面终止对原交费银行账户的扣款授权，同时可将授权银行账户中的活期余额减少，甚至降为0元。但是不可以撤销付费账户的授权，否则保险公司的退保金无法从银行中自动转账给你，平添烦恼。

如果在交费期间只停止交费，但不要求马上领回现金而让保单继续有效的话，保险公司会参考通过减额交清表格，给保险消费者调低保险额度，这就属于减额交清。

大部分寿险合同在续交保费到期日后，会给出60天的交费宽限期。如果在此之后，投保人仍然没有履行交纳保费的义务，保险公司就会启用事先约定的保险费自动垫交的功能，便于维持合同的有效性。至于可以垫交多长时间的保费，取决于保单现金价值的多寡，可参考现金价值表。

在正常的保险期间，大部分寿险合同都具有现金价值，经保险公司同意，可以质押以得到一定的贷款，这被称为保单借款。此时，借款上限理论上是相应的保单现金价值的100%（这属于一次性领光，也就是退保），在一般的有借有还的情形中，借款额度上限为保单现金价值的70%～90%。

大部分寿险都可以在期满后领回满期金，也有不少寿险产品可以依照保单条款的规定，在保单期满之前所约定的时间点（如每隔一两年或每隔5年，或者到投保20年之后，或者在被保险人年满55岁时），领取相应的生存现金，具体的额度参照保单的约定。

所有养老年金类型的保险都会约定在一定年限之后（比如投保二三十年之后或者被保险人年满 55 岁时）开始逐年或者按月领取养老年金。这就是养老年金领取。

对孩子的教育金保险来说，在孩子就读大学、高中甚至初中的相应年龄，就能进行教育金领取。教育金都是在一些特定年限领取的，比如 15 ~22 周岁的每一年，比如 25 岁、28 岁、30 岁之际等。

现金红利领取存在于分红型保险当中。只要当年保险公司运作良好，就会有相应的红利分配给客户。红利有两种形式，即美式分红和英式分红。美式分红（也叫保费分红）就是把每年的分红以现金的形式给投保人，投保人既可以逐年领取，也可以累积到最后一次性领取，所分红利叫现金红利；而英式分红（也叫保额分红）则体现为保额上的增长，无法随时取出，要到最终领取保额（或者退保）的时候一并领出，所分红利叫增值红利或增额红利。

最后一种叫作投资收益领取，一般存在于万能型保险和投资连结保险中，是自由度最高的领取方式。投资连结保险的投资收益性可防范通货膨胀的风险。投保人在选购投资连结保险时，除了应关注投资收益率外，对于各项初始费用和支出费用也不可忽视（其收取形式和比例都不同于基金公司）。同时，投保人还要了解不同账户的营运风格和风险，以及不同类型的投资账户转换时的手续费等细节问题。

二、投保人领取款项的案例分析

（一）利用保单借款渡过困境

【案例 5-11】

王先生在儿子刚出生时就购买了年交 5 万元的分红型保险，截至 2015 年年底，共交了 30 万元保费。由于是分红型保险，王先生每年都能拿到分红通知书，还分 2 次领取过现金红利。

2016 年年初，王先生的资金流出现了一点小问题，暂时不能按时交纳保费。过了 60 天的交费宽限期后，他也没能及时交纳保费，最后他请保险公司启用了保费自动垫交功能，以保证保险效力的继续。

2016 年年中，王先生的资金流困境仍然没有完全解决。这时，王先生想直接退保，拿到现金了事。但保险服务员考虑到退保损失比较大，同时王先生今后仍然需要保险保障，所以建议王先生利用保单借款的权利借出了 15 万元左右的流动资金，缓解了现金流上的一时困境。

【点评】

退保时能够拿到的现金其实不多，还会失去未来的保障，一般不要轻易尝试。用保单借款的办法来缓解资金危机是一个很常用也非常划算的方式，对于王先生这样的现金流暂时性受阻的群体，只要抓住机会即可东山再起，再创辉煌，所以保单借款非常有效。

（二）用万能型保险和投资连结保险让自己收益最大

【案例 5-12】

赵老师和王老师是同一年结婚，同一年生孩子的。她们也都在银行里购买过万能型保险和投资连结保险，但当时的股市非常不稳定，让人无法安心投资。赵老师虽然赚了一点，但也极度害怕，担心不知道什么时候就开始赔了；王老师赔了不少钱，更是心急如焚，特别想解套。她们都想知道，在动荡的股市里到底该怎么办。

【点评】

万能型保险和投资连结保险都是“一份每年可续费的终身型寿险（身故赔保额）”再加上“一个专属的个人投资账户”，是保险公司在提供传统寿险保障的同时“创新”出来的保险品种。

其中，万能型保险的收益具有保底性，上不封顶，其投资渠道中包括股票、基金、债券等。而投资连结保险直接投入到股票基金中，下不保底、上不封顶，收益和风险自负；分设几个不同激进程度的投资账户来运行，账户风险有高有低（理论上，最高风险就是账户资金全部亏损），而投保人可以根据自己的情况，在不同账户中配置资金的比例。

投资连结保险和万能型保险的这种间接投资基金形式，相当于保险公司在帮助客户挑选基金，可以称为“站在基金肩膀上的保险”，这是让大部分保险消费者感到便利、放心的地方。不过，2006 年以来，中国资本市场跌宕起伏、交投活跃，与资本市场紧密相连的投资连结保险和万能型保险的收益当然也高低起伏不定，让投保人心里没底。

当然如果对后市根本不看好、感觉损失很大，或者受不了折腾以及急需用钱，都可以提取投资收益（可以全部提取，也可以部分提取）。当然，如果投资收益良好，就可以继续保有万能型保险和投资连结保险。

（三）根据家庭状况的变化决定是否退保

【案例 5-13】

1999 年，罗先生的女儿才 8 岁，他就先后为女儿购买了十多份人寿保险。现在，女儿为罗先生喜添了外孙女，罗先生需要将一部分保单退保，同时增加几张新的保单。

【点评】

经常有人把购买保险比喻为一项证券投资，热衷于计算“收益率多少”，比较“是否划算”。购买保险和证券投资是两个概念，但有一个要点是一样的，那就是：在落实一段时间之后，两者都有比较自由的退出机制。在证券领域，这种退出机制叫作“获利了结”或者“忍痛割肉”；而在保险领域，这种退出机制则叫作“退保”或者“终止保单效力”。

女儿 8 岁的时候，罗先生就买了保险。现在女儿为罗先生喜添了外孙女，很明显，罗先生的保单早已过了犹豫期，但仍处于有效期。罗先生有权根据家庭状况的变化随时向保险公司提出退保申请。退保后，可以按保单中所附的现金价值表领取退保金。当然，如果罗先生还有尚未偿还的保险公司借款，保险公司会扣除其需偿还未偿还的借款及利息，然后将剩余的金额退给客户。适当的与时俱进的调整是必需的，特别是对于那些像鸡肋一样的保单，尤其需要及时调整。

第九节　交保费时，发现没钱了，怎么办

现在孩子的开销很大，几乎随时随地都有几个小一万元的开支在那里等着，有的时候轮到要交纳保费时，往往就没有钱去交费了。一旦遇到这样的情况，孩子父母们如果没钱交纳保费，可以有哪些应对方法呢？？以下八大妙招可以助你摆脱囧境。

第一，利用宽限期申请延后支付。就是说，可以暂时不交费，在接下来的 60 个自然日之内交清就可以。这是人身保单特有的宽限期政策，而且在这 60 天的宽限期之内，保单还是继续有效的，也就是说发生保险责任范围内的保险事故，同样可赔付。所以，保险消费者不妨用好延迟付费的权利。不过，超过扣款日 61 天之后，保险公司就有权中止保单的效力了，所以切忌超过 60 天的期限！

第二，修改付费方式。可以申请将原来一年一付的付费方式修改为其他付费方式，比如半年付、季付甚至月付。如此一来，交费金额将会减少到原来的 1/2、1/4 甚至 1/12 左右，大大缓解了资金周转的困难。因为一次性拿出年度保费 9% 的费用比一次性拿出全部年度保费要容易很多。这可以算是一个暂缓之计，是以空间换时间。

第三，自动垫交保险费。简单更改投保单上的一个选项就可以在“保费过期未付时使用自动垫交保险费功能”，让保单继续有效。等日后资金宽裕时，再把钱还上。这就可让保险保持有效状态，但又没有额

外增加任何开销。当然，相对应于自动垫交保险费，在保费过期未付时，另外一个选择是“立即中止合同效力”。

第四，保单借款。就是说，投保人可以向保险公司申请保单借款，借出所需的一部分现金价值。借出的现金，一部分可用于交纳保费，确保保单有效，其余部分可用于紧急周转，弥补手头资金的紧张。等到自己的流动资金到位之后，再将本金连同利息还给保险公司。最大借款总额取决于现金价值的总额，以及借款与现金价值的占比。

第五，领取红利和生存现金。投保人可将未领取的生存现金和现金红利领出来抵交保费，差额部分多退少补。毕竟这笔款项本身就是属于投保人的，虽然每年的额度不高，但长年累月累积起来总额还是可观的。平时不用就放在保险公司里面享受利息，现在领出刚好应急。例如历年红利如果在 100 ~ 600 元间浮动，那么 20 年下来的红利总额就在 8000 元左右，和保费差不多了。

第六，使用复效条款。如果在宽限期内仍未交纳保费，也不想用上述方法中的任何一条，投保人还可以申请缓交保费，最长 2 年。此时，保险效力中止（注意，是“中止”而非“终止”），在此期间发生的任何保险事故，保险公司均不负赔偿责任。只要在 2 年满期日之前（730 天之内），把应交的保费连本带息补上，已经中止的保险利益即可恢复如初。这个方法虽然涉及最长 2 年的“空白期”，但可以避免保单被终止（最终完全停止）的窘境。

第七，减少保额或延长交费期。在交费期限不变的情况下，减少保额可以降低当前每期的付款压力。在保额不变的情况下，延长交费期限也可以降低当期的付款压力。如果同时降低保额、延长交费期，那么当期的付款压力将大幅下降（以适合自己的数额为宜）。

第八，使用减额交清条款。倘若经济状况不允许今后再交任何一期保费，但又想拥有生效的保障利益，那么保险消费者可以使用“减额交清条款了”。在过往所有已交保费总额的基础上，设定上次为最后一次付费义务，本次及以后再无交费义务，保险公司会重新计算一个新的保额，新的保额无疑小于原保额。例如原保额 100 万元应交 20 年，现在已交 10 年后不交，减额交清后的新保额应在 45 万～55 万元。

当然，相比于上述八大处理方法，更为重要和关键的是每位保险消费者购买保险时要量入为出，合理评估自身的付费能力，避免过度消费（累计保费以个人年收入或家庭年收入的 8%～20% 为宜）。

第十节　四大典型投保案例

一、普通双职工小康家庭

家庭概况：妻子春芳，华东某县城中学教师，年收入 8 万元；丈夫王工，华北某县城技术工程师，年薪 14 万元。

春芳老师 37 岁，在当地重点中学县一中教数学，培养的学生很多都走上了工作岗位，可谓桃李满天下，大多在发达的大城市工作打拼。王工 35 岁，是当地外资工厂的一名工程师，也是技术骨干，凡是有故障的生产机械到了他手里，必定是药到病除，“服服帖帖”地再次上岗。他们夫妻俩居住在中原大地的一个县城里面，小日子过得不错，孩子 9 岁了，孩子的爷爷、奶奶、外公、外婆都住在乡下，领着养老金，种着小菜园，过着采菊东篱下的神仙日子。

小县城的生活悠闲而安静，生活节奏就和交通节奏一样，虽然慢但井然有序。如果不是同事在学校门口的一个小车祸，春芳老师肯定不会想起购买保险。那天教语文的老师骑车到校门口时，不小心自己跌倒，竟然骨折了，然后在医院就医检查时居然发现了乳腺癌转移。要知道这位老师才 30 岁，平时生龙活虎的，谁知道一出状况就是这么大的事情。

还好当时全校师生一起募捐了 9 万多元帮助这位语文老师渡过了最难的时光。

随后春芳老师和王工找到在当地保险公司工作的学生，研究了保险细节和条款，各自落实了同样的重大疾病保险计划（储蓄返还型终身大病险 20 万元，外加消费型大病险 50 万元），同时为孩子一次性购买了 100 万元的消费型重大疾病保险。

至于日常住院手术费用报销的保险和意外医疗保险，他们全家三口人手一份，这样的计划可以协助社会保险，减轻日常的医疗费用的经济负担。

为了防范其他风险的叠加，春芳老师还给全家的保险购买了豁免保费的附加险，这样，春芳老师才放心地继续原有的悠闲生活。春芳老师王工一家三口购买的保险见表 5-1。

表 5-1　春芳老师王工一家三口购买的保险

	被保险人	投保人	受益人	利益
储蓄返还型终身大病险	夫妻俩	春芳老师、王工	孩子和夫妻俩	20 万元大病保障
消费型大病险	夫妻俩	春芳老师、王工	夫妻俩	50 万元大病保障
消费型大病险	孩子	春芳老师、王工	孩子	100 万元大病保障
日常住院手术费报销险	全家三口	春芳老师、王工	全家三口	配合社保，做好补充
意外医疗保险	全家三口	春芳老师、王工	全家三口	配合社保，做好补充

二、老来得子家庭

家庭概况：爸爸 53 岁，妈妈 45 岁，孩子 2 岁。

前年，经过多次的试管婴儿尝试，建国夫妻终于有了他们的第一个孩子帅帅，虽然来得有点晚，但老来得子让建国夫妻都十分宝贝这个儿子。今年帅帅已经 2 周岁了，建国 53 岁，太太也过了 43 岁生日。

建国夫妻最近特喜欢到外面溜娃，平时在小区里面，大家都知道情况，也就叫他们帅帅爸、帅帅妈。最近他们到更远的地方溜娃，已经有很多次人家说帅帅爷爷真年轻，帅帅奶奶好福气。次数一多，建国俩就认真地考虑起一个问题了。的确是爸爸比儿子大 51 岁，妈妈比儿子大 43 岁，在某些地区真的可以是爷孙和奶孙。现在儿子小还没特大的感觉，一旦儿子 18 岁开始读大学时，也许问题就变得很突出了。那时建国是个快 70 岁的老人，妈妈也要 61 岁，早就退休了。如果帅帅结婚再晚一点，晚到 35 岁，建国想，自己那时是否能够登上婚礼舞台送上祝福，还真的是个未知数。

考虑了几个星期后，建国夫妻决定要做点什么来消除这个担忧。恰好有位保险代理人朋友来拜访，听到建国夫妻的担心后，保险代理人朋友给他们做了表 5-2 所示的保险规划。

由于建国夫妻与孩子相差年龄远超普通人，而且帅帅是独生子女没有兄弟姐妹，当帅帅进入中青年之后，建国夫妻很可能无法照顾帅帅，甚至他们可能已不在人世。考虑到这种情况，建国夫妻就为自己购买了高额的终生寿险，这样他们俩在世就亲自照顾帅帅，一旦二人离开人世，便有一笔较大的现金代替他们夫妻陪伴帅帅独立生活。

同时，由于建国夫妻年轻时没有养育孩子，赚得比一般人多，所以积蓄还是足够的。他们就给孩子落实了终生年金保险，每年都有生存金给出，在年轻的时候累积起来作为教育金储备资金，供读高中、读大学、读研究生时候用。日后还可以作为创业金、婚嫁金，等到帅帅有了自己的子女后，每年的生存金还可以贴补生活，尽管那时建国夫妇可能已不在人世，但是他们对帅帅的关爱还在。

为了将来老年时候可以享受比较好的医疗条件，同时也不拖累帅帅，建国夫妻为自己买好了高端医疗保险。这样将来生病需要照顾时，全部交给高端医疗险解决，而帅帅只需来探望即可。至于将来退休养老，建国夫妻也考虑好了，直接用退休工资去住养老院，现在的几处房子都留给帅帅，避免将来和儿媳、儿子待在一起引发不便。

表 5-2　建国家庭的保险组合计划

	被保险人	投保人	受益人	利益
终生寿险	建国夫妻	建国夫妻	帅帅	一旦建国二人过世，可以留一笔现金给帅帅
终身年金保险	帅帅	建国夫妻	帅帅	每年领取 4 万元，直到帅帅百年之后
高端医疗保险	建国夫妻	建国夫妻	建国夫妻	每年可以报销上千万元医疗费

三、金领重组家庭

家庭概况：爸爸带来 6 岁儿子，妈妈带来 4 岁女儿，目前即将生老三。爸爸年收入 70 万元，妈妈年收入 40 万元。

结婚 1 年的 Susan 女士和 Jim 先生即将迎来第 3 个孩子的降临，全家满心期待，保姆阿姨都已经就位了。他们是重新组合的幸福家庭，6 岁的老大是 Jim 带来的儿子，4 岁的老二是 Susan 带来的女儿，但怎么也看不出重组的样子。这一切都归功于高情商的 Susan 女士，她不仅会赚钱，而且把大儿子视为己出，把全家照顾得温暖和谐。

俗话说当妈难，当后妈更难，当仨娃的妈妈是难上加难。但是太太 Susan 情商超高，不仅把大儿子笼络好，而且大儿子和二女儿的关系融洽得像亲兄妹那样。因为她知道自己的女儿也是需要和亲生父亲交流沟通的，如果相处得好，那么儿子就有两个妈妈，女儿就有两个爸爸。相反，如果处理不好，就会一个妈妈、一个爸爸都没有。大儿子非常喜欢这个阿姨妈妈，因为 Susan 把他的学习和娱乐调理搭配得非常好，并且这个阿姨妈妈还协助他和亲生母亲相聚。

在怀上 Jim 的孩子不久之后，Susan 就主动提出要给三个孩子购买保险，因为她感觉保险用得好，就会像一块黏合剂那样，让重组家庭更加紧密，更加幸福。所以在拿到保险合同之时，Susan 特地让保险经理来家里给所有人讲保险的意义、保险的功效，枯燥保险条文里面体现的父母对子女热烈的爱，一时间家庭里那浓浓的爱意四处流淌。

他们家庭的年收入在 110 万元左右，但平时的生活开支也很高。为了能够让全家人的幸福生活水平保持不变，不受外来突发意外的影响，夫妻俩分别购买了保额为 500 万元的定期寿险，相当于未来 18 年的全家开销，这样夫妻俩只需努力工作就可以保证完全达成幸福生活的目标。

安排好了大人，Susan 还特地给三个小孩（包括即将出生的三宝）每人安排了一份保险组合计划，其中重大疾病保险的保额高达 100 万元，以及终生三次理赔功能和轻症理赔等；同时每个人的教育金总支出在 50 万元左右，可以做到 9 年义务教育之外的高中和大学的学费全由保险公司来支出。尽管三个小孩的年龄与性别不尽相同，但基本上做到了每个人拥有相同待遇，没有偏颇之处。Susan 表示，三宝出生后一满月就去落实好这份保险组合计划，做到及早投保及早生效，不留隐患和遗憾。

面对每年 30 多万元的保费支出，Susan 自嘲说她自己的所有收入全部投资在家人的健康、教育和身价上面。她对老公 Jim 发嗲说："今后全家人的幸福生活都靠你了，你的钱要省着点用，要日常开销，还要年度预算。如果不够，你就去多赚一点哦。"当然夫妻俩的定期寿险也非常高，高到他们不必为身后事而烦恼。

最后为了做到万无一失，Susan 还给每份保险加上了豁免功能，相当于给保险买了份保险。这样即使有最不想看到的重大状况发生，甚至同时发生在夫妻俩身上，保险都可以让孩子们今后的生活水平一点也不降低。Susan 家庭的保险组合计划见表 5-3。

表 5-3 Susan 家庭的保险组合计划

	被保险人	投保人	受益人	利益
定期寿险	Jim 和 Susan	Jim 和 Susan	仨娃均分	18 年以内，如果夫妻俩过世，则留下 500 万元给孩子
终生重疾保障	仨娃	Jim 和 Susan	仨娃	保佑孩子终生的重疾保障、三次理赔、轻症理赔等
教育金	仨娃	Jim 和 Susan	仨娃	高中大学教育费由保险公司负责。目前总支出 50 万元
豁免险	全家	Jim 和 Susan	Jim 和 Susan	一旦投保人过世全残，剩余保费不交，但保险利益依旧

四、单亲宝宝家庭

家庭概况：妈妈带儿子，年收入 25 万元。

王芳生活在北方某城市，5 年以前的一个大雪夜，丈夫因车祸而突然过世，留下 6 岁的儿子阿刚。尽管王芳得到了 60 多万元抚恤金，但她还是常常唉声叹气，因为公婆是白发人送黑发人，阿刚没有了父亲，王芳则失去了丈夫。

5 年后的今天，王芳 37 岁了，阿刚已经 11 岁了。阿刚的外公、外婆、爷爷、奶奶都鼓励王芳再找一个，但是王芳担心再婚的对象会对儿子不好，因为男人多数都很粗心，不会关照那么细，而这个年龄段的男人通常也有自己的孩子，所以王芳就一直单亲妈妈做到现在。

在所在的城市里，王芳 25 万元的年收入还是比较高的，抚养儿子没有大问题。但是 4 位老人的年龄越来越大，身体也越来越差，而阿刚还有 10 多年的书要读，将来阿刚还要娶妻生子，买房结婚。真的是细思极恐，因为这些事情全部归拢在一起，就是一笔压在肩头的沉重责任，几乎和生命等长的责任。

因此，王芳非常担心自己的赚钱能力突然下降、失业，甚至是万一哪天，自己就像阿刚他爸那样突然离开人世，那么儿子该怎么办？4 位老人该怎么办？

王芳在专业保险代理人的协助下，完成了针对自己家庭情况的保险组合计划（见表5-4）。具体内容包括：

（1）保障期限为终身的寿险。保额30万元，消费型，受益人分别为四位高堂和儿子阿刚；等到四位老人百年之后，再修改为儿子阿刚。因为这款保险的保障期间非常长，所承担的风险比较大，所以单价高于后面的定期寿险。30万元的保额也不至于支付过高的保险费用，这部分可以作为基础的保障部分。

（2）保障到60周岁的定期寿险。保额180万元，也是消费型。王芳认为在自己60岁之前的责任是最大的，上有4位老人要赡养，下有未成年儿子要抚养。所以在前面30万元保障额度的基础上，特地加上未来23年期间的保障额度180万元。这样一旦在60岁前发生死亡和残废的事故，王芳关爱的家人就可以拿到最高210万元理赔款。

表5-4 王芳家庭的保险组合计划

	被保险人	投保人	受益人	利益
终期寿险	王芳	王芳	四位高堂和儿子	终身30万元的身故保障
到60岁的定期寿险	王芳	王芳	四位高堂和儿子	到60岁前的180万元的身故保障
意外保险	王芳	王芳	四位高堂和儿子	一旦意外身故，有600万元保障
教育金	阿刚	王芳	儿子阿刚	儿子30岁时一次性领大头，其余部分每3年领1笔，用于教育金

（3）意外伤害保险。保额600万元，这部分是专门处理意外伤害的风险，当然也包括地铁、公交、火车、飞机等公共交通了。在生活中因为意外事故的原因，导致残疾、残废甚至死亡的话，保险公司可以额外给予600万元意外身价保障。由于意外事件发生的概率不高，所以

600 万元意外险的保费也不高。

（4）成家立业金。王芳最放心不下的是儿子阿刚的教育情况，虽然孩子逝去的爸爸无法替代，但王芳总是想着给阿刚最好的教育。通过这个方案，阿刚可以在 30 岁一次性领取大头，其余部分每 3 年领一笔，用于教育金。

本章总结

（1）我们能承受的风险，再大也不是风险；我们不能承担的风险，再小也是风险。

（2）对以死亡为给付保险金条件的人身保险，孩子的保额上限为 50 万元（10～18 岁）和 20 万元（10 岁以下）。

（3）保险的意义是拿走你根本无法承担的风险，实现你的长期愿望。

（4）时间未必造就一位伟人，但一定造就一位老人。老年时的养老计划，也可以从娃娃抓起。

（5）如果保费小于家庭开支的 3%，就是可以忽略的支出，变得不重要。

（6）如果保险身价没达到家庭总资产的 30% 以上，说明保险对家庭的影响不大。

（7）对保险产品与服务不满的处理方法至少有 6 种，你可以挑一种最简便的方法。

（8）儿童保险何时交、交多少以及如何交，父母都得心中有数。

（9）一旦暂时交不上孩子的保费，又不可以退出，我们有八大方法可以挑选。

（10）孩子的保险的投保人多数为父亲母亲，少数情况下可以为爷爷、奶奶、姥爷、姥姥，需要我们注意其限定条件。

Chapter 6

第六章　活动运营方的儿童保护、自我保护与责任保险

一忽儿学校

一忽儿培训班

今天运动会

明天去攀岩

爸妈不能每分每秒

做我们的保护伞

有什么伴我行

凭什么把心宽

有此章细说分明

听唐兄慢讲未尽

作者：怿娴。誊写者：上海协和双语学校（浦东）4年级老虎班　张乐娴

阅读中思考的问题

（1）生命在于运动，身体在于锻炼，但学生们在学校的运动时间和范围都太少，你家孩子是这样的吗？

（2）有家长感觉孩子的课间休息还不如犯人的放风，为什么会这样呢？

（3）有老师说孩子的优点是活泼，缺点是太活泼，太好动，你知道为什么吗？

（4）很多孩子在家养得太娇贵，像瓷器那样就怕碰，一旦碰坏了，学校可担不起责任，亲子活动场地提供者、亲子活动主办方更加不敢担责。

（5）如果你是早教机构的经营者，是各类运动训练机构的经营者，该如何看护容易受伤的孩子呢？

（6）面对各种突发的意外伤害，作为机构经营者，您有哪些预防措施和治理手段？

（7）某家共享单车的运营方，被告要赔偿死亡的未成年人家庭878万元！作为各类亲子培训的经营者，如果要你单位赔偿这么多钱，你该如何应对？

第一节　保护学校的各种责任保险

如今的孩子，养育起来比20年前要精细多了。先不说各种兴趣班、提高班、艺术班、游学班、奥数班等的普及和兴旺，就连衣食住行等方面也要高档很多，不是国外进口的，就是一线品牌，精良制作。总之孩子用的肯定比爸爸、妈妈用的要至少高出一个档次，比爷爷、奶奶、姥爷、姥姥用的要至少高出两个档次，因为大家都不想让自己的孩子输在起跑线上。并且运动方面也是提供最好的，比如跆拳道、柔道、围棋、游泳、潜水、国际象棋、桥牌、少年高尔夫、马术、击剑等，什么高大上就来什么。

但是在集体运动方面，有一些大家众所周知但也没有什么更好解决方案的“囧境”出现在各大学校里面。毕竟学校才是孩子们待的时间最长的场所，然而无论是公办学校，还是私立学校，都存在着孩子们运动不足的情况。更多的是孩子们被老师限制运动，这一点和20年前的孩子一放学就到操场上撒欢不相同。在很多家长微信群和 QQ 群的反馈、抱怨中都能看到家长的下列声音：

“我儿子他们课间休息时，都不准出走廊，更不要说上操场玩了！”

“他们班的女同学最受老师欢迎了，全部都在安安静静地做作业。”

“现在读书，还不如人家服刑呢，那些人都有放风的时间，孩子却没有。”

……

我们经常能够听到家长群中抱怨的声音，说是孩子们课间休息都被“锁”在教室里面，要么“主动”做作业，要么被动在教室里面休息。

同时，我们也听到很多老师们的诸多抱怨：

“现在的老师，真的是赚着白菜钱，操着卖白粉的心啊！”

“现在教学生的确辛苦，命也苦啊，不仅上课要生动活泼，还要能够加大运动量。”

“现在的学校压力大啊！上次听说隔壁那个学校的两个学生在课间休息奔跑时对撞，结果脑震荡，现在还在纠纷过程中，大门天天被堵啊！他们那年轻的班主任可要喝一壶了。”

“是啊，现在体育课也不敢让学生们努力运动了，只能够适可而止！只能说大做大错、小做小错、不做不错。”

“是啊，现在的午休最好不要让他们乱跑。跑出了任何问题，不管什么原因，都是我们老师的问题，都是学校的问题。毕竟不可能在学校里面装满摄像头，进行 7×24 小时无死角监控啊。再说，大多数父母都只有这一个孩子啊。”

……

近年来，越来越多的校园安全事件见诸媒体，相关原因呈现多样化、复杂化趋势，校园风险趋于综合多样性。由于中小学生的自身心智模式、生理特点及贪玩、活泼、好动的个性，再加上自我保护意识薄弱，缺乏必要的安全知识，很容易引发这样那样的事故。从发生的责任归属来看，有属于校方过失或者过错的安全责任事件，也有学生本人违反学校相关规章制度导致的伤害事件，甚至也有自然灾害导致的意外事件。对于校方安全责任事故的处理，涉及如何确认责任，学校的赔偿能力是否充足等问题。一般情况下，学校的教育经费有限，国家拨出的办公经费都是专款专用，不得挪作其他用途，在九年义务教育阶段，学校不仅没有任何学费收入这一部分，学校通常也没有校办企业和其他经济来源。因此，在出现校园安全事件需要大额赔偿时，校方往往无力承担，导致学校与家长的纠纷不断上升。家长和亲属到学校“讨要说法”，甚至做出极端行为，既影响了学校的声誉，还影响学校正常教学，以至于各方利益皆得不到保证，出现多方全输的局面，甚至引发社会问题。于是许多学校为了避免学生安全出现问题，往往容易做出停止一切校外活动甚至部分体育活动的决定，这显然不利于学生的全面发展。

如果有什么方法能化解这些担心，让老师安心教学，让学生尽情活动，让家长省心，该多好啊！那些想象中的意外事件毕竟是极少数，因噎废食显然不妥。

因此有必要探讨如何保障各方利益，转嫁校方的民事赔偿风险，让学校和老师减少担心，甩掉包袱，放开手脚，大胆教学。

20 年前的老师和家长们显然就没有现在的老师和家长们那样的担心。“家长怕受伤、学校怕担责”，长久以来，担心发生校园运动伤害事故成了阻拦孩子走向操场的重要原因，而背后反映的是生命的宝贵、资源的稀缺和超高的理赔额度。

在正规的大中小学学校以及幼儿园，绝大多数都倡导学生们能够自主购买那些政府倡导学生自行购买的保险（当然也有极少数学生使用了自愿不投保的权利）。

并且几乎所有的学校都参加了教育主管部门推广的各种责任保险，这是学校的义务，属于不得不买的保险品种，也是一种保护学校利益、维护学校正常运转的重要途径。

上海市某中学负责人评价校方责任保险机制“就像给学校和孩子们穿上了一件‘保护服’”，改变了学校组织学生开展体育锻炼等正常活动时“缩手缩脚”的局面，构建了一个比较完善的风险屏障，给受伤害学生提供一定程度的经济保障和人道主义补偿，缓解了学校与学生及家长之间的矛盾纠纷。

目前在上海，中小学（包括幼儿园和职校）常见的校方保险有：校方责任保险、国寿校园意外伤害保险、上海市学生体育运动伤害专项保障基金，以及学生文体活动与寒暑假学生活动人身意外伤害保险等，具体内容在第二章第五节已有介绍，在此不再赘述，仅举两个真实的案例。

【案例 6-1】

上海某幼儿园学生杨乐（化名），因重症肺炎送往医院就诊，因抢救无效不幸死亡，最终予以 90000 元的理赔款。

【案例 6-2】

上海市某民办学校学生孙彤（化名），于 2016 年 10 月在学校组织的足球比赛中意外摔倒，导致左胫腓骨下端骨折，共计产生医疗费用 36414.45 元。由于该意外事故属于体育运动伤害范畴，最终赔付金额为 36414.45 元。

我们重点梳理一下校方责任保险的来龙去脉，让大家对这个保险的前世今生了解得更清楚一些。

上海市于 2001 年通过立法并实施《上海市中小学校学生伤害事故处理条例》（以下简称《条例》），明确规定了学生在教育教学活动期间发生伤害事故后校方与受伤害学生、家长之间的责任与权利。上海保监局与上海市教委充分沟通协调，积极支持上海市教委运用商业保险机制落实《条例》的相关要求，实现制度上的突破，开发中小学校校方责任保险。

2001 年，中国平安保险公司率先与上海市政府合作设立学校责任保险，由上海市教委统一为中小学校投保，由平安产险上海分公司承保。这不仅填补了险种业务上的一个空白，更是创造性地协助政府实现了优化社会管理方式。随后，浙江、山东、北京等省市，纷纷颁布政策法规。

2002 年 6 月，教育部以《条例》为参考，发布了《学生伤害事故处理办法》，并以上海校方责任保险项目为参考样板，在全国范围开始推广上海经验。

2008 年 4 月，教育部、财政部和保监会联合下发《关于推行校方责任保险完善校园意外伤害事故风险管理机制的通知》，对各地推行校方责任保险工作提出基本原则和总体要求，进一步完善了校园风险管理机制。

目前上海市所有中小学（含民办、农民工子女学校、中职院校）及高校和幼儿园均在统保范围内，即已实现校方责任保险保障全覆盖，全国大部分学校也在全面实施校方责任保险的过程中。

从地方法规到国家条例，从上海一方到全国各地，“上海模式”的校方责任保险的实施，标志着整个社会对于学生安全的全面关注，中小学校方责任保险成为推动社会发展的新基点。

第二节　早教培训机构的场地保险责任保险

早教培训机构，本书泛指早教机构、亲子培训、艺术教育、补习班等。包括但不限于运动类（游泳、乒乓球、轮滑、柔道、跆拳道、篮球、羽毛球、足球、击剑、马术、高尔夫等），棋类（围棋、象棋、五子棋、国际象棋等），语言类（外语、方言、口语、演讲等），声乐类（钢琴、古筝、大小提琴、二胡、琵琶、竹笛、架子鼓、乐理、合唱团等），艺术类（小记者、主持人、讲故事、舞蹈、摄影、模特、剪纸、演讲、绘画、书法等），竞赛类（奥数、乐高、机器人、航模、珠心算、写作等），升学补习类（高复班、幼小衔接、小升初加强、各类1对1等），看护类（托儿所、晚托班、亲子游戏乐园、私塾、读经等），游戏类（陶艺、角色扮演、职业扮演、折纸等）。

上节说到的各公办学校都要购买教育主管部门推广的各种责任保险，这对各大公办学校（含部分私立学校）来说是义务，不得不买，必须买。但是对各类早教培训机构，则是它们想要，却无法那么方便获得的福利。毕竟上节说到的校方责任保险是“政府搭台、行业指引、企业主导”基础上的通力合作与创新尝试，是由教育主管部门牵头组织、统一招投标、统一落实的，其涉及人员广、交易金额大，有着规模经济的优势，相对于保险公司来说，有谈判优势。而对那些不是很大的早教培训机构来说，在保险公司面前基本上没有多少谈判空间，更不大可能要求定制了。

但由于早教培训机构面对的是中小学校和幼儿园的学生，与公办学校并无不同，所以早教培训机构的风险管理和保险选择可以参与公办学校的下列两个保险品种，即学生文体活动与寒暑假学生活动人身意外伤害保险和校方责任保险。

除了这两个保险品种之外，绝大多数早教培训机构无法像公办学校那样享受教育主管部门组织的更多责任保险（一方面机构规模不大，人员约束力不如人民教师，培训认证也不如教师资格证，另一方面属于自负盈亏的营利性质，最重要的是人员流动性特别大，很多学员都是短期甚至超短期），但可以用好商业保险（尤其是第三者责任保险、公众责任保险等），以转嫁经济风险，降低运营风险，加强技防措施，增强风险抵御能力。

要知道，高校的校方责任保险中，每个人的额度可是高达 230 万元！而过往发生的少儿理赔案例中，高达三四百万元的事实性理赔额（不是公开的诉讼理赔）也不在少数。有几家普通早教培训机构有每年预提几个三四百万元可能赔付款的能力？即使规模庞大到可以预提赔付款，还不如将这种不可预估的高风险落实为每年数万元的商业保险费来得安心，而且这些都可以列支在运营成本之中。这样一来，既明显降低了运营风险，有效控制了成本，还增加了声誉，利润也有保障，最重要的是抛开这些风险后，可以放开手脚展开招生培训工作，增加营业收入。

第二节　少儿活动组织方的保险

青少年参加的培训班有很多，比如运动类、声乐类、琴类、文艺类、竞赛类、看护类、游戏类等不下百种，这些主要属于中长期的活动。而高度发达的商业社会提供的中短期的亲子活动更加丰富多彩，比如亲子运动会、趣味运动会、周末亲子游、暑期夏令营、勤工俭学一日游、忆苦思甜游学、跟着课本游中国、出国游学等。

这些中短期的少儿活动，从培训的收获和乐趣来讲无疑是很有价值和意义的，但是从风险管理的角度来讲，其中的风险非常集中：一是未成年人的心智模式尚未完全成熟，二是这些中短期的活动中参与的人员众多，三是涉及的交通工具众多，环境又通常比较复杂，其中的基本交通风险、突发疾病风险、意外风险、自然地质风险很多，还没有算上走失、走散、员工主观疏忽等风险。

作为活动的主办方、组织方必须要将系统风险的解决方案考虑进来。因为只要是营利机构，只要存在收费项目，就有了权利义务的履行，即使没有相关的合同也是一样的。千万不要简单地认为一个个人意外伤害保险就可以搞定一切，你看看各大旅行社（尤其是那些大型的国际旅行社）都会购买责任保险为自己单位解忧，便可知一二。那些公益性的、无收费项目的参与者共同承担风险的活动还稍微好一些，但是牵头者（召集者）必须和所有的参与人员达成一致，最好要有书面或电子的协议。

细节同样可以参考第二章第五节所提到的学生文体活动与寒暑假学生活动人身意外伤害保险、上海市学校体育运动伤害专项保障基金以及校方责任保险。

其中，前面两个保险是庞大的教委系统为相关活动准备的年度性保险计划，即使有政府做强力支持，它们也难以自己承担这些无法把握的风险，所以就将这些风险通过大数法则转移给了商业保险公司。

而第三个保险即校方责任保险更是将风险管理方法论演绎得淋漓尽致。虽然我国校方责任保险起步比较晚，尽管在很多方面发展并不完善，还存在许多有待解决的现实问题（比如法规不健全、条款不完善、投保率低等），甚至于这些问题使得中小学校方责任保险没有得到充分利用和发挥，但是每一家正规的学校都参与了校方责任保险，这就达成了多方共赢的局面。

校方责任保险的保障范围包括：在被保险人的在校活动中或由被保险人统一组织或安排的活动过程中，因校方疏忽或过失引发的包括教职员工擅离工作岗位、不履行职责的，或者虽在工作岗位但未履行职责，或者违反工作要求、操作规程等原因导致注册学生的人身伤亡，依法应由被保险人承担的全部或者部分直接经济损失赔偿责任，以及事先经保险公司书面同意支付的诉讼费用及其他必要合理的费用，由保险公司赔偿。

上海校方责任保险对学生意外伤害事故类型、赔付范围和额度达成了实施细则备忘，相对统一了赔偿标准，使学校有关部门在与家长协商赔付时心中有数，最终达成的赔偿或补偿金额基本处于同一水平。此外，全市统保的保险安排也使本市学生在全市任何学校转学都得到校方责任保险的保障，方便了学籍管理。

校方责任保险机制，就像给学校和孩子们穿上了一件保护服。它改变了学校组织学生体育锻炼等正常活动时“缩手缩脚”的局面，构建了一个比较完善的风险屏障，提供受伤害学生一定程度的经济保障和人道主义补偿，降低了学校与学生及家长之间的矛盾纠纷。校方责任保险的推广与实施，把学校管理者从承担各类责任事故的担心与忧虑中解脱出来，把精力更多地投入到如何提高学生各方面素质水平的研究与实践中，从而发挥对实施科教兴国战略、开展素质教育的助推作用。

目前，中小学校校方责任保险每个学生每学年 5 元保费，最高赔偿限额为每人每学年 100 万元；高校校方责任保险每个学生每学年 18 元保费，最高赔偿限额为每人每学年 230 万元。目前少儿活动组织方可能无法享受到如此优惠的价格（当然新东方、英孚、昂立、美吉姆、学而思、四季、迪士尼、韦博、瑞思、华尔街、天才宝贝、长隆乐园、欢乐谷、ClubMed 亲子酒店等大型边锁机构可以享受到类似性价比的保险服务），但是商业保险市场上，还是有一些产品可以供少儿活动组织方挑选的。据悉上海共有近十家险企提供校方责任保险产品。

说起未成年人参加短期活动，受伤后花费巨额医疗费用的第一案，非桑兰案莫属。1998 年 7 月 22 日，桑兰在第四届美国友好运动会的练习中不慎受伤，造成颈椎骨折胸部以下高位截瘫，当时她刚过 17 周岁生日，属于未成年人。那时桑兰获得了 5 万美元的意外险赔付，以及一个在美国境内可随时报销的高达 1000 万美元额度的医疗保障。但 12 年后，迫于无法在中国得到及时治疗，桑兰被迫提出高达 21 亿美元的理赔诉讼，从中我们也不难猜出桑兰的窘境。最后那个终生可报销 1000 万美元的医疗保险治疗范围从仅限美国拓展到了美国和中国，争取到这么一点点的成果，桑兰就撤诉了，我们也可以想象得到桑兰的万般无奈。当时情况下，桑兰在国内是没有任何保险保护的，幸亏有美国友好运动会主办方投保的保险商提供的 1000 万美元报销额。

如果没有保险商的理赔来撑腰，面对如此高额的医疗费用，当时的友好运动会的主办方是否会官司缠身，名誉扫地呢？这个问题值得所有少儿活动的组织方仔细思量。

因为桑兰的受伤是意外受伤，就像工伤、车祸及其他事故、滑倒和摔倒、动物咬伤等一样，属于人身伤害类。此类人身伤害是由于他人或其他实体的疏忽或有意造成的伤害，不管是身体上的伤害还是精神上的伤害，受害者及其家属都可以起诉索赔。美国的人身伤害（包括死亡）赔偿数目都相当大，上千万美元不足为奇。如果是放在 1998 年直接起诉，说不定还真可以赔偿 21 亿美元这么个天文数字。美国法庭判定赔偿金额通常包括以下 8 个部分：

（1）医疗治疗费用（medical treatment），包括已经花去的和未来继续要花费的。

（2）收入（income），包括事故发生后损失的收入和未来的收入。

（3）财产损失（property loss），比如被车子撞到后衣服破损。

（4）疼痛苦楚（pain and suffering），比如伤口的疼痛。

（5）情绪悲痛（emotional distress），比如受害者和受害者家属感到害怕、焦虑、失眠、悲伤等。

（6）乐趣的损失（loss of enjoyment），比如受伤后不能进行娱乐、体育活动等。

（7）伴侣权利的损失（loss of consortium），比如受伤后已经或者将会影响做爱，次数减少或者花式减少。

（8）惩罚性赔偿（punitive damages），允许赔偿数目高于实际的损失数目。

对照美国的人身伤害法律，桑兰在上述几个方面都可以要求赔偿。

1. 传言：桑兰有1000万美元可随便花

桑兰的受伤是场灾难，虽然她有1000万美元的保险，但她并非千万富翁，因为这些钱只有在她去美国境内接受治疗时才可以直接报销，所以对桑兰的生活开支这1000万美元没有任何帮助。很多人以为桑兰很有钱，其实并不是那样。那是一个医疗费报销和意外伤残补贴的组合险，当时意外险一次性给了现金5万美元。

网友的质疑让桑兰无奈，她说："那1000万美元没有落入我的腰包，这些钱只能用在和我脊髓损伤有关的治疗康复上，要是得了肺炎，因为跟脊髓损伤无关，我就不能动用这些钱。同时这个保险对我在中国国内的治疗康复是不出钱的，只有我在美国时才付账，而且来回路费以及在美国的非医疗开销都全要我自己解决。1000万美元直接给我，保险公司这么慷慨，那还不早就破产了。"

实报实销型保险和津贴型保险的差异在这里体现得淋漓尽致，具体理论细节请参考第三章第六节的内容。

2. 为何不去美国治疗？来回周转负担不起

有了千万美元的美国治疗费，为何桑兰不按时去美国治疗，而要如此大费周章？

除非住在美国，否则要到美国医疗很难。桑兰一次出行，要带上经纪人和保姆，航空公司不让她坐经济舱，只能买打折的商务舱，三个人来回机票需要7万元人民币以上，考虑到旅途费用太高，桑兰的一个轮椅本来5年就需要更换的，现在用了10年才换。至于开药，按照规定，桑兰必须本人到场，体恤到桑兰的不易，医院和医生给她开了绿灯，桑兰通过E-mail向主治医生汇报病情，开完药，朋友再从美国把药带到中国。所以那时的桑兰非常担心：如果现在的主治医生退休了怎么办？

3. 桑兰事件对于少儿活动组织方和参与者的影响

在桑兰之前，运动员（尤其是未成年人运动员）都没有伤残保险等的保障，但自桑兰之后，运动员保险开始逐渐普及，如今中国运动员都有了伤残保险等三方保险。

第四节　多管齐下，事前预防赛过事后赔偿

目前国内的中小学校方责任保险针对的都是校方直接安全责任，没有包括间接的安全责任，且所承保的校方责任也没有囊括所有校方安全责任的情形，保险责任范围较窄，组合产品缺乏，险种比较单一，日后还需要增加校园环境污染责任险、教职员工个人责任险等险种。

同时从全国数据来看，目前全国中小学校方责任保险投保率低、理赔工作困难，且存在向学生收费的情况。总而言之，保险并不是万能的，不可能解决所有的风险情况。

为了预防少儿受到伤害，必须从下列几个方面进行干预：

（1）监护人方面，必须提高监护意识，强化父母长辈对于少儿自我防护知识的科普（尤其是交通安全教育），及时制止少儿的危险行为，排除生活工作场所内的安全隐患（比如对家中的刀具、火源、热水、有害物质进行有效隔离，加装防护装置），远离没有限制措施的散

养猫狗，尤其是狼狗、藏獒、虎、豹等烈性动物。2 岁以内儿童严格管制可入口的小异物，3 ~ 7 岁儿童加强儿童教育，监护人的看管紧密度不能放松。经济越发达的城市，交通安全教育越是要强化。经济欠发达的城镇，需要加强爬山、涉水等自然风险的应对。

（2）社会方面，对于不安全水域、山体、建筑进行围栏、监管和提醒，避免少儿误入。提高全民遵守道路安全规范意识，尤其是电动车。在学校周围尤其要加强交通管制，适当限制机动车辆的通行权，保障学生的行人通行权。加强宠物猫狗等烈性动物的监管，对于无证的烈性动物要管制。提高急救医疗措施，一旦有少儿受到伤害，必须保证能够及时就医救治。

（3）整体规划好安防系统，做好防火、防盗、防恐、防滑、除水等措施，安装防撞条、防夹条，配备技防设备。运营方需要随时消除安全隐患，并定期检查经营场所内的设施有效性，对于过期物品、易耗物品定期更换，对于制度漏洞需要立刻弥补，周期性的举办消防演习、危机演习等。必要时，要和公安 110 系统联网，争取最快的应急措施。对进入营业场所的少儿和监护人进行安全防护教育，杜绝闲杂人等进入。提高保教人员的配比，切不可为了节省营业费用而减少安保人员配置。建议运营方购买必要的责任保险，切实保障少儿的利益。

本章总结

（1）不管你做哪方面的运营，一旦和孩子相关，首先要做的是做好防范措施，防踩踏，防盗抢，防走失，当然做好技防录像更是一项基础工作。

（2）一定要把责任保险落到实处。宁可多买，宁可买重了，也不可以不买。

（3）那家共享单车企业财力丰厚达数百亿元，拥有全面的风险抵御方案。你单位也许没那么多钱，但风险抵御方案必须要有。

附　　录

附录 A　常用保险术语精讲

在投保过程中，保险消费者会遇到非常多的保险术语，而这是造成沟通障碍的一大因素。本书独创蹊径，用 800 字涵盖了大部分常用保险术语（详见本书前面扉页处的“800 字精华教你快速了解孩子的保险”），可让保险消费者快速熟悉、弄懂这些“拦路虎”。为了加深理解，此处特别对其中 47 个主要的保险术语做了名词解释。掌握了这些术语，就可以对保险有一个初步的认识。

保险：保险是一种金融产品，同时也是一种社会保障制度，还可被视为一种投保的行为。保险消费者在保险服务员（或保险中介市场的从业人员）的协助下，与保险公司协商一致之后，把双方的权利和义务细节写进保险合同里明确之。

人身保险：在被保险人因疾病或意外事故伤残、死亡或丧失工作能力时给付理赔金，或在其年老退休、保险合同期满时给付保险金。人身保险包括死亡保险、生存保险、年金保险、养老金保险等。

财产保险：在财产或利益受到灾害事故的损害时给予经济补偿，包括狭义的财产保险和广义的财产保险（后者如：责任保险、保证保险和信用保险等）。

消费型保险： 保障期结束后，在没有理赔的情况下，没有钱返还给保险消费者的保险合同。

返还型保险： 保障期结束后，在没有理赔的情况下，还有钱返还给保险消费者的保险合同。

人寿保险： 简称“寿险”，是一种以被保险人的生死为给付条件的保险，根据被保险人在保险责任期内生存或死亡的状态，由保险公司根据保险合同的规定给付保险金。同时，由此衍生出了许多包括身故金或生存金的保险品种，比如养老金保险、教育金保险、分红型保险和生死两全保险等。

健康保险： 也叫“疾病保险”，是以被保险人本身因疾病（而非意外伤害）导致的就医、护理、伤残、失能等为给付条件的保险。

意外伤害保险： 是以被保险人的身体遭受意外伤害为给付条件的保险。

财产保险： 简称“产险”，它理赔的是“财产及其相关利益遇到的损失”。以实体物质形态存在的（粗略等同于固定资产和流动资产）属于狭义财产险概念，一般被称为财产损失保险（如家庭财产保险、厂房保险等），而广义财产险概念就拓展到了“以非物质形态存在”了（粗略类似于无形资产），比如责任保险、信用保险、保证保险等。详细请见第三章第六节的保险分类表。

机动车辆保险： 简称“车险”，是以机动车辆本身及其第三者责任等为保险标的的一种运输工具保险。

家庭财产保险： 简称“家财险”，是个人和家庭投保的重要财险险种。凡存放、坐落在保险合同列明的地址，属于被保险人自有的家庭财产（如房屋装修、衣服、家具、燃气用具、家用电器、金银首饰、钞票等），都可以向保险公司投保家庭财产保险。

责任保险： 简称“责任险”，属于广义财产保险的范畴。它承保的是被保险人（如早教培训机构）在保险期内可能对他人造成的利益损失，从而承担的法律赔偿风险。按业务内容，可分为公众责任保险、产品责任保险、雇主责任保险、职业责任保险和第三者责任保险五类。在美加地区，赔偿责任巨大到令公司破产，所以涉及各种亲子场所的所有者、经营管理者都有购买，甚至是亲子活动的组织者亦然。

保险消费者：狭义的保险消费者特指投保人、被保险人和受益人。广义的保险消费者除了包含上述人员之外，还泛指投保过程中涉及的其他相关人，比如平日的联系人、购买保险的决策人、为投保人提供参谋意见的亲朋好友等；如果投保人是单位机构，还包括其人事、财务、行政人员等。

保险服务员：狭义的保险服务员特指保险代理人、保险营销员、保险经纪人、保险经纪公司的业务员、保险代理公司的业务员和兼业代理单位的顾问专员等。广义的保险服务员除了包括上述人员之外，还包括在整个保险服务体系中为保险消费者服务的工作人员，比如理赔员、核保员、收展员、回访员、客户服务部员工、热线电话专员和微信/微博在线服务专员，乃至 IT 系统专员；在财产保险中，还包括查勘员、定损员等。

保险人（保险公司）：媒体人泛指所有媒体的从业人员，公安人泛指所有公安系统的从业人员或者泛指湖北公安县人士，但是“保险人”并不是所有保险从业人员的总称。保险人是专用名词，又称承保人，特指保险法人，即与投保人订立保险合同，并承担赔偿或者给付保险金责任的保险公司（如中国人寿、国寿财险、中国人保、中国平安保险、中国太平洋保险、泰康保险、友邦保险、众安保险、史带财险等，也包括为上述原保险公司承保风险的再保险公司，如慕尼黑再保险、瑞士再保险、劳合社、中国再保险等）。在日常生活中，人们还是更习惯把保险人称为保险公司。在本书中，为了尊重人们的用语习惯，同时为了避免与被保险人等相似概念产生混淆，除了此处以及本书引用的法律条文外，均将保险人称为保险公司。当然正式场合均以标准的保险人称之。

保险中介市场：包括保险经纪公司、保险专业代理公司和兼业代理单位（如银行、4S店、邮局、旅行社、劳务公司、猎头公司等），是保险消费者咨询、购买保险的重要渠道之一。

投保：指投保人向保险公司购买保险产品的行为和过程。

投保人：保单的拥有者，可以简单地将其理解为在投保过程中支付保险费的人（可以是自然人，也可以是法人），其必须对保险标的具有可保利益。

被保险人：受保险合同保障的人。被保险人必须拥有相应的保险标的，如财产利益、生命或身体、健康等。在保险事故发生后，被保险人享有保险金请求权。被保险人往往就是投保人，但也可以不是投保人。

受益人：在人身保险合同中，投保人或者被保险人指定的享有保险金请求权的人，比如生存金领取人、健康医疗补偿金（补贴金）领取人、被保险人的死亡保险金法定受益人和指定受益人等。

保险产品宣传材料：就像售楼书可以让购房者对房屋的结构、环境、交通等有个快速和整体的认识那样，保险产品宣传资料的内容主要包括保险消费者的痛点以及相应险种的卖点、利益介绍、投保费率、实例说明等。宣传资料可以用一两页内容说清该保险品种大约90%的特点。需要指出的是：保险产品宣传资料彩页没有法律效力，不是保险合同的组成部分，仅供参考和借鉴，所有的保险细节和保险责任均以正式保险合同中记载的保险条款为准。宣传材料当中的夸大不实部分无法作为享受日常权利的凭证，但可能是日后诉讼中的有效辅助，注意和那些手写材料一并保管。

险种：“保险品种和保险类别”的简称，既可指具体一个保险产品，也可泛指某一类保险。

保额：也叫“保险金额”，是保险条款触发（或达到理赔标准）时，保险公司交给孩子父母的钱，是保险公司履行义务、保险消费者享受权利时的参考值。在某些情况下，保险消费者在理赔中可领到的保险款项是保额的数倍；但在另一些情况下，保险消费者可领到的保险款项仅为保额的几分之一（相关细节在保险条款中会一一列举）。该款项的支付方向是保险公司向保险消费者支付费用。

保费：也叫“保险费”，是平时保险消费者交给保险公司的钱，是保险消费者（一般指投保人）履行义务、保险公司享受权利时的数额。该款项的支付方向是保险消费者向保险公司支付费用。在其他要素（投保人和被保险人的年龄、性别、职业风险等级、健康状况、交费期间和险种组合等）都确定不变的情况下，保额和保费之间具有一一对应的关系。类似于外汇的直接/间接标价法，保额和保费之间也有两大标价法：一种是按照固定保额计算保费，比如1万元保额对应的保险费为358元；另外一种是按照固定保费计算保额，比如1万元保费对应的保额是213569元（此处仅为举例说明，实际数额应以保险合同为准）。

保险期间：也叫“保险期限”，是指保险公司对保险消费者负有理赔责任的那一段时间。早于这段期间，或晚于这段期间，均无法享受理赔权利。

交费期间：投保人与保险公司签订合同时约定的交费期限。按合同期内交费的次数，可分为趸交（一次性交完）和期交（2次以上，多见于20年）。按一年内付费的频度，可分为年交、半年交、季交甚至是月交。

保险责任：指保险公司按照保险合同规定应该承担赔偿或者给付人身保险金责任的项目。保险合同中会约定应由保险公司承担责任的危险范围，在该范围内发生财产损失或人身保险事故，保险公司均要负责赔偿或给付保险金。保险公司需要承担的赔偿责任包括损害赔偿、责任赔偿、保险金给付、施救费用、救助费用、诉讼费用等。保险公司赔偿或给付保险金的责任范围包括：损害发生在保险责任内；保险责任发生在保险期间内；以保险金额为限度。不同的险种有不同的保险责任，主要分为基本责任、特约责任和除外责任。

责任免除：又叫“除外责任”，与上面的保险责任相对。简单来说，就是保险公司依法或依据合同约定不承担赔偿或给付保险金责任的那部分风险范围或种类。如果保险事故属于责任免除的范围，那么无论出现任何情况，保险公司都不会承担保险责任，不会向保险消费者支付一分钱。这是保险合同以及日后理赔中的敏感、高危地带，也是很多孩子的父母认为理赔难的原因。责任免除是最容易出现理赔纠纷，是保险消费者需要关注的重中之重。

免赔额：指按照保险合同，保险公司不承担赔偿或给付保险金责任的额度（即在保险公司启动赔付之前，需要保险消费者自行承担的部分损失）。在保险制度中，这是保险公司有效管理风险的一种手段。免赔额分为两大类：一是**绝对免赔额**（指一个固定的、绝对的数额），其额度根据保险类别的不同而不同，可低至几元，也可高至数万元（比如，规定免赔额是300元，那么出现保险事故后，在事故损失少于等于300元的情况下，所有费用均由保险消费者自行承担；在事故损失高于300元的情况下，还需要先扣除300元，保险公司只承担剩余部分的赔付责任）；二是**相对免赔率**（指一个相对的百分比率），即保险公司不负责赔付的相对比率（比如规定相对免赔率是15%，那么事故损失总额的15%由保险消费者自行承担，剩余的85%则由保险公司承担）。在实际的保险产品中，往往将这两种免赔方式进行组合设计，比如事故损失2万元以上的部分，保险公司理赔85%（对应的绝对免赔额是2万元，相对免赔率是15%）。

保险条款：记录保险公司与保险消费者关于权利、义务及其他约定事项的格式化的、具有法律效力的法律文件，是保险合同的核心部分。

保险条款往往是保险公司单方面制定的格式合同，保险消费者只有“同意”和“不同意”两种选择。对于某一款具体的保险产品而言，每位保险消费者的保险条款是一模一样的。就像预装修楼房，其内部装修设施和相应的售楼中心的样板房是一模一样的。可以说，看懂了保险条款，就相当于掌握了保险合同大约90%的内容。

最大诚信原则：指当事人需要真诚地向对方充分而准确地告知有关保险的所有重要事实，不允许存在任何伪造、欺骗、隐瞒或遗漏的行为。而且，此项原则不仅在保险合同订立时要遵守，在整个合同有效期内和履行合同过程中也要求各方当事人具有最大诚信，因为诚信是保险的生命线。否则，受到损害的一方可以依据民事立法规定宣布合同无效、解除合同、不履行合同约定的义务或责任，甚至还可以就因此受到的损害要求对方予以赔偿。比如保险消费者需就身体健康情况、财务收支情况向保险公司如实告知，而保险公司也需要将保险条款的保险责任，特别是责任免除条款向保险消费者告知。

空白期：从投保人交纳保费到保险公司出具正式保单之间的那一段时间。目前的相关法律法规并没明确说明这个时期内的保险责任是否有效，因此如果这时候出现保险事故就会非常尴尬。在此期间，保险消费者应配合保险公司及保险服务员及时提供相应材料或接受体检，争取早日拿到正式保单，并签完书面回执，做好电话回访

保险合同：也叫“保单”，即在统一的保险条款的基础上，加上了记录个人信息的投保单、现金价值表、发票、批单、批注、体检单、声明、变更申请书等资料（这些文件上面往往有保险消费者的个人信息和相关签名）的文件。上述各部分亦是合同的不可或缺的重要组成部分，就像你在买了一套带有标准装修的房子之后，在房间内添置了自己的书籍、衣服、鞋袜等私人物品以及个性化装饰那样。合同重要，请注意保管。

犹豫期：从投保人收到保险合同并书面签收之日起的那一段时期

（一般为 10 个自然日），类似于劳动合同中的试用期。在该期间退保，不会产生损失。在此期间以外退保，往往有较大的损失。

减额交清：也叫“减额付清”，指保险消费者决定今后不再支付后续应付而未付的若干年保费时，保险公司会根据其已经支付的总保费计算出一个新的保险金额，并告知保险消费者今后按此新额度享受相关的保险利益（新的保险金额比原定的保险金额要少，但保险消费者以后也不再交纳任何保费，所以称为“减额交清”）。在出现保险事故后，保险公司对保险消费者进行赔付时是按照新的较低的保险金额，而不是原来的较高保险金额。大多数具有现金价值的寿险产品都有这个功能。

自动垫交保险费：当投保人没有按时交纳续期保险费，且保单当时已经具有足够的现金价值且事先授权给保险公司时，保险公司可以自动用现金价值为保险消费者垫交之后应交的续期保险费，从而使保单继续有效。自动垫交保险费相当于投保人向保险公司贷款交纳保费。自动垫交保险费只是未按时交费后的一种处理方式，还有一种方式是立即终止保险合同。

退保：指在保险合同的有效期内，保险消费者提出解除合同，终止双方法律关系的行为。至于退保后是否可以拿到相应资金，需看现金价值表的数值以及借款数值之间的差额。

宽限期：在分期交纳保费的保险合同中，如果投保人在各分期到期交款日之后还没有交纳保费，保险公司将给予投保人 60 天的宽限期让保险消费者及时补交保费。在宽限期期间，保单继续有效。宽限期就是缓交期，相当于信用卡中欠款的最长免息还款期。只不过银行信用卡为可变的 30 ~ 56 天，而保险公司保单的宽限期则为固定的 60 天。

现金价值：指保险消费者可以从对应的保险合同账户中取出款项的最大数额，在退保、保单借款以及计算投资收益额的基数时需要用到这一数额。一般来说，如需退保，其最大可取额度是现金价值的 100%；如需保单借款，其最大可取额度是现金价值的70%～90%；如需计算投资收益额的基数，其最大额度是现金价值的100%。大多数储蓄返还型保险都有现金价值，极少部分消费型保险在保障期间也有少量现金价值。

复效：也称“恢复效力”。投保人在交费宽限期过后，既没有正常交费，也没有使用自动垫交保险费贷款，保单便会失效，处于中止状态（此处指中途停止的“中止”，不同于最终停止的“终止”）。在一段时间内，保险公司允许投保人使用复效条款恢复这份失效保单的效力。我国的保险复效有效期通常为保单失效后的2年内（如有其他特别约定，可参见具体的合同条款）。和投保申请一样，保险消费者也需要提供健康声明及财务资料，但并不是每个复效申请都能被审批通过，请密切关注，高度重视，莫任性。对于在其失效中止期间发生的保险事故，保险公司也是不予负责的，无论最终保单的复效手续成功与否。

保单借款：保险消费者如有借款需求，可以凭具有现金价值的保险合同向保险公司申请借款。保单借款的最大可取额度一般是保单现金价值的70%～90%。

报案：虽然这个术语很容易让人联想到向公安机关报案这样的非正常状态，但二者并不是一回事儿。可以把这里的“报案”理解为通知一下保险公司服务人员或去保险公司报备。凡是发生保险事故（比如摔跤、擦伤、入院、手术、确诊大病直至死亡），都可以通知保险公司，至少可以让相应的保险服务员有所了解，以便让其在今后协助保险消费者理赔。在其报案后，强大的保险服务体系有时还可能在其因面对意外而惊慌失措时给出客观、专业的指导，协助保险消费者有条不紊地应对事故。在某些合同中，保险公司强调必须及时报案的，保险消费者必须在保险事故发生之时及时向其通知、报备；否则，如果因此发生无法确定损失额度和事故直接原因的情况，或是导致损失增加或理赔标的完全消失的情况，保险公司有权拒绝赔偿。

保障放大倍数：表示杠杆效率的指数，用可理赔到的最大金额除以单年保费即可得到。

数学回报率：因为保险产品并没有回报率一说，就用总领回金除以总交费额来表示数学概念上的回报率。

理赔：在达到约定条件时，保险消费者向保险公司提出领取保险款项的行为和过程，比如因意外伤害或生病时就诊治疗而报销手术费、住院费，领取住院补贴金、伤残保险金，以及到期领取养老金、教育金、分红等。

第三者责任保险：是指被保险人由于自身的过错、疏忽等给第三方的造成人身伤害和财产损失，依法或依惯例须由被保险人承担的经济赔偿责任由保险人承担的保险。

公众责任保险：是指致害人在公众活动场所的过错行为致使他人的人身或财产遭受损害，依法应由致害人承担的对受害人的经济赔偿责任。公众责任的构成，以在法律上负有经济赔偿责任为前提，其法律依据是各国的民法及各种有关的单行法规制度。此外，在一些并非公众活动的场所，如果公众在该场所受到了应当由致害人负责的损害，亦可以归属于公众责任。

附录 B　全国代表性城市少儿社会保险及相关保障一览

一、北京市少儿社会保险及相关保障

（一）少儿居保（一老一小）

北京市少儿居保（一老一小）个人交费标准：街道 180 元/年，学校 160 元/年，特殊家庭无须交费。具体报销情况如下。

<table>
<tr><th>就医部门</th><th>医院等级</th><th>起付标准</th><th>报销范围内的赔付比例</th><th>自付比例</th><th>特别备注事项</th></tr>
<tr><td>门急诊</td><td>定点医院</td><td>650 元</td><td>50%，封顶 2000 元</td><td>50%</td><td rowspan="2">保险年度为 9 月 1 日至次年 8 月 31 日。
报销范围：门诊起付线 650 元报销比例 50%，3000 元封顶；住院起付线 650 元报销比例 70%，18 万元封顶。
参保的学生儿童可以在全市范围内，就近选择 3 所综合医院作为本人的定点医疗机构。
就近治疗，特殊科室需转诊手续</td></tr>
<tr><td>住院</td><td>定点医院</td><td>650 元</td><td>70%，封顶 18 万元</td><td>30%</td></tr>
<tr><td colspan="4">凭证：社保卡病历本</td><td colspan="2" rowspan="4">学生儿童大病医疗保险的参保范围：北京市非农业户籍或者虽非北京户籍但按规定享受免收借读费的，在北京市行政区域内的各大中小幼托在册生，包括中专技校职高、特殊教育学校、工读学校的在册学生；非北京户口，但非在校散居的婴幼儿和 16 周岁以下少年儿童；在外地上学的北京生源大学生研究生。农业户籍在校在册学生，可自愿选择参加</td></tr>
<tr><td colspan="4">主管：医保局</td></tr>
<tr><td colspan="4">主办：社保局</td></tr>
<tr><td colspan="4">经办：学校相应老师或医保中心</td></tr>
</table>

（续）

<table>
<tr><th>就医部门</th><th>医院等级</th><th>起付标准</th><th>报销范围内的赔付比例</th><th>自付比例</th><th>特别备注事项</th></tr>
<tr><td colspan="4">医疗报销范围：主要支付住院医疗费用；恶性肿瘤放射治疗和化学治疗、肾透析、肾移植（包括肝肾联合移植）后服务抗排异药的门诊医疗费用；急诊抢救留观并收住院治疗的，其住院前留观前 7 日内的医疗费用；急诊抢救留观 7 日内死亡的医疗费用；血友病、再生障碍性贫血的门诊医疗费用</td><td colspan="2">不在医保报销范围内的：在非本人定点医疗机构就医的，但急诊住院的除外；交通事故医疗事故或者其他责任事故造成的伤害的；因本人吸毒打架斗殴或因其他违法行为造成伤害的；因自杀自残酗酒等原因进行治疗的；在国外或者香港澳门特别行政区以及台湾地区治疗的</td></tr>
</table>

新生儿出生 90 天以内随时可参保，可以报销出生之日的医疗费用，否则要集中到 9—11 月参保第二年的保险。

保障时限：第二年的 1 月 1 日—12 月 31 日。

交费时限：当年 9 月 1 日—11 月 30 日。

（二）学平险

以学校为投保人的学平险已取消，现改为个人投保。医院限定二级或二级以上公立医院，保险期限 1 年，个人交费标准为 140 元/人。具体保障情况如下。

保障内容	保障额度
意外身故及伤残	50000 元
疾病身故	50000 元
意外医疗（0 免赔，社保内报销 100%，社保外报销 60%）	3000 元
意外住院津贴	30 元/天
个人骨折、关节脱位津贴	3000 元
意外及疾病住院医疗费用（50 元以内免赔，社保内报销 90%）	20000 元

（三）独生子女福利

2016 年 1 月 1 日北京市实施全面两孩政策，同年 3 月 24 日开始实施的《北京市人口与计划生育条例》列出了独生子女父母奖励及退休补助费办法。相关内容如下：

（1）独生子女的父母凭借“独生子女父母光荣证”领取每月 10 元的独生子女父母奖励费，至子女满 18 周岁止；独生子女的托幼管理费和 18 周岁之前的医药费，由夫妻双方所在单位依照有关规定报销。

（2）独生子女的父母满龄后（女方年满 55 周岁，男方年满 60 周岁），每人享受不少于 1000 元的一次性奖励。

（3）独生子女发生意外伤残致使基本丧失劳动能力或者死亡，且其父母不再生育或者收养子女的，满龄后（女方年满 55 周岁，男方年满 60 周岁），所在区人民政府应当给予每人不少于 5000 元的一次性经济帮助。

（四）北京市校方责任保险以及附加无过失责任保险（2015—2018 年度）

“平安校方责任保险”是以学校为被保险人，以学校的依法应承担对第三者应付的经济赔偿责任为保险标的的责任保险。学生在校活动或由学校统一组织安排的活动（包括体育课、实验课、课间操、课外活动、春游等）过程中，因学校非主观过失导致在册生的人身伤害和财产损失，由“校方责任险”承担理赔；因自然灾害、学生自身原因、学生体质差异、校外的突发性侵害造成学生人身伤亡，尽管学校已经履行了相应职责，行为并无不当，由“附加无过失责任保险”进行承担理赔。

2015—2018 年度北京市校方责任保险以及附加无过失责任保险于 2015 年公开招标，东城区、朝阳区、丰台区、石景山区、门头沟区、房山区、顺义区、延庆区及中等专业学校由人寿财险北京市分公司承保；西城区、海淀区、通州区、昌平区、大兴区、平谷区、怀柔区、密云区、燕山由太平洋财险北京分公司承保。现分为 A、B、C 三款产品，可自由选择。需要说明的是，校方责任、校方无过失责任保险均包含在每人每年责任限额、每校每次事故责任限额和每校每年累计赔偿限额中。

A 款产品，每人年交保费 7 元，包括校方责任险每人 5 元/年和附加无过失责任保险每人 2 元/年，保费金额和保额限额如下。

项目	保费金额	保额限额
校方责任险	每人 5 元/年	每校每年校方责任累计赔偿责任限额 450 万元
		每人每年责任限额 30 万元
		每校每次事故赔偿限额 450 万元
校方无过失责任	每人 2 元/年	每校每年无过失责任累计赔偿责任限额 200 万元
		每人每年无过失责任限额 10 万元
		每校每次事故无过失责任限额 100 万元
		每人无过失精神损害赔偿限额 5 万元

B 款产品，每人年交保费 10 元，包括校方责任险每人 8 元/年和附加无过失责任保险每人 2 元/年，保费金额和保额限额如下。

项日	保费金额	保额限额
校方责任险	每人 8 元/年	每校每年校方责任累计赔偿责任限额 600 万元
		每人每年责任限额 60 万元
		每校每次事故赔偿限额 600 万元
校方无过失责任	每人 2 元/年	每校每年无过失责任累计赔偿责任限额 200 万元
		每人每年无过失责任限额 10 万元
		每校每次事故无过失责任限额 100 万元
		每人无过失精神损害赔偿限额 5 万元

C 款产品，在 B 款产品的基础上附加了更多险种，保费金额和保额限额如下。

<table>
<tr><th>项目</th><th>保费金额</th><th>保额限额</th></tr>
<tr><td rowspan="3">校方责任险</td><td rowspan="3">每人 8 元/年</td><td>每校每年校方责任累计赔偿责任限额 600 万元</td></tr>
<tr><td>每人每年责任限额 60 万元</td></tr>
<tr><td>每校每次事故赔偿限额 600 万元</td></tr>
<tr><td rowspan="4">校方无过失责任</td><td rowspan="4">每人 2 元/年</td><td>每校每年无过失责任累计赔偿责任限额 200 万元</td></tr>
<tr><td>每人每年无过失责任限额 10 万元</td></tr>
<tr><td>每校每次事故无过失责任限额 100 万元</td></tr>
<tr><td>每人无过失精神损害赔偿限额 5 万元</td></tr>
<tr><td colspan="3">组合可选险种</td></tr>
<tr><td rowspan="4">校园食品安全责任险</td><td rowspan="4">每人 1 元/年</td><td>每校每年校园食品安全责任累计赔偿限额：100 万元（人员 <1500 人）；200 万元（人员≥1500 人）</td></tr>
<tr><td>每次事故赔偿限额 50 万元</td></tr>
<tr><td>每人每次事故赔偿限额 6 万元</td></tr>
<tr><td>每人每次事故医疗费用赔偿限额 0.5 万元</td></tr>
<tr><td rowspan="3">校车承运人责任险</td><td rowspan="3">每人 1 元/年</td><td>累计赔偿限额 600 万元</td></tr>
<tr><td>每次事故赔偿限额 100 万元</td></tr>
<tr><td>每座赔偿限额 10 万元</td></tr>
<tr><td rowspan="3">第三者伤害责任保障</td><td rowspan="3">每人 1 元/年</td><td>累计赔偿限额 100 万元</td></tr>
<tr><td>每次事故赔偿限额 50 万元</td></tr>
<tr><td>每人赔偿限额 20 万元</td></tr>
<tr><td rowspan="4">学校体育场馆对外开放公共责任</td><td rowspan="4">每人 3 元/年（人员 <500 人）；每人 2 元/年（500 人≤人员 <2000 人）；每人 1 元/年（人员≥2000 人）</td><td>每人每次事故赔偿限额 1000 万元</td></tr>
<tr><td>每人每次事故赔偿限额 55 万元</td></tr>
<tr><td>每人每次事故赔偿限额 50 万元</td></tr>
<tr><td>每人每次事故医疗费用赔偿限额 5 万元</td></tr>
</table>

总体来看，北京市少儿社会保险及相关保障如下。

类别	保险项目	年度交费标准	参保对象	支付方式	交费时间	经办部门
需要自己付费的保险	少儿居保（一老一小）	160 元/人或 180 元/人	大中小学、职校和幼儿园全体在册学生	学生家长支付	9 月 20 日前	医保中心
	学平险	140 元/人	中小学、职校和幼儿园全体在册学生	学生家长支付		
	独生子女福利	无须交费	独生子女的父母	平时每月领 10 元，退休时一次性领 1000 元		北京市人民政府
无须自付保费的保障	校方责任保险	5 元/人	中小学、幼儿园	教委公用经费支付	10 月 18—19 日	责任险公司
			中等专业学校	中等专业学校支付		
			经批准的社会力量办学、办园单位	由举办者承担		
	校方无过失责任保险	5 元/人	公办的中小学（普通中小学、职业高中、特教学校、工读学校）	教委公用经费支付	10 月 20—21 日	责任险公司

感谢两位当地朋友的帮助与支持：
李群辉：友邦保险北京长安群辉营管处总监
龙　舟：明亚保险经纪人
数据截至2017年9月6日。

二、广州市少儿社会保险及相关保障一览

（一）少儿居保（一老一小）

广州市少儿居保（一老一小）个人交费2017年为182元/人，2018年为199元/人，特殊家庭无须交费。具体报销情况如下。

<table>
<tr><th>就医部门</th><th>医院等级</th><th>报销费用类型</th><th>报销范围内的赔付比例</th><th>限额</th><th>特别备注事项</th></tr>
<tr><td rowspan="5">门急诊部</td><td>学校选定医疗机构</td><td>一般诊疗费</td><td>90%</td><td>1000元</td><td rowspan="10">9月1日—12月20日统一参保，其他时间参保有3个月的疾病等待期（新生儿需要在出生后6个月内随时办理，出生时的医疗费也能追溯报销）。保障年度为1月1日—12月31日。
住院起付标准：每次住院支付一次起付标准，但连续住院治疗时间每超过90天需重新支付一次起付标准。
个人自付的大病医疗费中超过1.8万~40万元（连续参保2年以上为45万元）之间报销60%，超过40万元（连续参保2年以上为45万元）以上部分报销90%。
13类重大疾病治疗的登记有效期3~18个月不等，其中血友病治疗的登记有效期为终生。
门诊接种狂犬疫苗，统筹基金按参保人员相应的住院基本医疗费用支付比例支付，不设起付标准，每人每年最高支付200元</td></tr>
<tr><td>小点</td><td>社保内药费</td><td>药费的80%</td><td>1000元</td></tr>
<tr><td>小点</td><td>一般诊疗费</td><td>70%</td><td>1000元</td></tr>
<tr><td>小点转诊到大点</td><td>社保内药费</td><td>50%</td><td>1000元</td></tr>
<tr><td>直接到大点就医</td><td>社保内药费</td><td>40%</td><td>1000元</td></tr>
<tr><td>就医部门</td><td>医院技术等级</td><td>起付标准</td><td>报销范围内的赔付比例</td><td>检查费限额</td></tr>
<tr><td rowspan="3">住院部</td><td>一级医院</td><td>300</td><td>85%</td><td>500元</td></tr>
<tr><td>二级医院</td><td>600</td><td>75%</td><td>1000元</td></tr>
<tr><td>三级医院</td><td>1000</td><td>65%</td><td>1500元</td></tr>
</table>

在册在校生由学校统一参保，散居的未成年人在街道社保服务中心办理。大病保险待遇无须额外交费。进入小学一年级的新生，请注意要在7月31日之前先到街道停保，9月开学后从个人交费模式转变为学校统一交费模式（从化区例外）。

凭证：社保卡病历本。

主管：医保局。

主办：社保局。

经办：学校相应老师或社保服务中心。

（二）国寿学生儿童意外伤害保险

广州市国寿学生儿童意外伤害保险（原学平险）个人交费标准为100元/年，暂无免费政策。具体保障情况如下。

<table>
<tr><th>保障内容</th><th>保险金额</th><th>特别备注事项</th></tr>
<tr><td>因意外身故的理赔金</td><td>15万元</td><td rowspan="6">就医后30天之内提出理赔申请，需到二级和三级医院就诊，一级医院不可以。二级医院，如交运医院、佳和医院、海军医院、荔湾区人民医院、黄埔区中医院等；三级医院，如珠江、儿童医院、省妇幼保健院、广医一院、中山一院、华侨医院等。
公司：中国人寿保险广东省分公司</td></tr>
<tr><td>意外伤残最高赔付额</td><td>15万元</td></tr>
<tr><td>重大疾病给付金</td><td>5万元</td></tr>
<tr><td>因疾病身故的理赔金</td><td>5万元</td></tr>
<tr><td>住院费用补偿报销最大金额</td><td>3万元</td></tr>
<tr><td>意外伤害医疗费用补偿报销最大金额</td><td>1万元</td></tr>
</table>

（三）计划生育家庭综合保险

广州市计划生育家庭综合保险由广州市计划生育协会与中国人寿联合推出，参保者年龄0～60岁，需身体健康，不限户籍，由居委会办理。新参保家庭交费标准为每户480元/年，2013年前购买者续保交费标准为每户300元/年，每个家庭最多买2份。具体保障情况如下。

保障项目	保障金额	备注
10 种重大疾病	家庭总保额 9 万元	（1）恶性肿瘤（必须提供病理检验报告）。 （2）急性心肌梗死。 （3）脑中风后遗症。 （4）重大器官移植术或造血干细胞移植术。 （5）冠状动脉搭桥术（或称冠状动脉旁路移植术）。 （6）终末期肾病（或称慢性肾功能衰竭尿毒症期）。 （7）急性或亚急性重症肝炎。 （8）瘫痪。 （9）严重Ⅲ度烧伤。 （10）主动脉手术。 疾病观察期：90 天
意外身故意外残疾	家庭总保额 18 万元	全家所有被保人共享保险金额 18 万元
意外住院医疗	家庭总保额 1.5 万元	绝对免赔零元，相对免赔 10%，需二级和以上医院

（四）独生子女福利

2016 年 1 月 1 日广州市实施全面两孩政策，同年 11 月 9 日开始实施的《广州市独生子女父母计划生育奖励办法》列出了独生子女父母奖励及退休补助费办法。相关内容如下：

（1）城镇居民身份的独生子女父母自从领取“独生子女父母光荣证”起，就可凭证领取每人 5 元/月的独生子女保健费，至子女满 14 周岁止，由夫妻双方所在单位发放；属于农村居民的，由当地人民政府给予奖励或者办理养老保险。

（2）独生子女的父母，女方年满 55 周岁，男方年满 60 周岁的，每人每月领取 150 元。

（3）独生子女发生意外伤残致使基本丧失劳动能力或者死亡的，

其父母不再生育或者收养子女的，女方年满55周岁，男方年满60周岁的，所在区人民政府应当给予每人一定的一次性经济帮助。

（五）校方责任保险及附加无过失责任险

广州市校方责任保险及附加无过失责任险的被保险人分为两类：一是开展义务教育的学校，包括初中和小学；二是开展非义务教育的学校，包括幼儿园、高中和其他教育机构。具体保障情况如下。

<table>
<tr><th>学校类型</th><th>年保险费</th><th>每人赔偿年限额</th><th>每校每次事故赔偿限额</th><th>每校每年累计赔偿限额</th><th>每校每次事故法律费用赔偿限额</th></tr>
<tr><td>义务教育阶段</td><td>7元</td><td rowspan="2">30万元</td><td rowspan="2">500万元</td><td rowspan="2">1500万元</td><td rowspan="2">10万元</td></tr>
<tr><td>非义务教育阶段</td><td>9元</td></tr>
</table>

备注：无过失责任险每人年累计赔偿限额12万元，每人每次事故医疗费责任限额2万元。

（六）学生、幼儿意外伤害保险

广州市学生、幼儿意外伤害保险以大中小学生和幼儿（一岁半以上）为被保险人，当期由中国人民财产保险有限公司广州市分公司承保。该险种不管是否有责任，只要发生了意外就可以理赔，能有效减少家校纠纷，建议各种运动队投保。具体保障情况如下。

<table>
<tr><th>报销范围</th><th>金额范围</th><th>报销比例（%）</th><th>自付比例（%）</th><th>特别备注事项</th></tr>
<tr><td rowspan="2">意外伤害门诊（年度不超过5000元）</td><td>0～50元</td><td>0</td><td>100</td><td rowspan="8">对于定额赔偿项目所涉及的人身保障对应的赔偿金额：因意外身故赔付10万元；因疾病身故，赔付10万元；因意外导致残疾，在10万元基数上乘以相应比例</td></tr>
<tr><td>50元以上部分</td><td>80</td><td>20</td></tr>
<tr><td rowspan="6">住院医疗保障（社保用药范围内费用按照右边比例报销，不超过3万元），范围外用药100%自付</td><td>0～100元</td><td>0</td><td>100</td></tr>
<tr><td>100～1000元</td><td>50</td><td>50</td></tr>
<tr><td>1000～5000元</td><td>60</td><td>40</td></tr>
<tr><td>5000～10000元</td><td>70</td><td>30</td></tr>
<tr><td>10000～30000元</td><td>80</td><td>20</td></tr>
<tr><td>30000元以上部分</td><td>90</td><td>10</td></tr>
</table>

（七）校园食品卫生责任保险

广州市学生、幼儿意外伤害保险以校内食堂和校内食品店为被保险人，针对的是第三者食物中毒或其他食源性疾患或人身伤亡。具体保障情况如下。

被保险人规模	校内食堂		校内食品店		特别备注事项
	保费/元	赔偿限额	保费/元	赔偿限额	
500 人及以下	700	每年累计赔偿限额 400 万元，每次事故赔偿限额 50 万元，每人每次事故赔偿限额 6 万元	350	每年累计赔偿限额 400 万元，每次事故赔偿限额 50 万元，每人每次事故赔偿限额 6 万元	免赔额：每次事故免赔额为 200 元，或者损失金额的 5%，以高者为准
501～1000 人	1400		700		
1001～1500 人	1700		850		
1501～2000 人	2000		1000		
2001～2500 人	2400		1200		
2501～3000 人	3000		1500		
3001～4000 人	4000		2000		
4001 人以上	5000		2500		

（八）校车承运人责任险

广州市校车承运人责任险仅限于在学生或教师上下学时间或者学校集体组织的校外活动需要使用校车接送时，由于火灾、爆炸、碰撞、翻车、追尾、坠落 6 种原因导致车上学生及随车教师发生人身伤亡产生的相关经济赔偿责任进行赔偿。该险种只保人身伤亡，不含财产损失。全车的座位必须全体投保，保费 50 元/座位（司机座位为 100 元/座位），保额 30 万元/座位（其中医疗费用赔偿限额为 5 万元/座位）。

总体来看，广州市少儿社会保险及相关保障如下。

类别	序号	保险项目	年度交费标准	参保对象	支付方式	交费时间	经办部门
需要自己付费的保险	1	少儿居保（一老一小）	199 元/人（2018 年）	大中小学、职校和幼儿园全体在册学生	由学生家长支付	9 月 1 日—12 月 20 日	社保服务中心
	2	国寿学生儿童意外伤害保险（原学平险）	100 元/人	中小学、职校和幼儿园全体在册学生	由学生家长支付	9 月	中国人寿保险广东省分公司
	3	计划生育家庭综合保险	300/户或 480 元/户	计划生育家庭	由家庭自己付费	8 月 5 日之前	由广州市计划生育协会与中国人寿联合推出，在居委会办理
	4	独生子女福利	无须交费	独生子女的父母	至子女满 14 周岁，每人每月领 10 元；退休后每人每月领 150 元		广州市人民政府
无须自付保费的保障	5	校方责任保险及附加无过失责任险	7 元/人	中小学和职校全体在册学生	由教委支付		责任险公司
			9 元/人	幼儿园在册学生	由幼儿园公用经费支付	9 月 20 日	责任险公司
			9 元/人	高校在册学生	由教委支付	不详	责任险公司
	6	学生、幼儿意外伤害保险		大中小学、职校和幼儿园全体在册学生			
	7	校园食品卫生责任保险		学校的食堂、小卖铺等			
	8	校车承运人责任险	50 元/座位（司机座位为 100 元/座位）	中小学和职校全体在册学生	由教委支付	不详	责任险公司

感谢信诚人寿RFC认证财务顾问师符悦和友邦广东分公司徐永明的帮助与支持，数据截至2017年9月6日。

三、深圳市少儿社会保险及相关保障一览

（一）少儿居保

深圳市少儿居保参保人员要求：

（1）中小幼托在册生、高校全日制学生、未满18周岁的深圳市户籍非从业居民参加基本医疗保险二档；其父母一方正在参加本市社会保险并满1年以上的非本市户籍少年儿童参加基本医疗保险二档。

（2）由所在学校机构每年9—10月统一办理参保手续，其他少儿可以到户口所属地社区街道或者社保机构办理。保险年度为9月至次年8月，参加基本医疗保险的人员同时参加地方补充医疗保险。

（3）新生儿需在入户之日起30天内参保，这样所有住院费用都在报销范围。否则超过30天的，从申请当月开始交费，并从交费的次月起享受医疗保险待遇，之前发生的住院费用均无法报销。办好少儿居保后，需及时绑定社区健康服务中心或者医院。

（4）2016—2017年交费标准228.24元（财政补贴420元，共计648.24元），不符合计划生育政策的少儿个人交付648.24元；2017—2018学年度交费268.08元（财政补贴450元，共计718.08元），不符合计划生育政策的少儿个人交付718.08元。

特例：（1）深圳市户籍一～四级残疾少年儿童居民享受基本医疗保险一档待遇，无须交费（由民政残联部门支出）；（2）未满18周岁的深圳市户籍非学生非从业居民，向户籍所在地的街道办事处申请办理参保手续，保险年度为7月1日至次年6月30日；（3）如果少儿的父或母的个人账户余额超过3632.4元的，超过部分就可以支付给少儿进行体检、疫苗、自付的医疗费等费用。

具体报销情况如下。

就医类别	报销情况	特别事项备注
门诊	甲类药品，报销 80%；乙类药品，报销 60%；普通门诊输血费，报销 70%；单项诊疗项目或医用材料，报销 90%（该项年度不超过 120 元）	门诊报销的都需要在基本医疗保险药品目录内；门诊的年度报销不超过 1000 元；14 岁以内的未成年人可以绑定社区健康服务中心或二级医院；14 岁以上的未成年人只能绑定社康中心
住院	起付线：市内 1 级，100 元；市内 2 级，200 元；市内 3 级，300 元；市外备案的，400 元；市外未备案的，1000 元。超过起付线以上的费用，报销 90%	每日床位费不超过 60 元；医保范围内特殊医用材料，及单价在 1000 元以上的一次性医用材料、安装或置换人工器官的，国产品报销 90%，进口品报销 60%
门诊大病	连续参保未满 12 个月的，报销 60%；满 12 个月未满 36 个月的，报销 75%；满 36 个月的，报销 90%。大病门诊待遇申请即可享受特指连续参保满 36 个月的；未满 36 个月的，需自深圳市社会保险机构核准之日起享受	涵盖大病：慢性肾功能衰竭门诊透析；列入医疗保险支付范围的器官移植后门诊用抗排斥药；恶性肿瘤门诊化疗、介入治疗、放疗或核素治疗；血友病专科门诊治疗；再生障碍性贫血专科门诊治疗；地中海贫血专科门诊治疗；颅内良性肿瘤专科门诊治疗；深圳市政府批准的其他情形

（二）学平险

深圳市学平险的保障对象为 3－18 周岁身体健康能正常学习和生活的学生，分为学生平安保险标准款和学生平安保险尊享款，个人交费标准分别为每人 200 元/年和 300 元/年。具体保障情况如下。

保障责任	学生平安保险标准款	学生平安保险尊享款
意外伤害保险金	2 万元	5 万元
住院医疗保险金	50 万元	100 万元
	有医保者，免赔额 5000 元，甲、乙类报 100%，丙类报 50%；无医保者：免赔额 1 万元，甲、乙、丙类报销 50%；重疾住院相当于无免赔额	
少儿重大疾病保险金	1 万元	1 万元
特别备注事项	寒假暑假意外身故保额翻倍（以当地教育局的寒暑假通知为准）；少儿重疾及住院医疗责任等待期为 30 天	

（三）独生子女福利

深圳市独生子女父母奖励及退休补助费办法的相关内容如下：

（1）从父母领取“独生子女父母光荣证”之日起至独生子女年满14周岁止，每人每月发给独生子女保健费15元以及适当奖励（有劳动单位者请向所在单位申请发放，无业者、自由职业者等其他情况的父母请到社区工作站申请发放）。

（2）同时具备以下条件的深圳市民，可享受由政府按月发放的每人每月160元的独生子女父母奖励金：具有深圳市户籍；2015年12月31日前，只生育一个子女，或者没有生育只依法收养一个子女的夫妻，或者失独后再生育或者只依法收养一个子女的；2016年1月1日后，未再生育或者收养的；1980年2月2日后，男性年满60周岁，女性年满55周岁的。

（3）获得“独生子女父母光荣证”的深圳市户籍夫妻，其独生子女死亡的家庭的特别扶助金标准为每人每月1000元；其独生子女残疾的家庭的特别扶助金标准为每人每月800元。

（四）国寿校园意外伤害保险

国寿校园意外伤害保险对被保险的学生在学校教育教学活动期间（包括学校组织安排的校外活动期间）发生的意外伤害事故承担保险责任。

参加对象为中小学、职校和幼儿园全体在册学生。收费标准，中小学、职校和幼儿园每人15元/学期。经费由学校公用经费支出10元，学生支付5元。

感谢专注于保险合理方案提供者石红星的统计和帮助，数据截至2017年7月15日。

四、成都市少儿社会保险及相关保障一览

（一）少儿居保

成都市少儿居保属于非营利性质的，符合条件的少儿均可参保。新生儿在出生后 60 天内，凭户口簿随时参保，其住院费用亦可通过少儿互助金报销。逾期未办理的，则需和其他少儿一样在每年的 9 月 1 日—12 月 20 日之间集中办理。大中小学、职校技校、托幼及特殊教育机构的在册、在园生由所在校（园）统一代办，具有成都市户籍或父母有“成都市居住证”的散居儿童到所属街道、社区办理。个人交费标准 2017 年和 2018 年分别为 150 元/人、180 元/人。具体报销情况如下。

就医部门	医院等级	报销比例	
		2017 年	2018 年
住院	乡镇卫生院或社区卫生服务中心	92%	95%
	一级医院	85%	85%
	二级医院	75%	75%
	三级医院	55%	60%
门急诊（可选责任）	乡镇医院或社区卫生服务中心	报销 60%，最高 200 元，限定在五大类门诊费	
	一级医院		

（二）学平险

成都市学平险医院限定二级或二级以上公立医院，个人交费为每人 140 元/年。具体保障情况如下。

保障内容	保障额度
意外身故及伤残	50000 元
疾病身故	50000 元
意外医疗（零免赔，社保内报销 100%，社保外报销 60%）	3000 元

（续）

保障内容	保障额度
意外住院津贴	30 元/天
个人骨折、关节脱位津贴	3000 元
意外及疾病住院医疗费用（50 元以内免赔，社保内 90% 报销）	20000 元

（三）独生子女福利

成都市独生子女父母奖励及退休补助费办法的相关内容如下：

（1）夫妻每人每年 30 元，由工作单位或者户籍所在地乡（镇）人民政府或街道办事处发放，到其独生子女满 14 周岁止。

（2）独生子女的父母满龄（女方 55 周岁，男方 60 周岁），每人享受不少于 1000 元的一次性奖励。

（3）满足计划生育的不能生活自理的 70 岁以上长者，给予不低于 300 元/人的月护理补贴。

（4）对属于低保、低保边缘、残疾对象的计划生育特殊困难家庭夫妻参加城乡居民基本医疗保险的，分别由区（市）县民政部门和残联按规定给予资助。

（5）独生子女意外伤残或死亡的，自从其母亲 49 周岁之后，每个家庭相应领取 4200 元或 3360 元。

（6）独生子女伤残死亡家庭夫妻参加城乡居民养老保险的，代交最低标准的养老保险费。其父母满龄后（女方 55 周岁，男方 60 周岁），从所在区、县人民政府领取不少于 5000 元/人的一次性经济帮助。

（四）中小学校方责任保险

成都市中小学校方责任保险以学校为被保险人，最终承保名单为中小学、职校和幼儿园全体在册学生，按每生每年 5 元投保，不向学生和幼儿另行收费。目前由平安保险公司承保，嘉泰保险经纪公司操作。

成都市中小学校责任险最高赔偿限额为每人 50 万元/年，每学校每次事故赔偿限额为 1200 万元。中小学校方责任保险中额外附加的学校体育设施向市民开放责任保险（每人每次赔偿限额 20 万元，每次事故赔偿限额 50 万元，学校年累计赔偿限额 200 万元），额外附加的体育艺术活动保险每人每次赔偿限额 40 万元。

（五）中等职业学校实习学生责任保险

成都市中等职业学校实习学生责任保险由锦泰财险承保，保险范围覆盖第三学年全年每一名实习学生。该险种的经费（每人 70 元）从职业学校学费中列支；免除学费的从免学费补助资金中列支，不得向学生另行收费。每生每次事故赔偿限额为 50 万元，每校每次事故赔偿限额为 1200 万元；第三者责任保险的保险金额为每人责任限额 10 万元，年累计赔偿限额 100 万元。细化到每个人的意外伤害的保障为：5 万元意外伤害保险，1 万元意外医疗保险。

感谢当地朋友的帮助与支持：
许益希：保险经纪人，拥有公众号“白落说财”
数据截至2017年9月6日。

附录 C　小作者绘大图表倡议书

由于祖国妈妈幅员辽阔，人口众多，各地经济社会状况不同，历史情况丰富甚至复杂，并且四眼唐兄能力有限，无法一次性收集好全国各省市区县的儿童社会保险及相关保障图表。故特地邀请你加入“小作者绘大图表”计划，收集整理好当地少年儿童可以享受到的社会保险及相关保障，可以让你所在城市的叔叔阿姨们看到你所绘制的当地少年儿童社会保险及相关保障图表。这是一个既可以让你的名字刊登进入新版图书中的机会，也是一个让你的家人朋友以你为傲的机会，因为是你帮助了你们当地成千上万的家长朋友们。同时我们会邀请你加入“好险”书友会核心群一起交流。

有兴趣的朋友可以在爸爸、妈妈的带领下，参照本书第二章所提及的五大品类，填入你当地的少年儿童（从 0 岁婴儿到 22 岁大学生）所能够享受的社会保险及相关保障情况，标注最后更新日期，你所在的省市信息。你可以通过邮件告知 pr@ boater. com. cn，也欢迎在微信公众号“好险”当中发给我们，每一地区我们仅取前 4 名专业热心朋友。

你可以请教老师；你还可以在爸爸、妈妈的带领下，访问当地医保局、社保局相关网站，咨询医院医务科、财务科老师，请教保险公司相关人员，或者拜访教育部门的科艺体卫科等。

为感谢对保险科普系列丛书“好险”第三季的支持，你的大名或者网络花名或你爸妈的名字（比如西安交大阳阳的爸爸、江宁一小五（4）班张扬的姥爷、建昌镇保险经理九尾狐、重庆观音桥工行个金客户经理王帅等）将与上述被核实的信息一起第一时间发布于公众号“好险”中甚至发表于之后加印的书籍中，欢迎扫码关注微信公众号“好险”，或发送邮件至 pr@ boater. com. cn。

附录 D　致孩子的信

从呱呱坠地到雏鹰展翅，从咿呀学语到雏凤新声，是爱与被爱的接力，是幸福圆满的轮转，是平凡到不平凡的升华，是父母为孩子的梦想插上了翅膀，是有梦的孩子在亲情的翼护下快乐成长。在此过程中，总有那么多点点滴滴，那么多期许和感慨。

作为孩子的生养者和守护者，作为孩子的领路人和知心人，在孩子的这些关键时刻，想必你有不少想说的话。那么请在下面的信纸上写下给孩子的话语、记下你的期许吧。盖上时间的印章，和心情一起发酵，等你老了，走不动了，想起儿女，再来回味。

孩子，你天生智慧！
如今，你虽是一棵小苗，
将来，你定是参天大树！
而我，是你的守护者，
陪你，茁壮地成长！
让阳光雨露无私地滋养你，
让狂风骤雨无情地考验你，
我就静静地守护着你！
风调雨顺时遮阳，
狂风骤雨时避险，
一起经风历雨，
迎接彩虹！
愿你在大自然的怀抱里，
自由地呼吸，自在地成长，
过着你想要的生活！
长成你想要的样子！

作者：怿斓。誊写者：上海大同初级中学初三（3）班　杨翊凯当宝宝降临人间时，你对宝宝一生的期望：

当孩子生日时，你送给孩子的祝福：

孩子，我们选择在你生日之际，在保险公司放入一笔钱，不图什么教育金，也不图什么创业金，更不图发财暴富。只为了将来，爸爸和妈妈不在时，每年生日的时候，你都能收到来自保险公司和银行的取款通知。这将提示你：爸爸妈妈在你还小的时候，在保险公司开了账户，确保你每年生日都可以收到一笔钱，一笔可以买生日蛋糕和几件小礼物的钱。就像爸爸妈妈问当时那个小小的你："宝贝，今年生日，你想要什么礼物啊？"这是来自我们俩的心意和温情！

是啊，孩子，我们想要给你长长久久的保障，想要留下一笔完全属于你的温馨美好的回忆。在我们俩有生之年，我们能活多久，就照顾你多久。显然我们不能永生，无法陪伴你一辈子。所以我们希望爸爸妈妈不在的时候"你活多久，我们就照顾你多久"。故我们请保险公司来操办，因为保险公司的寿命比我们的个人寿命要长很多，保险公司服务体系可以给你送去一辈子的生日关爱。

一对普通的夫妻

爸爸：谢士平　妈妈：邱一静

当宝贝入学或第一次远行时，你想对宝贝这样说：

孩子18岁成人礼上，你送给孩子的寄语：

宝贝找到第一份工作时，你这样嘱咐你的孩子：

在孩子的结婚仪式上，你最想对孩子和孩子爱人说的话：

孩子有了自己的宝贝，成为人父、人母时，你最想对你的孩子说：

当你和爱人退休时，你想对自己的子女叮嘱这些：

跋

为了孩子的幸福与美好

经历了10个月的孕育，终于有了这本图书，而它差一点点就流产了，所以我非常理解每位母亲对孩子的感情。母亲对孩子如何喜爱都不为过，合情合理，因为再大的孩子在母亲面前都是孩子。

少儿保险，这是一个很不好把握的话题，把“少儿保险”四字扩写为近20万字也绝非易事。

因为它很平凡，又很不平凡，把握不好则易“俗”。

因为它很简单，又很不简单，把握不好则易“陋”。

因为它很好写，又很不好写，把握不好则易“滥”。

因为它要写细，又不能太细，把握不好则易“碎”。

因为它很吸睛，所以不能够有半点模糊、丝毫瑕疵。

因为它很专业，所以需要提炼好素材、更加接地气。

因为它很美好，所以要求看到表象背后的爱意情感。

“生老病死残”之于成年人都不一定能完全理解认同，也不一定能够描写清楚，更何况要加在单纯的“孩子”这一角色上。

工作总是很多的，压力总是不小的，精力总是不够的，生活总是琐碎的，诱惑总是经常的，时间总是有限的，成长总是伴随着痛苦的，思路总是会遭遇短路的。面对各种导致“作品流产”的状况，作为凡夫俗子的我，曾无数次想到王国维先生的话，想到过“放弃它”任其流产。但身边的大姐和新妈妈们总是鼓励我说，书可以做到“法布施”，书可以做到“无畏布施”，书可以传承……被抬得这么高，我便坚持下来了。从发心播下种子到成稿，刚好40多个星期，这本《宝贝保呗：影响孩子一生的保险规划》也就瓜熟蒂落了。

党和政府鼓励全面养育二胎的政策也快2年了，本书刚好出品，希望宝贝们生活幸福美好。宝贝：你若幸福，家庭则美好。

感谢我的母亲照顾我的日常起居，感谢我孩子的母亲培养了好宝宝，也祝福天下每一位母亲幸福安康。更加要祝贺每一位母亲身边的那位父亲，眼光真好找到这么优秀的女性，包容、陪伴、培养了这么美好的孩子。

感谢为本书作序的朱宝明、刘彦斌、郝演苏、魏丽、赵守兵、王忠平等各位大咖，你们的序言给《宝贝保呗：影响孩子一生的保险规划》画龙点睛，让孩子家长们提纲挈领。

感谢帮我配图的才女Sylvie（她是银行界最会插图、插图界最会平衡家庭的辣妈级才女，微信公众号为：SillySylvie），感谢帮我配诗的怿斓女士（她擅长用英文、古汉语和现代汉语演绎诗词歌赋，她培训过数以千计的宝爸宝妈，帮助他们提高英语水平，微信公众号为：怿斓文苑），感谢金石书画大家郑汉健老师（吴昌硕的第四代传人）馈赠墨宝，你们的作品让全书在科普保险话题时，轻松活泼，充满诗情画意。

感谢才女关颖和用心誊写诗词的卓睿轩、唐雨欣、彭颜乐、偶言、Tracy、张馨蕊、张乐娴、杨翊凯8位童星，你们的参与让《宝贝保呗：影响孩子一生的保险规划》充满了童真、童趣。非常感谢安安爸爸、巩言和欧阳依依对于整体构图的指导。

感谢华蕾、Leon、水清语、王联、Liz、悠悠妈妈对本书英文书的奉献。

感谢王金凤大姐改编的散文诗《生命的列车》。感谢Martín、李沂楠、Julio、Iwan Celeste、李翔、陶东标、李毅刚、丹萍彤欣、童言无忌、王坤提供的荷兰语、西班牙语、德语、法语、英语支持，协助我寻找《生命的列车》的作者。

我代表北京、广州、深圳、成都的读者们感谢李群辉、龙舟、符悦、徐永明、石红星、许益希，你们对少儿社会保险及相关保障情况的辛勤调查统计，给当地居民带来了福音。也欢迎全国其他各大城市的朋友们向他们学习，完善所居住城市的少儿社会保险及相关保障情况。

因本人才疏学浅，书中难免出现纰漏之处，欢迎大家指正，同时也热烈邀请你做好倡议书中的事，可以将你或孩子的名字印刷在书中，让孩子以你为傲或留下美好印记。文中没有列出的个性化问题、疑惑以及涉及你隐私的问题和建议都可以在网站 boater. com. cn 中留言互动，或者进入微信公众号“好险”（Goodluck-2U）加粉互动，或者扫码在公众号“分答”向四眼唐兄定向提问，我们对每一个个性化的私人问题都会专业化回复。

四眼唐兄

2017 年 8 月 15 日